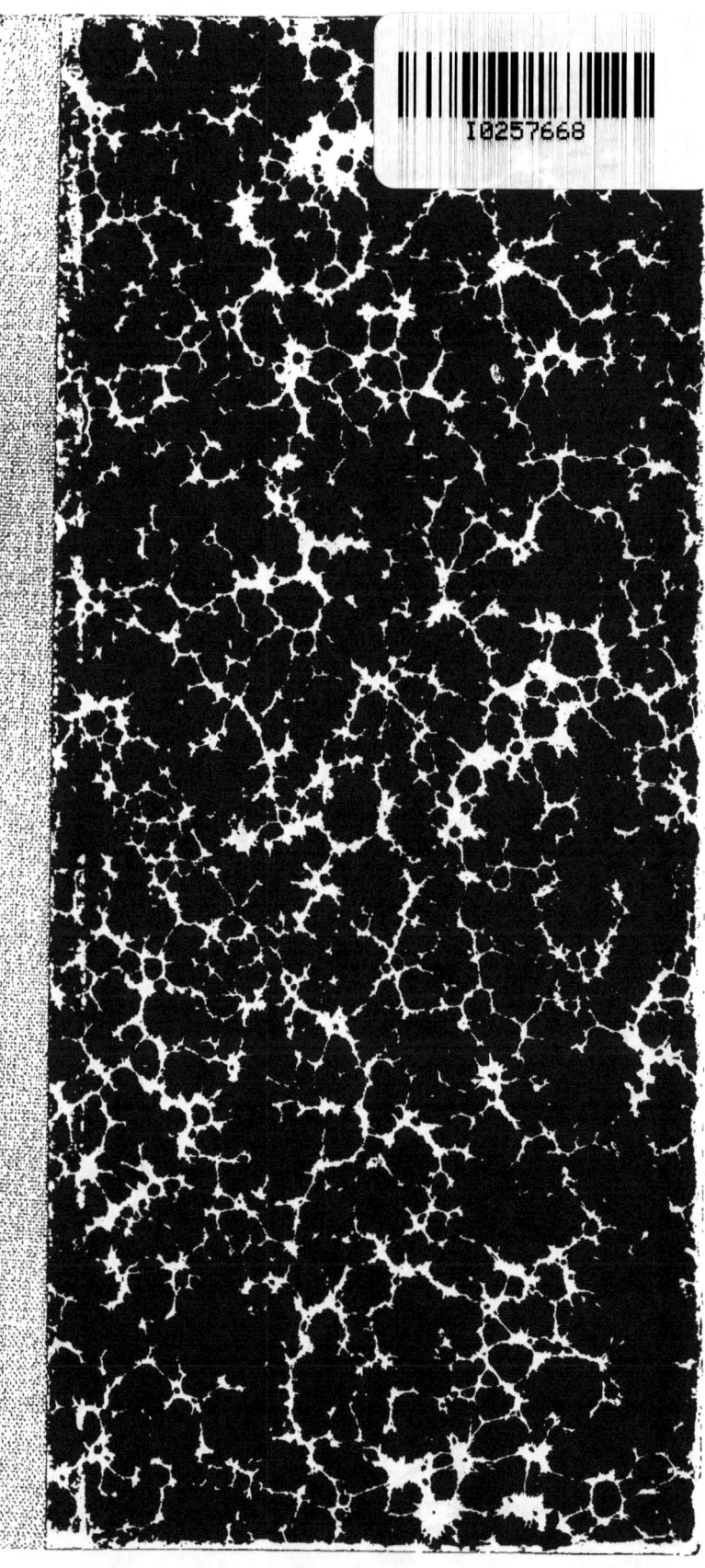

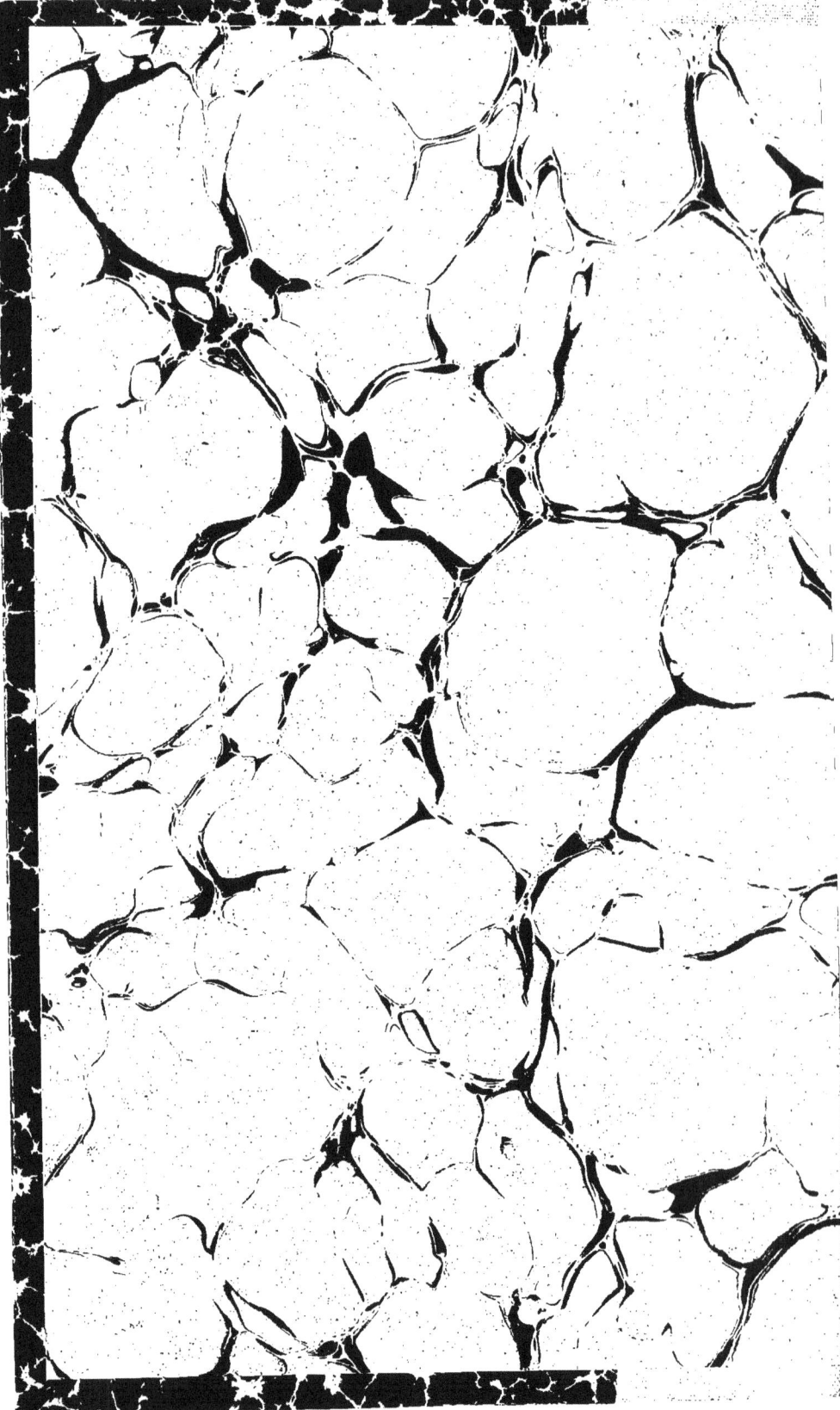

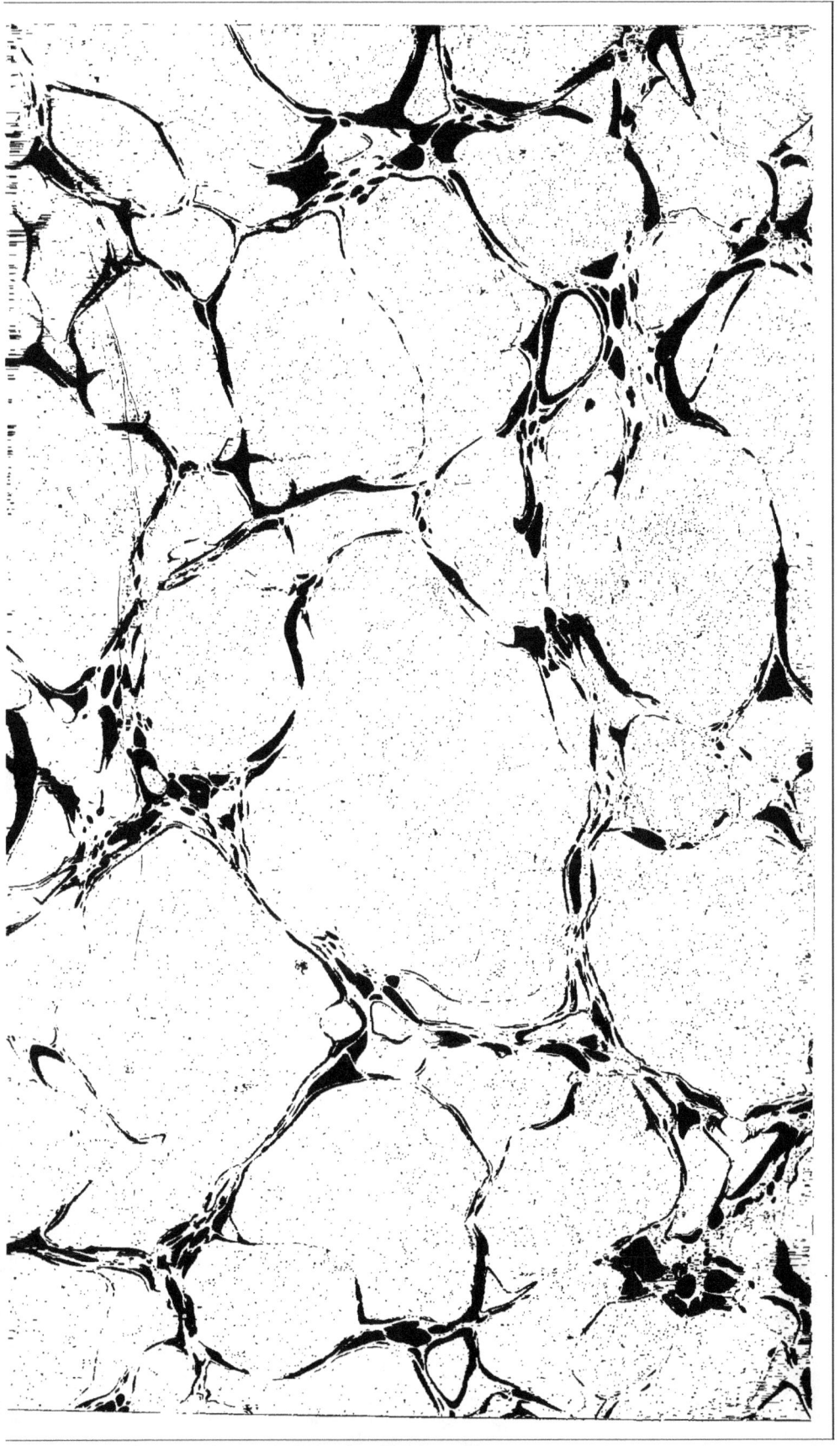

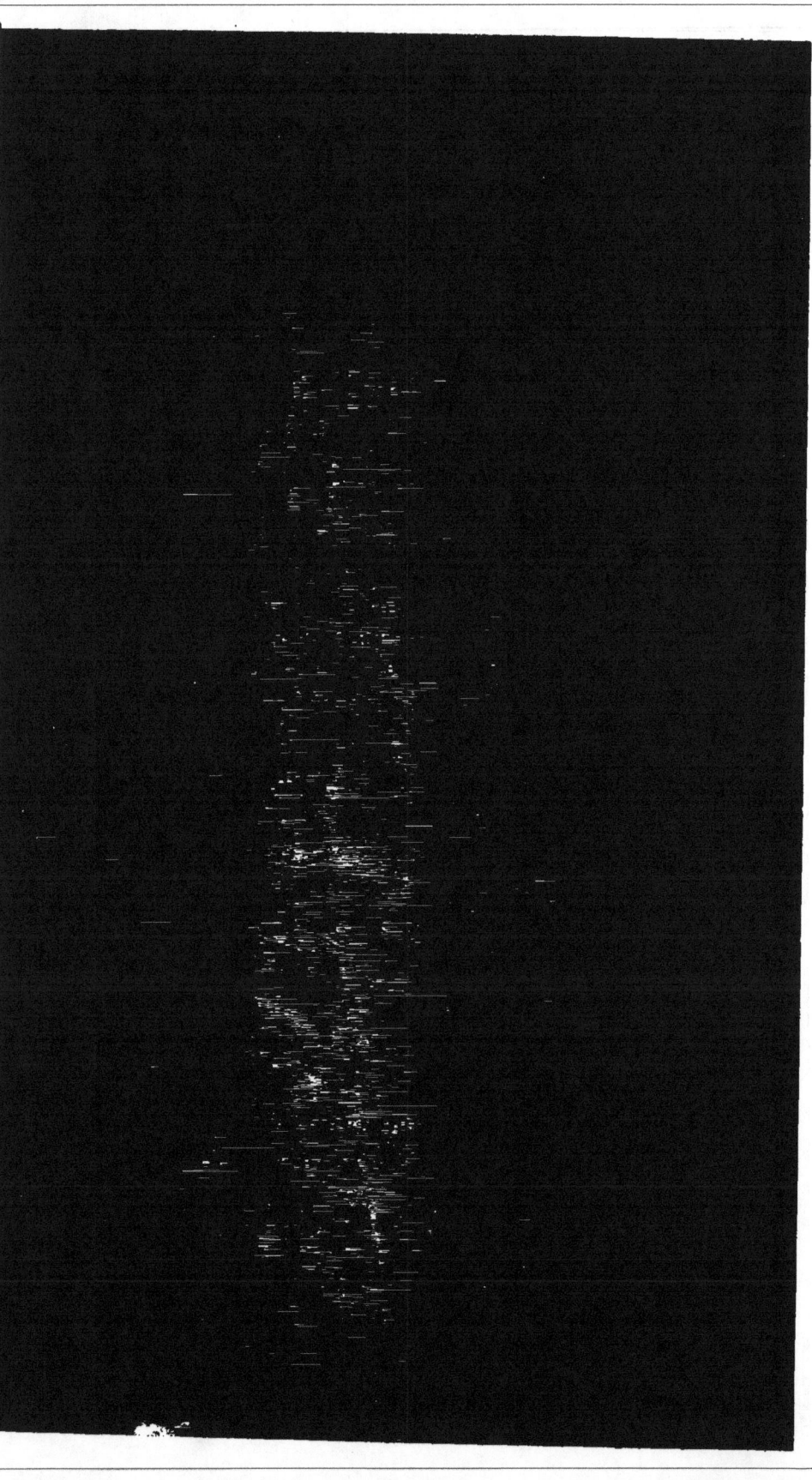

MÉMOIRES

DE

L'ABBÉ BERTRAND

De Chaumont.

SES ÉTUDES CLASSIQUES, SES VOYAGES,
SA CARRIÈRE PASTORALE,
SA RETRAITE AU CHATEAU BAYARD.

DÉDIÉS A SES NEVEUX

GRENOBLE
IMPRIMERIE BARATIER ET DARDELET

1880

A MES NEVEUX

Il y a plus d'un demi-siècle, mes amis, que, par un secret dessein de Dieu, je suis séparé de ma famille. Vos parents m'en avaient souvent exprimé leurs regrets et m'avaient prié de leur laisser, comme dédommagement, un précis de mes voyages et de ma carrière sacerdotale. J'ai donc essayé, à la fin de mes jours, de recueillir mes souvenirs. Mais je me suis bientôt aperçu que la faiblesse de l'âge ne me permettait pas de donner à mes récits la forme et la couleur qui en auraient rendu la lecture moins fastidieuse. Aussi n'ai-je pas la prétention d'occuper le public de mon infime personne. C'est uniquement pour vous et quelques amis, dont l'indulgence m'est assurée, que j'ai entrepris de remonter le cours de ma vie.

Les détails succincts que ces Mémoires renferment sur les villes que j'ai visitées et les contrées que j'ai parcourues, ainsi que la relation de la guerre d'Afrique, en 1830, à laquelle j'ai assisté en qualité d'aumônier militaire, vous offriront peut-être quelque intérêt. Quant au reste, ce n'est autre chose que le simple exposé des incidents qui ont rempli mon existence, c'est-à-dire un mélange de consolations et d'épreuves, de joies et de tristesses, tel que je le trouve dans des notes écrites à différentes époques.

Les plus jeunes d'entre vous ignorent sans doute les circonstances qui m'ont éloigné de mon pays de naissance et m'ont fixé dans l'ancienne patrie de nos pères. Par ce que j'en dirai, vous reconnaîtrez qu'elles ont été l'œuvre du souverain Arbitre de nos destinées.

Je vous prie de remarquer que ce genre d'écrits n'exige pas, comme les ouvrages scientifiques, un style grave et soutenu, ni, comme l'histoire proprement dite, une méthode qui enchaîne les faits. Les Mémoires admettent plus de simplicité dans le langage et permettent de mentionner des faits, qui n'ont pas un rapport direct avec le sujet principal.

Veuillez agréer ce faible témoignage de mon affection, car de loin, comme de près, je n'ai pas cessé de vous aimer.

L'ABBÉ BERTRAND.

Château Bayard, septembre 1880.

MÉMOIRES

DE

L'ABBÉ BERTRAND

PREMIÈRE PARTIE

1803-1830

CHAPITRE Ier.

Origine de la famille Bertrand de Chaumont. — Mon enfance. — Mes études classiques. — Mgr Prin, évêque de Suse. — Mon premier sermon.

1. — Si pour connnaître l'origine d'une famille on pouvait se fonder sur celle de son nom, la famille Bertrand serait issue de la Germanie, car ce nom vient de l'allemand *Bertram*, et on pourrait en conclure, avec quelque vraisemblance, que les Bertrand de France appartenaient à l'un des peuples du Nord qui ont envahi les Gaules au ve siècle. Quoiqu'il en soit, ce nom est très-répandu : les biographes font mention de plusieurs personnages de ce nom qui

ont brillé dans les sciences et les arts, dans le clergé et dans l'armée. Aujourd'hui, il existe encore à Paris deux Bertrand, le secrétaire perpétuel de l'Académie des sciences et un abbé dont les ouvrages sont fort estimés du public. J'ai trouvé ce nom dans la plupart des contrées que j'ai parcourues, surtout en Dauphiné et particulièrement dans les Hautes-Alpes, chez deux familles qui ont donné à la magistrature des hommes hautement considérés, un procureur général de Toulouse et un président du tribunal civil de Grenoble.

Mais de quelle contrée est venu le premier Bertrand de Chaumont?

On aurait pu le savoir d'une manière précise, si on avait eu soin de conserver les archives de famille où les anciens avaient la louable coutume d'inscrire tout ce qui intéressait leur maison et leur pays. Une certaine tradition, qui n'est appuyée sur aucun document, fait venir cette famille de Savoie; mais, à raison de l'identité de patrie, de mœurs et de langage, il est plus probable qu'un habitant du Dauphiné sera venu s'établir à Chaumont, alors dernière ville de cette province, frontière du Piémont. M. le Président du tribunal civil dont je viens de parler et M. Cressy, chanoine de la cathédrale de Gap, étaient de ce sentiment.

A ma prière, M. le docteur Théodore Sollier, de Chaumont, a bien voulu faire des recherches, touchant mes aïeux, dans les registres de cette commune. Je dois à son obligeante amitié les renseignements suivants, puisés dans le cadastre de 1435 : « Il y avait
» alors deux Jean Bertrand, l'un à Chaumont, l'autre

» au hameau des Ramats. Ce nom ne se trouve pas
» dans un état de 1371, où la plupart des habitants
» étaient inscrits. Je pense que les premiers Bertrand
» qui vinrent s'établir à Chaumont datent de 1371
» à 1435. »

Par les notes extraites des registres de l'état civil, que m'a transmises M. le docteur Théodore Sollier, il paraît que, après l'an 1704, il n'est plus fait mention des Bertrand des Ramats. Quant à la famille de Chaumont, dans la dernière moitié du xviiie siècle, elle était représentée par mon père, Pierre Bertrand, fils de Jean et de Marie Jallasse, né le 2 janvier 1750, décédé le 7 février 1829 (1).

Si, en d'autres contrées, les Bertrand se sont parfois distingués par leur science et leur génie ; ceux de Chaumont n'ont pas eu cette gloire, du moins depuis 1435, il n'est sorti de cette maison que d'honnêtes laboureurs, qui, fidèles aux traditions de leurs pères, ont passé leur vie dans la culture des champs, dans la simplicité des mœurs et dans la pratique des vertus chrétiennes. Fasse le Ciel que leurs descendants conservent tous ces précieux dépôts de foi et de piété ! Qu'ils se persuadent bien que, sans la pratique éclairée, sincère et constante de la Religion, on ne peut être un chrétien fidèle, ni parfait honnête homme, ni bon citoyen.

---

(1) De son mariage, en date du 16 février 1773, avec Catherine Jacob, née le 2 septembre 1755, décédée le 14 février 1826, fille de Gaspard et de Marie-Magdelaine Osturel, sont nés trois fils, dont je fus le dernier : Jean-Pierre, Antoine, Jean-Baptiste-Auguste, et deux filles : Marie et Marguerite.

II. — Né le 22 octobre 1803, je fis ma première communion à l'âge de onze ans. Dès ce moment, j'éprouvai un grand désir d'embrasser l'état ecclésiastique, tout mon bonheur était de servir le prêtre à l'autel. Ma mère m'accompagnait à l'église chaque jour. Elle veillait sur toutes mes actions, étudiait mon caractère et mes goûts, et entretenait dans mon cœur le désir d'être tout à Dieu. Cependant, ce commencement de vocation subit une épreuve. J'étais souvent appelé chez une demoiselle de soixante à soixante-cinq ans, ma marraine, qui passait pour une femme savante. Elle me témoignait un vif intérêt, ainsi qu'à une de ses filleules, jeune personne de mon âge, appartenant à une des familles les plus honorables de Chaumont. Notre chère marraine voulait, disait-elle, s'occuper de notre avenir à l'un et à l'autre. Et pour m'y préparer, elle faisait briller à mes yeux un riche héritage et une position avantageuse dans le monde; elle me faisait lire des ouvrages qui m'auraient détourné de mes premières idées, si je n'avais tout confié à ma bonne mère. Profondément chrétienne et d'une piété éclairée, ma mère, par la sagesse de ses conseils, effaçait les impressions que ces entretiens et ces lectures avaient pu faire sur mon cœur. Combien de fois ses touchantes exhortations m'ont ému jusqu'aux larmes! Oh! qu'il y a de charme et de puissance dans les pieux artifices de l'amour maternel! A part des grâces spéciales, je ne doute pas que les enfants qui se conservent dans la vertu ou qui, après les égarements de la jeunesse, reviennent à la sagesse, ne doivent ces précieux avantages aux premières instructions, aux larmes et aux prières d'une bonne mère.

III. — Mon enfance et une partie de ma jeunesse s'écoulèrent auprès de mes parents. M. l'abbé Ronsil m'enseigna les premiers éléments de la grammaire ; je continuai ensuite mes études classiques sous M. l'abbé Martin, ancien directeur du Lycée impérial de Suse. Toutefois, je suivis encore, pendant une année, les leçons de M. Gros, professeur de rhétorique au collége d'Oulx. Le premier dimanche d'octobre 1820, fête du saint Rosaire, Mgr Prin, évêque de Suse, permit à M. Bompard, curé de Chaumont, de me revêtir de l'habit clérical. Cette cérémonie fit verser des larmes de joie à ma bonne mère et à mes sœurs. Le mois suivant, j'entrais au séminaire pour y faire ma philosophie et ma théologie.

Pour suivre ces cours, il fallait nous rendre du séminaire au collége de la ville, où ces sciences étaient enseignées ; la première, par M. le médecin Ponséro, selon la méthode d'Aristote ; la seconde, par le savant théologien chanoine Ronchail, d'après la doctrine du Docteur angélique saint Thomas. Nous avions en outre, au séminaire, deux excellents répétiteurs : l'un de théologie, M. Alizon, secrétaire de Mgr l'Evêque ; l'autre de philosophie, M. Pellerin, le plus érudit des élèves de théologie. J'eus l'avantage de me lier intimement avec ce cher condisciple. Nous nous entretenions ensemble des objets de nos études ; nous passions ensemble le temps de nos récréations et le plus souvent, en la belle saison, dans les jardins de l'Evêché, où Monseigneur et son secrétaire venaient parfois se joindre à nous.

IV. — Il y avait peu de temps que Mgr Prin occupait son siége. Son élévation à l'épiscopat fut un effet de la divine Providence, qui s'est mille fois renouvelé depuis la vocation des Apôtres. On ne lira pas sans intérêt comment Dieu, par une grâce signalée, l'avait choisi pour gouverner une portion de son Eglise.

Joseph Prin, issu d'une famille patriarcale, qui avait déjà donné un prêtre à l'Eglise, était né dans un village de la haute vallée de Suse, situé sur le versant d'une chaîne des Alpes cotiennes. Il fit ses premières études au collége d'Oulx. L'évêché de Suse, récemment érigé, n'avait point encore d'asile pour les élèves du sanctuaire. Le jeune Prin, dont la vocation s'était manifestée de bonne heure, entra au séminaire de Pignerol. Ordonné prêtre, il desservit une chapelle rurale, dans son diocèse, et fut, peu de temps après, agrégé au clergé de Pignerol et nommé curé de la pauvre et petite paroisse de Fenestrelle, au-dessus de laquelle s'élève, sur un rocher escarpé, une forteresse transformée en prison d'Etat. Il y exerçait son ministère avec un zèle et une bonté qui le faisaient chérir de son troupeau, lorsqu'en 1809, Son Eminence le cardinal Pacca, secrétaire d'Etat de Pie VII, victime de la politique impériale, fut envoyé en exil dans ladite citadelle, avec défense de recevoir ni lettres, ni livres, ni visites ; c'est à peine si on lui permettait de prendre l'air dans une cour étroite, entourée de hautes murailles.

Cette triste situation d'un prince de l'Eglise émut le cœur du bon curé de Fenestrelle. Il fit tant de démarches auprès des autorités du lieu et du gouverneur de Turin, qu'il obtint la permission de visiter souvent l'illustre prisonnier et même, en répondant de sa personne, de le recevoir parfois dans son modeste presbytère. En retour, le Cardinal se plaisait à compléter l'instruction théologique et littéraire de son hôte, se réservant *in petto* de lui donner, en des temps meilleurs, un témoignage plus sensible de sa reconnaissance.

A la chute de l'empire, Pie VII et les autres souverains d'Italie rentrèrent dans leurs Etats. Bientôt les siéges épiscopaux supprimés furent rétablis. Sa Sainteté, informée de la généreuse conduite, du bon esprit et des vertus de l'abbé Prin, le nomma évêque de Suse. Dans sa modestie, le bon curé était fort loin de s'attendre à cet honneur.

On croit, avec fondement, que l'abbé Prin dut son élévation au cardinal Pacca. Cependant Son Eminence, dans ses Mémoires, où elle raconte les tortures de sa captivité, n'a pas même nommé le curé de Fenestrelle. On ne peut expliquer ce silence que parce que l'éminent bienfaiteur aura voulu laisser à son protégé tout le mérite de la haute dignité à laquelle il l'avait fait élever.

Mgr Prin souffrait depuis quelques années d'une maladie qui s'aggravait de jour en jour. Les plus célèbres docteurs de la faculté de Turin avaient le ferme espoir de le guérir par le moyen de la lithotritie. Mais, malgré l'assurance d'un parfait succès, à raison de sa forte constitution, le saint Prélat se refusa constamment à cette opération et fit à Dieu le sacrifice de sa vie. Après un an de deuil, l'église de Suse eut pour évêque un pieux et savant docteur de collége, Mgr Lombard.

V. — Sous l'administration de M. Bompard, curé de Chaumont, les institutions chrétiennes établies par un de ses prédécesseurs, M. André, progressèrent d'une manière édifiante. La bourgeoisie tenait à honneur d'appartenir à la congrégation du Chœur et donnait l'exemple de son exactitude à assister aux offices divins et à remplir le devoir pascal. La confrérie des pénitents blancs du Saint-Sacrement embrassait une grande partie de la population. Celle du Saint-Rosaire était très-nombreuse. Chacune de ces pieuses associations avait des biens dont les produits étaient employés à l'ornement de l'église et à la pompe des cérémonies.

En 1822 ou 1823, il s'était élevé des difficultés entre la congrégation des choristes et les confrères du Saint-Sacrement. M. le curé Bompard, prêtre plein de zèle et d'une prudence consommée, n'ayant pu réussir à calmer les esprits, imagina de leur faire adresser quelques paroles de conciliation par un enfant du pays. A cet effet, il obtint des supérieurs ecclésiastiques l'autorisation de me faire monter en chaire, un dimanche, quoique je ne fusse que sous-diacre. Nonobstant ma respectueuse résistance, fondée sur de justes motifs, le vénérable chanoine Mina, supérieur du Séminaire, m'en fit une obligation et me donna la semaine pour préparer mon petit discours. Au milieu du trouble où me jetait cette mission délicate, je recueillis quelques idées que j'écrivis. Arrivé en chaire en tremblant, j'oubliais une partie de ce que j'avais écrit; d'autres pensées se présentèrent à mon esprit. Je les exprimais, Dieu sait comment, mais avec une émotion qui se communiqua à mon auditoire. Ma faiblesse et mon inexpérience ne furent pas un obstacle à l'action de la grâce sur les esprits irrités. Le soir, après les vêpres, les principaux membres du Chœur et de la confrérie du Saint-Sacrement se réunirent spontanément au presbytère et scellèrent leur union à la satisfaction de leur bon pasteur.

CHAPITRE II.

Départ de Chaumont; M. Ronsil et ses connaissances. — Paris. — Versailles. — Sermon à l'église des Missions-Etrangères. — Les soirées.

1. — Je venais d'être honoré du sacerdoce (20 mai 1826), à l'âge de vingt-deux ans et sept mois, ensuite d'une dispense de Rome, lorsque Mgr Lombard, évêque de Suse, me permit de faire un voyage pour rétablir ma santé, altérée par la douloureuse perte de ma bonne mère. Le 24 juin 1826, je pris la route de Paris où j'étais attendu par mon parent, M. Ronsil, curé des *Ménages*.

Après avoir administré, durant quelques années, la paroisse de Roche-Molle, au sommet des Alpes, M. Ronsil s'était dirigé vers la capitale de la France. Admis dans le clergé de Paris, il s'y fit bientôt connaître par son zèle, sa modestie et sa piété. Il fut nommé second aumônier de l'Hôtel-Dieu et, peu de temps après, curé de Saint-Sauveur-des-Ménages (1).

(1) *Les Ménages* est le nom d'un vaste hospice situé dans le faubourg Saint-Germain, entre la rue de la Chaise et la rue du Bac, destiné aux vieillards, hommes et femmes, sous la direction des sœurs de Saint-Vincent-de-Paul. L'église est sous le

Le lendemain de mon arrivée, M. Ronsil me présenta à Mgr de Quélen, archevêque de Paris. Sa Grandeur m'autorisa à remplir les fonctions ecclésiastiques dans son diocèse. La semaine suivante, nous fîmes visite à plusieurs autres personnages, dont je cite les noms, pour montrer les honorables relations qu'avait mon cher parent : M. le marquis de Sostegno, ambassadeur sarde; M. Philibert de Bruillard, curé de Saint-Etienne-du-Mont, récemment nommé évêque de Grenoble; M. Burnier-Fontanel, professeur de théologie et doyen de la Faculté de Sorbonne; M. Petit-Radel, docteur de Sorbonne, conservateur perpétuel de la Bibliothèque mazarine; M. d'Audiffret, aumônier de la Chapelle royale expiatoire; M. Billet, curé de Bercy; M. Des Genettes, curé de la paroisse des Missions-Etrangères.

II. — Dans le cours de ces visites, nous avions passé devant plusieurs édifices remarquables. Je désirais les voir de plus près. M. Ronsil m'indiqua les principaux monuments de la capitale et traça mon itinéraire. Il me fallut plus de quinze jours pour les visiter rapidement. Ceux qui attirèrent particulièrement mon attention, furent les églises de Notre-Dame, de Sainte-Geneviève et de la Madelaine, les musées, les bibliothèques; les palais du Louvre, des Tuileries et du Luxembourg; la colonne Vendôme, qui rappelle les glorieux triomphes de l'armée française dans les

---

vocable de saint Sauveur. A raison de l'importance de cet hospice, l'aumônier a le titre de curé. Sous le second Empire, cet établissement a été transféré dans la banlieue et considérablement agrandi.

temps modernes. Cette colonne est d'une hauteur considérable, construite en pierres taillées, entourée sur toute sa surface de panneaux de bronze, qui représentent, en relief, les victoires du Consulat et de l'Empire; une galerie couronne le chapiteau, et celui-ci supporte un énorme globe sur lequel s'élève majestueusement la statue colossale du grand Empereur. On monte à la galerie par un escalier intérieur en spirale, dont la porte est gardée par un vétéran, sous l'uniforme de la vieille garde. Les alliés, maîtres de Paris, en 1815, eurent un instant la pensée de renverser ce *monument gigantesque de la valeur et des beaux-arts;* mais Alexandre, empereur de Russie, s'y opposa formellement.

Paris renferme près de deux millions d'habitants; un nombre prodigieux de places, de rues, de boulevards, de jardins et d'édifices publics. Pour se faire une idée de son étendue, il faut aller se placer au sommet des tours de la Métropole ou de la coupole de Sainte-Geneviève. De là le regard plonge au loin dans l'espace, et à peine peut atteindre les limites de la cité. Si on abaisse les yeux plus près de soi, on voit les places et les rues remplies d'une multitude qui s'agite, se presse, semblable aux arbres d'une forêt ballottés par l'orage. Dans les vastes jardins des Tuileries et du Luxembourg, les riches étoffes des dames brillent sous les rayons du soleil, comme les fleurs d'une immense prairie.

III. — Le nombre et la beauté des édifices, les richesses accumulées et étalées dans la grande ville, la multitude de ses habitants dépassaient ce que j'avais pu me représenter, et cependant je n'avais encore rien vu de comparable au palais de Versailles et à ses jardins. M. l'abbé Guillaume, ancien professeur au collége d'Oulx, et alors vicaire à la cathédrale de Versailles, voulut bien m'accompagner. En attendant l'ouverture du palais, nous visitâmes les jardins. C'était un jour où l'on faisait jouer les grandes eaux. J'essaye de donner une idée de ce merveilleux spectacle.

A peu de distance de l'aile droite du palais, qu'on se représente un bassin en forme d'hémicycle, ayant une longueur de sept cents mètres sur deux cent quarante de largeur. Sur ses bords, se développe, d'un côté, un vaste amphithéâtre de gazon; de l'autre, sur une ligne droite, s'élèvent de grands vases en marbre. Au moment où les eaux arrivent, on entend un bruit sourd, comme celui qui précède l'éruption d'un volcan. Tout à coup l'eau du bassin bouillonne; de chaque vase jaillit une source qui s'élance et retombe en perles argentées. Puis des dauphins, des veaux-marins, des poissons de toute espèce, de toute grosseur, poussent des jets dont les uns vont se perdre dans les airs, les autres décrivent une courbe pareille à l'arc-en-ciel. En même temps des animaux amphibies, tels que des ours blancs, se lancent, d'un bout du bassin à l'autre, des torrents qui se rencontrent, se brisent et tombent en blanche écume; leur chute met la nappe d'eau en mouvement, et les poissons semblent s'agiter au milieu des ondes.

D'autres scènes se multiplient dans les jardins : ici c'est un petit marais où croissent des plantes aux fleurs ternes ou d'un jaune pâle, parmi lesquelles diverses espèces de batraciens font un léger murmure autour d'un filet d'eau qui s'élance et disparaît en vapeur; là un gazon émaillé de fleurs forme le vestibule d'une grotte de cristal de roche; l'art y est si bien caché que tout paraît être l'œuvre de la nature. L'entrée de la grotte, seule ouverture par laquelle pénètre le jour, est à demi-cachée sous des arbustes fleuris. De la voûte s'échappent des gouttelettes, qui tombent dans un bassin de marbre blanc, sur lequel des naïades se penchent prêtes à s'y baigner. Ailleurs, une eau abondante et pure sort de l'urne qu'une nymphe tient sous son bras; ou bien des fontaines, ornées de colonnes et de statues, travail des grands maîtres, s'épanchent dans de grands vases en marbre de Paros. Plus loin, un rocher s'est ouvert, une eau écumante en sort, parcourt les bois, serpente sur de vastes prairies, coule sous des ponts aux formes élégantes et variées. Je passe sous silence les arbres gigantesques dont les uns s'élèvent en pyramides, les autres étendent leurs branches comme les cèdres du Liban; les statues des demi-dieux, qui semblent être descendus de l'Olympe pour venir habiter ce nouvel Eden; les chalets et les troupeaux, autrefois sous la garde des plus grandes dames de la cour avec leurs gracieux vêtements de simples bergères.

Quant au palais, quoiqu'il soit aujourd'hui dépouillé de son plus bel ornement, je veux dire de la présence d'une splendide cour, sa magnificence étonne encore l'imagination. Je ne connais aucun écrivain qui soit parvenu à en décrire toutes les merveilles, l'entreprendre serait une témérité. Qu'il me suffise de dire que les chefs-d'œuvre du plus beau siècle des sciences et des arts s'y trouvent réunis.

IV. — J'avais passé plusieurs jours à visiter les monuments de Paris et de Versailles ; il était temps d'employer plus utilement mes loisirs. Je suivis les cours supérieurs de théologie et de littérature, à la Sorbonne, et composai quelques instructions que je prêchai dans l'église de Saint-Sauveur des Ménages. A Paris, on est indulgent pour les jeunes débutants ; à mon égard, M. Ronsil le fut plus encore que mes auditeurs : il s'engagea à me faire prêcher le panégyrique de saint Denis dans l'église paroissiale des Missions-Etrangères. L'histoire rapporte peu de chose de ce premier apôtre de Lutèce, je ne savais comment m'y prendre pour composer son éloge. Je m'enfermai pendant trois jours dans la bibliothèque mazarine ; mais je fus si peu satisfait de mon travail, que j'y renonçai et me suis borné à emprunter divers morceaux à quelques auteurs, et à les adapter à mon sujet, à l'aide de périphrases, qui ne voilaient ni la bigarrures de mes emprunts, ni mon ignorance. Quand je me vis devant un nombreux et brillant auditoire, une sueur froide couvrit mon front, et, d'une voix timide et tremblante, je débitai mon discours avec le ton et les gestes d'un écolier récitant sa leçon. Quelque mécontent que l'on ait été de mon sermon, je le fus bien plus de moi-même. Néanmoins, M. Des Genettes, curé des *Missions*, daigna m'encourager et conseiller à mon parent de me faire continuer ce ministère.

V. — Partagés entre l'étude et les fonctions ecclésiastiques, mes jours s'écoulaient rapidement. Le soir je trouvais un repos d'esprit dans un entretien avec M. Ronsil. Nous causions de Chaumont, de nos familles, de nos connaissances. M. Ronsil parlait lentement et avec beaucoup de sens. Il aimait à me questionner et s'intéressait à mes réponses, tout en me reprenant avec bonté de l'impropriété de mes expressions. Souvent nos causeries ne finissaient qu'à la première heure du lendemain.

Le dimanche, après les offices, nous allions passer une heure au parloir des dames de Saint-Vincent-de-Paul, qui soignaient les vieillards de l'Hospice des Ménages. Leur Institut m'était peu connu ; je croyais que ces bonnes religieuses ne savaient que prier et panser les malades, et je fus surpris de leur instruction et de leur parfaite connaissance des usages du monde ; c'est que la plupart appartenaient à des familles distinguées de Paris et de la province.

Deux fois la semaine, quelques-uns des ecclésiastiques déjà nommés et des aumôniers de la Garde royale venaient passer la soirée au presbytère de Saint-Sauveur. Combien j'aimais à les entendre ! quelle érudition, quelle élégance dans leur langage ! leur conversation roulait le plus souvent sur les diverses branches de la science sacrée ou sur d'autres objets moins importants. S'il s'agissait d'histoire, chacun racontait quelque anecdote intéressante et peu connue. Jamais un mot de politique. S'il avait paru un ouvrage nouveau, ils en faisaient une critique judicieuse et toujours bienveillante. Heureux celui qui, au début de sa carrière, se trouve en contact avec des hommes profondément religieux, aimables et savants! J'appréciais vivement cet avantage, et je regrettais d'en être bientôt privé, car l'époque de mon retour en Piémont approchait.

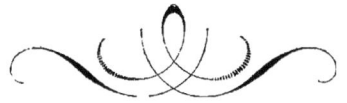

CHAPITRE III.

Consécration de l'église de Bercy. — Proposition de M. Ronsil· — L'Archevêque de Paris et l'Ambassadeur sarde. — La Sorbonne et M. l'abbé Gerbet. — Suspension du cours supérieur de théologie. — M. l'abbé d'Audiffret et M. le vicaire général de la Grande-Aumônerie de France.

I. — La barrière de Bercy dont la population s'élevait à six mille âmes avait été érigée en paroisse. M. Billet, qui en était le premier curé, nous fit l'honneur de nous inviter, M. Ronsil et moi, à la consécration de son église, et nous dit que Mgr l'Archevêque nous attendrait les jour et heure indiqués pour la cérémonie. Arrivés à l'Archevêché, Sa Grandeur, me prenant la main, dit à M. de Borderie, son premier vicaire général : *voici mon sous-diacre pour la solennité d'aujourd'hui ;* et aussitôt Elle nous fit prendre place dans sa voiture. Après la consécration de l'église et la messe pontificale, auxquelles avaient assisté plusieurs autres prêtres de la ville et un grand nombre de fidèles, Monseigneur se dirigea vers sa maison de campagne, à Conflans, où il avait donné rendez-vous aux membres de son conseil. Nous passâmes la journée à Bercy.

II. — Dès ce moment, les ecclésiastiques de notre connaissance conçurent le projet de me garder à Paris. En effet, M. Ronsil ne tarda pas à me faire la proposition suivante : « Mgr l'Archevêque paraît
» vous porter de l'intérêt. M. le Doyen de la Faculté
» de Sorbonne, qui est originaire de la Savoie et
» vous regarde comme son compatriote, désire que
» vous suiviez le cours de vos études à Paris. Si
» Mgr de Suse vous accordait l'autorisation de vous
» agréger au clergé de la capitale, vous pourriez
» essayer de prendre vos grades en théologie. J'en ai
» parlé à M. le Doyen; il m'a répondu qu'il s'y prê-
» terait volontiers, et a même daigné ajouter qu'il
» vous donnerait, au besoin, des leçons particulières,
» qu'en pensez-vous ? »

J'exposai à mon cher parent la promesse d'obéissance faite à mon Evêque, la crainte de rester, comme on dit, *fruit sec*, après de nouvelles et longues études; la difficulté de subvenir aux frais d'un long séjour à Paris. J'ajoutai que, hors de mon diocèse, je serais toujours regardé comme étranger.

« Votre promesse d'obéissance est chose grave, dit
» M. Ronsil, mais votre Evêque peut vous en délier.
» Les autres raisons ne sont pas sérieuses : si vous
» ne pouvez prendre vos grades, du moins vous
» acquerrez des connaissances que vous n'aurez
» peut-être pas occasion d'acquérir ailleurs. Avec le
» titre de vicaire de Saint-Sauveur que Mgr l'Arche-
» vêque vous accordera, vous aurez un traitement

» suffisant pour couvrir vos frais de table et d'entre-
» tien. M. le Conservateur de la bibliothèque maza-
» rine vous indiquera et vous fournira les livres qui
» vous seront nécessaires. De mon côté, je vous lais-
» serai toute liberté de vous livrer à l'étude. Quant
» à la crainte d'être regardé comme étranger, elle n'a
» pas de fondement. Votre famille est d'origine fran-
» çaise ; Chaumont, à l'époque de votre naissance,
» faisait partie d'un département français. Voulez-
» vous parler de diocèse? En changeant de diocèse
» avec l'agrément de ses supérieurs, on ne cesse pas
» d'appartenir à l'Eglise catholique ; et, en remplis-
» sant ses devoirs avec zèle et dignité, on a autant
» droit au respect et à la sympathie, que le prêtre
» né et ordonné sur les lieux. Dans ce cas, la quali-
» fication d'*étranger* ne pourrait sortir que de la bou-
» che d'un homme jaloux ou mal élevé. »

Je me soumis en pensant que la volonté divine se manifesterait par le résultat des démarches que l'on ferait à mon sujet.

III. — M. l'abbé Ronsil jouissait d'une considération bien méritée : sa piété, la sûreté de son jugement et son affabilité lui avaient acquis l'estime de tous ceux qui le connaissaient. A sa demande, Mgr l'Archevêque de Paris sollicita de Mgr de Suse, l'autorisation de m'agréger à son clergé, et reçut une réponse négative, (c'était dans les premiers jours d'octobre 1826). En même temps M. Rouda, vicaire général de Suse, m'écrivait qu'il me destinait un emploi au Séminaire et m'enjoignait d'y être rendu avant le 1er novembre suivant. Je résolus de quitter Paris avant la fin d'octobre. Dans cet intervalle, Mgr l'Archevêque, étant à la cour et s'entretenant avec l'Ambassadeur sarde, lui fit part de l'insuccès de sa démarche en ma faveur. Son Excellence en écrivit à M. de Cholex, premier ministre à Turin, qui, à son tour, écrivit à Mgr de Suse ; et l'autorisation fut accordée. L'Ambassadeur la transmit à Mgr de Quélen et Sa Grandeur s'empressa de nous en informer. Quoique très-flatté de la protection de si grands personnages, je craignais que mon Evêque ne fût indisposé contre moi de ce qu'on avait employé la voie diplomatique pour obtenir de lui une autorisation qu'il avait d'abord refusée ; mais, plus tard, Sa Grandeur daigna me rassurer à cet égard.

Telles sont les circonstances qui m'ont éloigné de mon pays ; circonstances que je n'ai pas provoquées, et que je n'aurais jamais eu lieu de regretter, si elles ne m'avaient séparé de ma famille et de mes condisciples et amis.

IV. — M. le Doyen de la Faculté de Sorbonne fut satisfait d'apprendre que je pouvais indéfiniment prolonger mon séjour à Paris. Il m'engagea vivement à continuer mes études ; ce que je fis avec ardeur. Les élèves de la Faculté de théologie étaient en petit nombre. La Révolution qui éclata vers la fin du dernier siècle avait mis à mort ou exilé les ministres du sanctuaire. Lorsque Napoléon Ier, releva les autels et rappela les prêtres qui avaient échappé à la mort ou aux tortures de l'exil, les séminaires étaient déserts et les églises veuves de leurs pasteurs. Les vocations ecclésiastiques étaient d'autant plus rares que la jeunesse était entraînée sur les champs de bataille. Les prêtres venus de l'exil, et ceux qui avaient pu se cacher pendant la tourmente révolutionnaire, furent employés au ministère pastoral. En sorte que, durant de longues années, l'Ecole supérieure de théologie à la Sorbonne, jadis si florissante et si célèbre, manquait d'élèves, du moins le nombre en était très-restreint. En 1826, époque où j'eus l'honneur d'y être admis, nous étions vingt ecclésiastiques, quatre prêtres, six diacres ou sous-diacres, les autres étaient minorés ou simples clercs. Cependant, comme le cours était public, à certains jours, les siéges étaient à peu près tous occupés, des vicaires de la ville et des laïques venant assister à nos leçons.

L'enseignement théologique de la Sorbonne me plaisait beaucoup parce qu'on y examinait les matières sous toutes leurs faces et dans toute leur étendue, de manière à satisfaire la raison et la foi, et à ne laisser aucune objection sans une solution parfaite. Une des questions qui étaient débattues avec le plus d'ardeur, c'était celle de l'infaillibilité papale en matière de foi. Les plus savants docteurs du monde, d'accord avec l'Eglise romaine, enseignaient que les décisions du Souverain Pontife parlant *ex cathedra*, ou comme chef suprême de l'Eglise en matière de foi, sont infaillibles. Les évêques de France, assemblés en Concile national, en 1682, par les ordres de Louis XIV, décidèrent le contraire. De là, le nom d'*Ultramontains* donné aux premiers, et de *Gallicans* donné aux seconds. Le Gouvernement français exigeait que la doctrine de ladite assemblée fût enseignée dans toutes les chaires de théologie, et que les aspirants au doctorat en fissent l'objet d'une thèse publique. Notre professeur, homme sage autant qu'érudit, ne laissait pas que d'exposer les preuves de l'infaillibilité papale, tout en se conformant aux ordres de l'autorité royale. Il se forma, parmi les élèves, deux partis opposés. Deux prêtres gallicans poussaient les conséquences de leurs principes jusqu'à traiter l'opinion contraire d'erreur; ce que le professeur n'admettait pas formellement. On proposa une conférence avec un des plus savants ultramontains, M. l'abbé Gerbet, qui fut depuis évêque de Perpignan. Celui-ci accepta. La conférence eut lieu en présence d'une nombreuse assemblée de prêtres et de laïques.

M. Gerbet dit à ses adversaires: « Messieurs, voulez-
» vous poser votre thèse? Je la combattrai; ou bien je
» poserai la mienne et répondrai à vos objections. » On pria M. Gerbet de poser sa thèse. L'éminent théologien expose d'abord son sujet d'une manière oratoire, pour en faire ressortir l'importance. Ensuite il émet son premier principe. On garde le silence. Il en tire la conséquence; ses adversaires l'admettent. Des principes aux conséquences, toujours armé de preuves irréfutables, il en arrive à la conclusion capitale qu'il fut impossible de nier.

A ce coup de massue, les gallicans jettent les hauts cris, ils prétendent avoir laissé passer des propositions inexactes; n'avoir pas fait assez attention à l'enchaînement des preuves; s'être laissé éblouir par le prestige du langage, etc., etc. — « Eh bien, dit M. Gerbet,
» soyez plus attentifs: je reprends la dernière con-
» clusion, et vais remonter jusqu'au premier prin-
» cipe. Cette fois, il vous sera facile de reconnaître

» le défaut de mon raisonnement ou la faiblesse de
» mes preuves. » En effet, il leur présente, l'un après
l'autre, tous les anneaux de sa chaîne. Malgré leurs
efforts, ils ne peuvent en détacher un seul. Quant au
premier, qui supporte tous les autres, il tient au firmament de la vérité ; ne pas l'admettre, serait se
déclarer hérétique ou privé de raison. Et cependant
il y avait dans le parti gallican, outre le professeur,
deux prêtres d'une érudition étonnante. Je ne sais si,
dans le for de leur conscience, ils abjurèrent leur
erreur ; mais assurément ils furent très-ébranlés. Du
reste, tout se passa, de part et d'autre, avec une
courtoisie charmante.

V. — Dans ses leçons particulières, M. Burnier-Fontanel daignait m'expliquer le plan des études pour le baccalauréat ès lettres, grade exigé pour l'admission aux examens de théologie. Sans négliger cette dernière science, principal objet de mon ambition, je m'appliquai sérieusement à l'étude des lettres. Ce double travail altéra ma santé ; les médecins me l'interdirent pour un temps assez long, et m'ordonnèrent de faire beaucoup d'exercices. Dans cet intervalle, mon professeur, d'un âge avancé, vint à mourir. Lorsqu'il s'agit de lui donner un successeur, il s'éleva un conflit entre l'Archevêque de Paris et le Grand Maître de l'Université, chacun voulant faire admettre le candidat qu'il présentait à la nomination du Roi ; et le cours supérieur de théologie fut suspendu pendant un an.

Ces fâcheux événements m'affectèrent beaucoup.
Pour en atténuer les effets et me procurer la facilité

de faire quelques voyages utiles à ma santé, sans toutefois abandonner les fonctions du saint ministère, on me proposa d'entrer au service du Roi en qualité d'aumônier militaire. Cette carrière était alors très-recherchée; plusieurs ecclésiastiques distingués s'étaient fait présenter à la Grande-Aumônerie et recommander par des ministres, des évêques, des pairs de France. Cependant j'hésitais, n'ayant aucune connaissance de ces fonctions. On me fit observer que si l'on pouvait m'obtenir cette faveur, il s'écoulerait au moins trois mois avant ma nomination; qu'en attendant, on me donnerait les renseignements et les instructions nécessaires ; que je ne quitterais Paris qu'avec des lettres de recommandation auprès de mon chef de corps; qu'enfin je serais toujours libre de quitter mon poste et de reprendre le cours de mes études, dès que le professeur de théologie à la Sorbonne serait nommé.

VI. — M. l'abbé d'Audiffret, aumônier de la chapelle royale expiatoire, voulut bien faire une démarche en ma faveur auprès de M. l'abbé Perreau, vicaire général de Son Eminence le cardinal prince de Croy, Grand-Aumônier de France. M. Perreau, m'invita à me rendre à son hôtel. Tout d'abord il me trouva bien jeune pour me confier la direction spirituelle d'un régiment. Il m'adressa plusieurs questions et parut satisfait de mes réponses. Je lui dis les circonstances qui m'avaient fixé à Paris; le chagrin d'avoir été forcé d'interrompre le cours de mes études; la crainte d'embrasser une carrière dont je ne pourrais remplir les devoirs. M. Perreau m'encouragea, me dit que le Grand-Aumônier serait informé de tout et qu'il y réfléchirait devant Dieu. Je me retirai avec l'espoir d'échapper à une charge au-dessus de mes forces.

CHAPITRE IV.

S. Em. le Grand-Aumônier et le Ministre de la guerre. — Le camp de Saint-Omer; ma présentation au 30ᵉ régiment de ligne. — Ville de Saint-Omer. — Les îles flottantes. — La citadelle de Lille. — Le Roi et le Duc d'Angoulême.

I. — Peu de jours après l'entretien dont je viens de parler, une lettre du Grand-Aumônier et une autre du Ministre de la guerre m'annoncèrent que, par décision du 9 mai 1827, le Roi m'avait nommé aumônier du 30ᵉ régiment de ligne.

Je m'empressai de me présenter chez S. Em. le Cardinal, qui occupait de splendides appartements dans le palais du Roi. En le priant d'agréer ma reconnaissance pour l'honorable mission qu'il daignait me confier, l'assurant de mon dévouement au bien spirituel de mes soldats et au service du Roi, je ne laissai pas que de lui exprimer mes appréhensions à raison de mon âge et de mon inexpérience. Son Eminence daigna me rassurer avec une grande bonté, me donna ses conseils et me bénit.

Je vis aussi M. Clermont-Tonnerre, ministre de la guerre. Il me demanda si j'étais parent du général

Bertrand. Je lui répondis que je n'avais pas cet honneur, mais que je serais aussi fidèle au Roi que ce général l'avait été à l'Empereur. « Très-bien, Mon-
» sieur l'Abbé, dit le Ministre. J'ai prévenu votre
» colonel de votre nomination. Votre régiment est au
» camp de Saint-Omer que le Roi doit bientôt visiter.
» Ne tardez pas de vous y rendre. »

Parti le 1er juin, je m'arrêtai quelques heures à Lille, où se trouvait le dépôt du régiment, sous les ordres du major Prato, homme aimable et fort instruit, d'origine piémontaise. Ce brave officier me donna des renseignements utiles, me considéra comme son compatriote et fut toujours un de mes meilleurs amis. Le soir, je rejoignis le reste du corps au camp de Saint-Omer.

11. — Déjà mon colonel, M. le baron de Landevoisin, m'avait fait préparer une tente à côté de la sienne. En lui remettant les lettres dont j'étais chargé, je le priai de m'honorer de ses conseils, et lui promis de faire tous mes efforts pour mériter sa bienveillance et son appui dans les fonctions de mon ministère. Il me répondit que je pouvais compter sur son concours dans tout ce qui dépendrait de lui. Par un ordre du jour, le colonel annonça mon arrivée et fixa, pour le lendemain, ma présentation au régiment. A l'heure indiquée, le régiment était réuni, en grande tenue et en rang de bataille, au centre du camp, entouré d'un grand nombre d'autres militaires. Revêtu de mon nouveau costume et à cheval, j'y accompagnai mon chef de corps. Dès que nous parûmes, la musique joua une symphonie. Arrivés sur les lieux,

les tambours firent un roulement, les soldats portèrent les armes. Puis le colonel, me montrant à ses côtés, s'exprima ainsi :

« Officiers, sous-officiers et soldats, de par le Roi,
» vous reconnaîtrez M. l'abbé Bertrand, ici présent,
» pour aumônier du 30⁰ régiment de ligne, et vous
» lui rendrez tous les honneurs dus à son grade. »

Les tambours battirent aux champs, ensuite la musique se fit entendre. Cependant les officiers formèrent le cercle et le colonel leur dit : « Messieurs,
» je vous présente un nouveau et bon camarade. »
Je le remerciai et me permis d'ajouter : « Oui, Messieurs; et, si ce n'était pas trop me flatter, j'oserais
» dire : un ami dévoué. » Les officiers supérieurs et autres me serrèrent la main. Rentré sous la tente, je fis appeler le chef de musique et le tambour-major; je les remerciai des honneurs qu'ils avaient rendus au colonel, à mon occasion, et les priai d'accepter une étrenne et de boire à la santé de nos chefs. Le colonel, qui m'avait entendu, entra dans ce moment et me dit : « Nous voulons aussi boire à la vôtre,
» venez dîner avec nous. » Les trois chefs de bataillon arrivèrent et nous partîmes tous cinq, à cheval, pour Saint-Omer.

Pendant mon séjour au camp, je fis plus ample connaissance avec les officiers, dont plusieurs avaient servi sous l'Empire; les autres sortaient la plupart des écoles spéciales. Je n'eus qu'à me féliciter de leurs égards et de leur bienveillance.

On n'avait point encore eu l'idée d'établir une chapelle dans les camps de manœuvre. Il me fallait, chaque matin aller célébrer la messe à Saint-Omer, dans l'église de l'hospice dirigé par les religieuses de Saint-Vincent-de-Paul, dont j'avais connu la supérieure à Paris.

III. — Tandis que mes soldats étaient occupés aux travaux du camp, je visitai la ville et ses environs. Saint-Omer, ancienne capitale de la Morinie, située sur l'Aa et le mont Sithiu à trois cent vingt-deux kilomètres de Paris, comprend une population de vingt-neuf mille âmes. Cette ville fortifiée occupe un rang important parmi les places de guerre. On y remarque l'ancienne cathédrale, construite au XIVe siècle, une des plus belles de France, où l'on voit un buffet d'orgue et une chaire d'un travail admirable ; les ruines de la célèbre abbaye de Saint-Bertin, qui date du VIIe siècle et fut l'un des foyers de lumières à cette époque, ce qui y attirait une foule de personnes désireuses de s'instruire; enfin les îles flottantes dont voici l'origine.

IV. — Au bas du mont Sithiu, existait un marais formé par des sources intérieures ou par les filtrations de l'Aa. On y a creusé, en tous sens, de longs et larges fossés, en rejetant la tourbe et la terre sur les bords, de manière à élever le sol. Les eaux s'écoulèrent dans les fossés, et l'espace qu'elles avaient abandonné se couvrit de plantes, d'arbustes et de grands arbres dont les racines formèrent un réseau serré. Dans quelques endroits, les arbres, agités par le vent, ébranlèrent le sol sous lequel filtraient les eaux. Peu à peu ces massifs surnagèrent et flottèrent au gré des vents C'est ce qu'on appelle : *îles flot-*

tantes. On y a établi des jardins et des berceaux de verdure. Lorsque le temps est calme, on attache le bout d'une corde aux arbres de l'île, puis l'autre bout aux arbres de la terre ferme ; et en appuyant fortement sur la corde, le massif se met en mouvement. Dans la belle saison, des barques sillonnent ces canaux comme les gondoles dans les rues de Venise.

Les travaux du camp étaient achevés. Un ordre du jour annonça la prochaine arrivée du Roi. Je reçus en même temps, une lettre du lieutenant du Roi ou gouverneur de la citadelle de Lille ; il me priait de me rendre en cette ville, ayant à m'entretenir d'une demande qu'il voulait adresser à Sa Majesté, demande pour laquelle mon concours lui paraissait utile. Je partis sur-le-champ.

V. — La citadelle de Lille, chef-d'œuvre de Vauban, est séparée de la ville par une immense esplanade, destinée aux exercices de la cavalerie et de l'infanterie. Elle peut contenir de trois à quatre mille hommes. Autour d'une vaste place s'élèvent des édifices pour le logement du gouverneur, des officiers et de l'aumônier ; de nombreuses casernes, des magasins et plusieurs autres bâtiments spacieux et inoccupés ou servant d'asile à de vieux retraités et à leurs familles ; enfin une grande et belle chapelle qu'on avait transformée en entrepôt de bois. En détournant les eaux de la Deule, on peut, en vingt-quatre heures, submerger la plaine jusqu'à la distance de deux kilomètres de la citadelle et de la ville.

Le dessein pour lequel le Gouverneur avait réclamé mon concours, était de rendre la chapelle au culte en faveur des vétérans que le grand âge et les infirmités empêchaient de se transporter en ville pour y remplir leurs devoirs religieux. Il ne s'agissait que de la meubler. Je fis une note des fournitures nécessaires; la dépense s'élevait à la modique somme de 800 francs. Nous en fîmes l'objet d'une supplique au Roi, au nom des retraités.

VI. — Bientôt le bruit du canon annonça l'arrivée du Roi. Sa Majesté traversa rapidement la ville et se dirigea vers la citadelle. Là les vétérans, rangés sur la place au nombre de trois cents, lui présentèrent leur supplique, qui fut immédiatement remise à un officier général; et le Roi, sans s'arrêter, s'achemina du côté des remparts. En revenant, Sa Majesté et sa suite passèrent devant la chapelle dont la façade nouvellement badigeonnée laissait croire que l'intérieur était disposé pour le culte. Nous étions, le gouverneur et moi, tout près de Son Altesse Royale Monseigneur le duc d'Angoulême. Le prince me dit en se tournant vers moi : « Monsieur l'abbé, vous avez là une jolie chapelle ».

— Oui, Monseigneur, lui répondis-je, mais on en a fait un entrepôt de bois, quoiqu'il y ait d'autres vastes bâtiments inoccupés. Nous avons ici, outre la garnison, une population de cinq cents âmes, ce sont les familles de vieux retraités infirmes. Ces bons vétérans ne peuvent se rendre en ville, surtout dans la mauvaise saison, et sont privés des consolations de la Religion. Une dépense 800 francs suffirait pour meubler la chapelle; et l'aumônier de la garnison serait heureux d'y célébrer la messe en faveur de ces bons vieillards. — « Si on en a fait un entrepôt de bois, « dit le Prince, c'est qu'on en avait besoin. » A cette réponse le Gouverneur fit un mouvement de surprise. Quant à moi je m'esquivai et repris le chemin du camp.

Le jour suivant Charles X était au camp et assistait aux grandes manœuvres et à la petite guerre. Ces exercices se terminèrent par une revue. Après le départ du Roi, mon régiment reprit la garnison de Lille, avec le 8ᵉ dragons et le 1ᵉʳ de ligne.

CHAPITRE V.

Lille. — Messe militaire. — Le Manége; le comte de Rottembourg. — Un accident. — Les bourgeois de Lille. — La ville de Tournay. — Départ pour Paris. — Un voyageur fâcheux. — Mgr l'Evêque de Suse et son grand vicaire. — Le général autrichien.

I. — Lille, autrefois capitale de la Flandre française, aujourd'hui chef-lieu du département du Nord, doit son nom à son emplacement qui est entouré d'eau. C'est une ville forte. La population est de quatre-vingt mille âmes. On y compte trente-quatre places et trente ponts. Les rues sont propres et bien percées. On y distingue la rue Royale, qui a près d'un kilomètre de longueur, formée de beaux hôtels appartenant à l'aristocratie ou a de riches négociants. La plupart des autres maisons plus anciennes ont été construites par les Espagnols, qui occupaient la ville depuis la fin du xve siècle jusqu'en 1667, où Louis XIV l'enleva à cette dernière puissance. Lille n'a de monuments remarquables que le théâtre et la porte de Paris ou arc de triomphe, élevé en 1682 à la gloire du grand Roi, surmonté de trophées et des statues de Minerve et d'Hercule, emblèmes de la sagesse et de la force. Les églises sont grandes et bien tenues. Le jardin botanique, l'Hôtel de Ville, la Bourse, le cirque, l'Hôpital général, la Bibliothèque et la promenade publique méritent d'être vus. Cette dernière, traversée par la Deule, est plantée de grands arbres; au centre un pont élevé met en communication les deux rives; on monte par plusieurs marches sur le tablier de ce pont où les musiques des régiments donnent, tour à tour, trois fois par semaine, des concerts. La rive droite est réservée aux cavaliers et aux équipages. La rive gauche est une charmante promenade garnie de bancs et de fleurs. Au fond, le manége déploie son élégante façade. On regrette que dans une ville si populeuse et si opulente, un grand nombre d'ouvriers soient contraints d'habiter des caves sombres et humides, qui exercent sur leur santé une influence funeste (1).

A mon retour à Lille, je m'empressai de faire ma visite au Général de division, M. le comte de Rottembourg, à mes collègues et aux principaux ecclésiastiques de la ville. Chez l'un de ces derniers, j'eus l'avantage de faire la connaissance d'un ancien professeur de philosophie, M. l'abbé Desmazières. Cet aimable vieillard me parla d'une maison bourgeoise où il avait sa table et son logement, et m'engagea à y prendre pension. Il s'offrit même à me présenter à quelques autres familles chez lesquelles je trouve-

---

(1) Ces tristes demeures n'existent plus. Lille a été comprise dans les nombreuses villes de France qui ont été assainies et embellies sous le second Empire.

rais agréable et bonne société, ce que j'acceptai avec reconnaissance. Quant à mon logement, je dus le choisir près du monastère des dames du Sacré-Cœur chez lesquelles j'avais été prié de dire la messe pendant la semaine. Je trouvai un fort bel appartement au premier étage dans la rue Royale.

II. — Dans les villes occupées par plusieurs régiments, il est d'usage que chaque aumônier fasse sa semaine pour le service religieux des hôpitaux militaires et pour la messe des dimanches et fêtes de précepte, messe à laquelle assistent la garnison, l'état-major de la place et une partie de la haute société. L'aumônier des dragons officia le premier dimanche. Comme je n'avais point encore eu cet honneur, vu que le camp que nous venions de quitter était éloigné de la ville, je voulus être présent à cette cérémonie. Ce fut un spectacle édifiant et solennel.

L'église était parée et illuminée comme en un jour de fête. Les sapeurs, avec leurs haches brillantes étaient placés à droite et à gauche de l'autel. Le Général, avec son grand cordon de la Légion d'honneur, entouré de son état-major et les officiers en grande tenue, chargés de décorations, occupaient le sanctuaire. Un peleton de grenadiers armés formait la haie au milieu de la grande nef. Derrière ceux-ci les soldats de la ligne précédés des dragons. Les tambours et les clairons étaient à leur tête. Les musiciens occupaient une partie des tribunes. Tous se tenaient dans le lieu saint avec recueillement et respect. Lorsque le roulement du tambour annonça l'approche du célébrant, toute l'assemblée était debout.

La musique joua depuis l'Introït jusqu'à l'Evangile, et après l'instruction jusqu'au *Sanctus*. Le moment le plus solennel fut celui de la Consécration. Les tambours battirent aux champs : tous tombèrent à genoux comme un seul homme. Ensuite la musique fit entendre une harmonie dont les accents religieux et doux laissèrent dans les cœurs une impression de piété.

III. — Etant tenu de paraître à cheval aux grandes revues, et ne voulant pas m'y montrer trop gauchement, je pris des leçons d'équitation. L'écuyer du manége me donna une vieille haridelle qui savait adroitement se débarrasser de son cavalier. Je ne dirai pas les nombreuses traces que mes chutes laissèrent sur le sable du manége. Mon cours d'équitation dura trois mois. Pour en abréger le supplice, je m'exerçais en particulier, avec mon cheval, en faisant quelques courses aux environs de Lille, et sur l'esplanade qui sépare la ville de la citadelle. Je me permettais parfois de franchir les fossés avec mon cheval. Cette étourderie faisait jeter des cris aux personnes témoins de mes exercices ; ce qui me valut, de la part d'un bon curé, une petite semonce dont je profitai. Un jour, au retour d'une de mes excursions, j'atteignis un cavalier qui marchait au pas : c'était le général de Rottembourg. Il me reconnut et m'invita à l'accompagner à son hôtel. Là, en me versant un verre de Chambertin, il me fit observer que je me tenais assez solidement à cheval, mais non selon les règles. En conséquence, il m'engagea à me rendre chez lui, les lundis et jeudis à quatre heures du soir pour la promenade, voulant, disait-il, compléter mon éducation équestre. J'étais fier de cet honneur; mais l'occasion s'en offrit rarement, mon nouveau maître était souvent empêché.

IV. — Un de mes nombreux défauts était de me livrer avec trop d'ardeur à tout ce que j'entreprenais; ainsi le goût de l'équitation absorbait alors tous mes loisirs. Pour le modérer, Dieu permit qu'il m'arrivât un accident. Le lieutenant-colonel du premier régiment de ligne et le capitaine instructeur du 8me dragons, tous deux d'origine italienne, me proposèrent d'aller passer la journée dans un grand village belge, près de la frontière, où l'on célébrait la *kermesse*, espèce de fête religieuse et civile, avec procession, mascarades et autres spectacles publics. Nous en revenions vers les sept heures du soir, lorsque nous rencontrâmes des officiers de mon régiment avec lesquels je m'arrêtai cinq minutes, tandis que mes compagnons poursuivaient leur route. Quand je me tournai pour les rejoindre, mon cheval partit si précipitamment qu'en passant sous la porte de la ville, je ne pus l'arrêter; il glissa sur les lames de fer du pont-levis et s'abattit. J'en éprouvai une telle secousse que je m'évanouis. Le cheval se releva et m'emporta jusque devant la porte de mon logement où mon domestique fut obligé de me prendre et me mettre au lit. Heureusement l'accident n'était pas grave; au bout de trois jours je fus rétabli.

Depuis lors, je me livrai à un exercice moins dangereux et plus utile : je travaillai dans la riche bibliothèque que le vénérable abbé Desmazières avait bien voulu mettre à ma disposition; ou bien je l'accompagnais dans ses visites chez M. le marquis d'Engrin, et chez le Président du tribunal civil, deux maisons où se réunissait une partie de la société lilloise.

V. — Héritiers de la valeur et de la loyauté des anciens chevaliers, les officiers français ne se distinguent pas moins par leurs connaissances scientifiques et littéraires que par leur amabilité. Aussi la haute société s'empressait de les inviter à ses réunions et à ses fêtes. C'est ainsi que l'aristocratie et la bourgeoisie de Lille accueillaient les nôtres. Nous aurions voulu demeurer longtemps au milieu de cette population sympathique; mais trois mois s'étaient à peine écoulés, que le régiment reçut ordre de se rendre à Grenoble.

Avant mon départ je voulus visiter la ville de Tournay, qui fut, dit-on, le berceau de la dynastie royale de France. Cette ville, aujourd'hui de la province belge du Hainaut, est située sur l'Escaut, et passe pour une des villes les plus manufacturières de la Belgique. On y admire ses fabriques de tapis, de toile, de camelots et de porcelaine. On y a découvert, en 1655, le tombeau de Chilpéric Ier, père de Clovis, premier roi chrétien de France. Tournay n'est qu'à deux lieues de la frontière française; il possède vingt-neuf mille habitants. Son siége épiscopal, sa belle cathédrale, son athénée et divers autres monuments ou établissements ajoutent à l'importance que lui donnent la citadelle et ses fortifications.

VI. — Comme mes soldats devaient traverser la

France, du nord au sud-est, j'obtins la permission de voyager isolément. Je vendis mon cheval, et me dirigeai en poste sur Paris, afin de revoir mon parent et mes connaissances, et rendre compte de mon ministère à mes supérieurs hiérarchiques,

Dès son institution, la Grande-Aumônerie avait pris une mesure fort sage : ne pouvant suivre de près la conduite des aumôniers militaires, elle avait confié leur surveillance aux évêques. Déjà, à sa demande, Mgr l'Archevêque de Cambray, dont la juridiction s'étendait sur les villes que j'avais habitées, lui avait transmis des renseignements sur mon compte. M. Perreau, vicaire général du Grand-Aumônier voulut bien en faire part à M. Ronsil et m'en féliciter moi-même. Je m'arrêtai peu dans la capitale, voulant aller passer quelques jours dans ma famille en attendant l'arrivée de mon régiment à Grenoble.

VII. — Dans mes précédents voyages, je n'avais éprouvé aucun désagrément; j'avais même eu la chance de rencontrer des personnes aimables qui me faisaient oublier l'ennui et les fatigues de la route. Cette fois, il n'en fut pas de même, du moins quant à l'un des voyageurs qui se trouvaient avec moi dans le même compartiment de la diligence. Et d'abord, lorsque je me rendis, avec ma malle au bureau des voitures, à l'heure exacte du départ, déjà, la diligence, partie quelques secondes plus tôt, disparaissait au loin à l'angle d'une rue. Pour ne pas perdre le prix de la place que j'avais payée d'avance jusqu'à Suse, je fus obligé de louer fort cher un cabriolet qui stationnait sur les lieux, afin d'atteindre la voiture aux barrières de Paris. L'intérieur de la diligence où j'avais ma place était occupé, d'un côté par un vieillard et sa dame ; de l'autre par un homme de quarante à quarante-cinq ans, à la figure repoussante, aux cheveux longs, crasseux et mal peignés, aux mains sales, ornées de griffes en guise d'ongles. C'était une espèce de touriste qui courait le monde et se disait lié avec plusieurs notabilités littéraires. En chemin, une jeune paysanne de seize à dix-huit ans vint se placer en face de ce vilain homme. Pendant la nuit, cette pauvre fille, fort timide poussait à tout moment des soupirs ; interrogée si elle était malade, elle n'osait répondre. Le lendemain, elle nous fit comprendre par un regard plein d'indignation, qu'elle avait été tourmentée par ce monstre. Je lui cédai ma place vis-à-vis du bon vieillard, et la dame se mit à côté d'elle, Le brutal en fut irrité. Quand le temps était calme, il fermait les vasistas et nous empestait de son haleine fétide ; quand le temps était au vent ou à la pluie, il les ouvrait sous prétexte qu'il étouffait. Nous nous plaignîmes au conducteur, qui le menaça de la police. Alors, il se mit à chanter d'une voix criarde à nous étourdir. La jeune paysanne quitta la voiture à Mâcon. A Lyon, le vieillard et sa dame prirent la route de Marseille. Je laissai le triste original à Grenoble où, plus tard, on m'apprit son nom et ses autres excentricités.

VIII. — Arrivé à Suse, je me présentai à l'Evêché. Mgr Lombard me reçut avec bonté, me félicita de la bienveillance de l'Archevêque de Paris, et me dit qu'il se serait rendu plus tôt au désir de ce Prélat, si M. Ronda, son vicaire général, ne s'y était opposé en manifestant l'intention de m'employer au Séminaire. Cette confidence ne m'empêcha pas de faire une visite à M. Ronda, qui jusqu'alors m'avait témoigné de l'intérêt. Ma présence lui rappela la lettre que le ministre de Turin avait écrite en ma faveur l'année précédente. — Pourquoi, m'a-t-il dit, n'êtes-vous pas revenu après les vacances? — Parce que Monseigneur m'a permis de rester à Paris. — Monseigneur vous l'a permis parce qu'on l'y a forcé. — Je ne le pense pas : personne, sauf le Pape, n'avait ce droit. Du reste ce n'est pas ce que m'a dit Monseigneur, à qui je viens de présenter mes respectueux hommages. A cette réponse, M. Ronda s'est un peu calmé et m'a accompagné jusqu'à l'escalier du Séminaire. Je fus amplement dédommagé de sa froideur par la bienveillance de Monseigneur, les témoignages d'amitié de mon ancien professeur, le chanoine Ronchail, de M. Alyson, alors chanoine chancelier, et de plusieurs autres membres du chapitre.

IX. — Pendant que j'étais à Chaumont, un incident a failli me donner de l'ennui. L'aumônier du fort d'Exilles avait obtenu du Commandant la permission de s'absenter quelques jours, lorsque l'on fut informé qu'un général autrichien, chargé par le Roi de réformer la discipline militaire dans ses Etats, devait le lendemain inspecter la garnison et visiter les travaux du fort. On ajoutait que le Général avait des pouvoirs illimités et les exerçait sévèrement : ainsi à Turin, dans une ronde de nuit, ayant trouvé une sentinelle absente de son poste, il en fit de vifs reproches au Gouverneur de la ville et le menaça même de le destituer. Celui-ci, un des grands personnages de la cour, s'en plaignit au Roi, qui lui répondit : « Prenez-y garde, il en serait bien capable; savez-vous. »

Le Commandant du fort, craignant que l'absence de l'aumônier ne lui donna du désagrément, me fit prier de vouloir bien aller représenter cet ecclésiastique à l'occasion de cette inspection inattendue. Curieux de voir ce Général de près je me rendis à Exilles dès huit heures du matin pour m'entendre avec le Commandant. On avait calculé que l'inspecteur ne serait arrivé que vers dix ou onze heures, et à huit heures, il était sur les lieux. En me voyant parmi les officiers, il dit au Commandant. — Qui est ce prêtre : — le Commandant répond : c'est l'aumônier. — Dites-lui d'ouvrir la chapelle. Je n'avais pas eu le temps de me faire remettre la clef. On va la chercher; on ne la trouve pas. Le Général s'impatiente, me jette un regard courroucé et passe outre. S'il avait su que j'appartenais à l'armée française il m'aurait peut-être malmené, et le Commandant aurait été puni.

Après avoir agréablement passé plusieurs jours avec mes parents et amis, je les quittai, car mon régiment approchait de Grenoble.

CHAPITRE VI.

Grenoble. — Monseigneur l'Evêque. — Nouvelles connaissances. — Cercle de M. Rousselot. — Les aumôniers suisses. — Jugement militaire suisse. — Discipline militaire française. — Défense de prêcher à la messe militaire. — Instructions à la caserne. — Mon frère. — Prêtres de la haute vallée de Suse.

I. — Grenoble, ancienne capitale du Dauphiné, sur l'Isère, au-dessus du confluent du Drac, a une population de trente-sept à trente-huit mille habitants. C'est une place forte défendue par une citadelle dont les bastions embrassent les contours d'un rocher élevé et descendent jusqu'aux remparts de la ville. Au temps des Allobroges, qui habitaient entre le Rhône, l'Isère et le Léman, cette cité portait le nom de Cularo, *accusianorum colonia*. Elle s'étendait au pied du mont Rachet, sur la rive droite de l'Isère. Après la conquête des Gaules par les Romains, l'empereur Gratien agrandit cette ville sur la rive gauche et lui donna son nom : *Gratianopolis*, d'où est dérivé le nom de Grenoble. Sous Louis-Philippe Ier et Napoléon III, elle a été de nouveau agrandie et embellie de plusieurs places et de magnifiques édifices. Parmi ses monuments, on distingue la Cathédrale, l'église de Saint-André avec son antique et beau clocher ; l'église de Saint-Laurent et sa crypte, l'Evêché, l'Hôtel de Ville avec son jardin, sa terrasse plantée de marronniers séculaires, son bois, au milieu duquel s'élève une statue en bronze d'Hercule. Les monuments modernes sont le splendide Hôtel de la Préfecture, où de vastes salles renferment les archives de l'ancienne province du Dauphiné, dont la petite ville de Chaumont faisait encore partie au commencement du xviiie siècle (1) ; le Musée et la Bibliothèque composée de quatre-vingt mille volumes ; l'Ecole d'artillerie, l'Hôtel de la Division militaire et celui de la Faculté des sciences et de droit. Ces édifices entourent une immense place ornée d'un square qui a remplacé la statue équestre de Napoléon Ier, érigée sous le second Empire ; le Cabinet d'Histoire naturelle et le Jardin botanique, l'Hôpital général nouvellement reconstruit, et enfin un parc garni d'arbustes et de fleurs. On remarque, sur la place Saint-André, la statue du chevalier Bayard, et sur la place Grenette un beau triomphe d'eau. Grenoble possède une école secondaire de médecine. Près de la porte de France est une charmante promenade sur les bords de l'Isère. En sortant par la porte Randon, on traverse le cours St-André, autre promenade d'une longueur de huit kilomètres, plantée de quatre rangs d'arbres ; c'est la plus magni-

---

(1) Par le traité d'Utrecht du 11 avril 1713, Chaumont, ainsi que toute la haute vallée de Suse jusqu'au mont Genèvre, fut donné au prince de Piémont en échange de la vallée de Barcelonnette qui fut cédée à la France.

fique avenue que j'ai vue en France. Les environs de Grenoble sont très-fertiles, ornés des plus beaux sites et de nombreuses maisons de campagne. Les arts et l'industrie rendent cette ville florissante en même temps qu'elle est illustrée par ses grands hommes.

II. — A Grenoble, je fis ma première visite à Mgr Philibert de Bruillard, ancien curé de Saint-Etienne-du-Mont, que j'avais eu l'honneur de voir à Paris en 1826, l'année même qu'il fut élevé à l'épiscopat. Sa Grandeur me reçut avec des marques d'affection dont le souvenir me sera toujours cher. Prévenu de mon arrivée par la Grande-Aumônerie, Monseigneur avait eu la bonté de faire préparer mon logement. Il m'y fit conduire par M. Falque, son secrétaire général. Ce logement, composé de cinq pièces avec un petit jardin, dépendait du monastère du Sacré-Cœur, situé au-dessous de la forteresse. De cette habitation la vue s'étend sur la rivière, la ville et l'immense vallon. La supérieure du monastère, Mme Victoire, en suite d'une lettre qu'elle avait reçue de la supérieure du même ordre, à Lille, me demanda à Mgr l'Evêque pour second aumônier de son pensionnat, et me pria de célébrer la messe dans son église les jours libres. Ce vaste établissement avait été primitivement fondé par Mme Jeanne-Françoise de Chantal avec le concours de saint François de Salles, pour les religieuses de la Visitation, dont elle était la fondatrice.

III. — Déjà l'avant-garde de mon régiment était en ville; et les bataillons devaient arriver, ce jour même, vers les deux heures du soir. Je louai de suite un cheval et fus à sa rencontre jusqu'à Voreppe, à une heure de Grenoble. Nous fîmes notre entrée en ville au son de la musique et au milieu d'une foule d'habitants qui nous attendaient. Dans les villes de guerre, la présence d'une garnison donne du mouvement au commerce, fait vivre les petites industries, et le corps des officiers procure à la société plus d'un agrément. Aussi les relations se forment vite, et souvent sont cimentées par une sincère et constante amitié. Pour ma part, j'ai rencontré, à Grenoble, des personnes qui m'ont accueilli avec une affectueuse bonté. J'en nommerai quelques-unes avec lesquelles je fus étroitement lié : M. Bossard, ancien vicaire général, qui fut mon directeur spirituel; M. Giraud, négociant; M. Tison, conservateur des eaux et forêts, dont la maison était le rendez-vous de quelques personnes fort aimables; la famille Chaudes-Aigues, chez laquelle, je passais avec M. Bouchard, autre ancien grand-vicaire, de charmantes soirées ; M. l'abbé Rousselot, professeur de théologie, dont j'allais souvent entendre les intéressantes leçons.

IV. — M. Rousselot avait formé un cercle, qui était fréquenté par des ecclésiastiques, des magistrats et des jeunes gens de l'Ecole de droit appartenant aux familles de l'aristocratie et de la bourgeoisie. A ce cercle étaient annexés une bibliothèque de dix à douze mille volumes d'ouvrages choisis; un salon de lecture où l'on trouvait les meilleurs journaux de Paris et de la province; une salle de billard et une salle d'exercices oratoires pour les aspirants au barreau.

J'y fis de longues et nombreuses séances. M. Rousselot m'avait permis de puiser dans la bibliothèque les livres dont j'aurais besoin. Ce n'était pas le seul établissement fondé par le savant professeur ; son zèle ardent et éclairé s'étendait à tout ce qui pouvait contribuer à l'éducation chrétienne de la jeunesse et à la propagation des bonnes doctrines ; il y consacra sa fortune et sa vie.

V. — La dynastie des Bourbons employait dans son armée des régiments suisses, composés de catholiques et de calvinistes. Un de ces régiments formait, en 1827, avec le 30e de ligne, la garnison de Grenoble. Il avait un aumônier catholique et un ministre protestant. Ces deux collègues venaient me voir fréquemment. Avec l'aumônier catholique, nous nous entretenions en latin, car je ne savais pas un mot d'allemand, ni lui un mot de français; et quant au latin, ce cher confrère le prononçait de telle manière que les ecclésiastiques de Grenoble avaient de la peine à le comprendre; en sorte qu'il me priait de l'accompagner dans ses visites afin de lui servir d'interprète.

Le ministre calviniste, jeune homme de mon âge, fort instruit, parlait très-bien la langue française. J'avais souvent avec lui des discussions amicales sur les points de doctrine qui nous séparaient. Nous étudiions ensemble la controverse; il s'y appliquait sérieusement et de bonne foi. — Il déplorait les mensonges que les écrivains de la Réforme débitent contre la Religion romaine et ses ministres, ainsi que le sens forcé qu'ils donnent à certains textes de la sainte Ecriture.

M. Boniface, ministre protestant de Grenoble, fut informé de l'objet de nos entretiens; craignant que son coreligionnaire ne se convertit à la foi catholique, il s'en plaignit amèrement au colonel suisse et au président du consistoire. Pour éviter l'orage, nous dûmes interrompre quelque peu nos relations. Nous en fûmes l'un et l'autre contristés. J'en éprouvai d'autant plus de peine que la droiture d'esprit et de cœur du jeune ministre me faisaient espérer son prompt retour au catholicisme.

VI. — L'aumônier catholique des Suisses, ayant à faire un voyage dans sa patrie, me pria de le remplacer. Pendant son absence, un jeune soldat de son régiment déroba, à son camarade de lit, une mauvaise montre de la valeur de 10 francs, et la vendit à un horloger de la ville. Se voyant soupçonné, il avoua sa faute, et la montre fut rendue; mais le pauvre jeune homme n'en fut pas quitte pour cela. On le mit en prison, et il fut traduit devant le conseil de guerre de son régiment. Ce conseil prononçait ses arrêts, non d'après les lois françaises, mais conformément à son propre code militaire. J'étais auprès de ce jeune homme, assisté d'un brave officier suisse qui me servait d'interprète, lorsqu'on vint signifier à l'accusé son arrêt de mort. Douloureusement surpris de cette condamnation, je m'adresse au Colonel; il fut inexorable. — J'intercède auprès des membres du conseil et du Général de division, et j'obtiens que le jugement soit réformé. Mais, hélas;

il ne le fut pas selon mes vœux, car on ne fit que commuer la peine de mort en celle des travaux forcés. Quelle terrible législation ! Aussi a-t-on bien rarement occasion de l'appliquer.

VII. — Si le code militaire suisse était d'une sévérité révoltante, la discipline française avait aussi d'excessives rigueurs. Un jour, les trois bataillons de mon régiment étaient sous les armes depuis une heure pour la revue du lieutenant-colonel, qui, en ce moment, commandait en chef. L'officier chargé du drapeau le dépose une seconde à un mètre de sa place. Dans ce court intervalle, le chef de corps arrive et ordonne un mouvement en avant. Le porte-drapeau se presse de reprendre sa place. Le lieutenant-colonel lui inflige huit jours d'arrêts. Celui-ci ne fit que lui dire, *mais, mon colonel*. Le chef répond : *huit jours de prison*. L'indignation de l'officier fut à son comble ; mais il se soumit. Je ne manquai pas un jour d'aller le visiter et prendre part à son affliction, malgré la défense du lieutenant-colonel. Cette punition fut appréciée, comme elle devait l'être par les inspecteurs généraux, et n'empêcha pas cet excellent officier d'arriver rapidement aux grades supérieurs. Dans d'autres circonstances, j'ai été forcé de reconnaître la nécessité de cette dure discipline pour maintenir dans l'armée l'obéissance absolue sans laquelle la patrie et la société ne sauraient avoir de vrais défenseurs. Mais, dans les cas dont je viens de parler, il me semble que les chefs pouvaient bien, sans déroger à la loi, en adoucir la rigueur.

VIII. — Le dimanche, les Suisses protestants assistaient au prêche de leur ministre dans le temple de la Réforme. Les catholiques des deux régiments se réunissaient à la cathédrale où la messe était célébrée par l'un des aumôniers, mais sans y faire d'instruction, le Général de division ayant obtenu du Ministre de la guerre qu'il en fût ainsi. Cet état de choses, formellement opposé aux instructions du Grand-Aumônier, m'était connu; mais n'en ayant pas été informé officiellement, la première fois que je dis la messe militaire, je montai promptement en chaire après l'Evangile. Il y eu bien un mouvement de surprise et quelques chuchotements parmi les officiers de l'état-major de la place; mais je commençai de suite mon instruction. On n'osa pas m'interrompre ni m'en faire des reproches, on se contenta de me communiquer la décision exceptionnelle du ministre, dont je rendis compte au Grand-Aumônier.

IX. — Dès lors mon ministère se bornait à la messe, à la visite des hôpitaux et au catéchisme des enfants de troupe. Quant à l'instruction des soldats, il fallut prendre d'autres moyens. Je leur procurai des livres; mais tous ne savaient pas lire. J'obtins de mon chef de corps l'autorisation de les réunir à la caserne dans la salle de l'école. Et pour leur rendre ces réunions plus intéressantes, après l'exposition de la doctrine chrétienne, je leur expliquais un des faits historiques de l'armée française mentionnés sur les cartons suspendus aux murs de l'école, ce qui y attirait souvent des officiers.

X. — Un soir, pendant l'instruction, j'entendis du bruit vers la porte, et je vis un homme en habit bourgeois auquel on s'empressait d'offrir une place, ce qui occasionnait un certain mouvement, car la salle était comble. J'abrégeai mon instruction et levai la séance. Mes soldats réclamèrent le trait historique ; il fallut réparer cette omission. Après l'exercice, quel fut mon étonnement de trouver mon bon frère Antoine, assis sur un banc, les yeux pleins de larmes d'attendrissement ! Nous passâmes ensemble huit jours, hélas ! trop tôt écoulés, pendant lesquels je lui fis visiter les monuments les plus remarquables de la ville. J'aimais beaucoup ce cher frère qui avait un caractère aimable, une piété sincère et un si bon cœur.

XI. — Il y avait à peine deux mois que j'étais à Grenoble, lorsque j'eus le plaisir de recevoir la visite de quelques confrères de la vallée d'Oulx, depuis longtemps incorporés au diocèse de Grenoble. C'étaient : M. Faure, d'abord surveillant au petit Séminaire, puis curé d'Apprieu et enfin membre de la compagnie de Jésus ; M. Signaire, curé-archiprêtre de la ville de Saint-Marcellin, poste important et honorable qu'il mérita par ses talents oratoires, à la suite d'un carême qu'il prêcha à la Cathédrale ; M. Callet, vicaire de Tullins, ensuite curé de Cognin, de Proveysieux et, en dernier lieu, de la Terrasse, où cet ecclésiastique pieux et érudit était considéré comme un pasteur plein de zèle et d'une grande vertu.

CHAPITRE VII

Château de Vizille. — Château et Cuves de Sassenage.

I. — Le Dauphiné est une des provinces de France les plus riches en monuments du moyen âge. Il en est deux à peu de distance de Grenoble, auxquels se rattachent des souvenirs historiques de diverses époques : le château de Vizille et le château de Sassenage. Le premier, construit par le connétable de Lesdiguières, est célèbre par la fameuse Assemblée provinciale d'où sortit l'étincelle révolutionnaire qui, en 1789, embrasa la France. Je désirais le voir dans tous ses détails, mais la porte en était fermée, et je n'ai pu voir que l'extérieur. Le château est bâti en tuf, d'une forme imposante. Le principal escalier extérieur, construit en pierre taillée, à doubles rampes, avec palliers, est un véritable monument; il s'élève jusqu'à la porte du château, qui est au premier étage. Les bâtiments sont appuyés contre une colline dont le sommet est couvert des débris d'un ancien château delphinal, qui porte le nom de *Château du Roi*.

« Cet édifice, auquel on travailla pendant neuf
» années, dit M. Michal-Ladichère, dans son intéres-
» sant ouvrage : *Uriage et ses Environs*, offre deux
» spécimens tranchés d'architecture ; la première
» portion qui a été bâtie ressemble à beaucoup de
» châteaux français : c'est un corps de logis massif
» et flanqué de plusieurs tours ; tandis que l'autre a
» été faite dans ce goût florentin qui s'introduisit en
» France avec Marie de Médicis. Les deux corps
» principaux sont reliés par l'escalier dont la dernière
» rampe aboutit à une porte florentine au-dessus de
» laquelle règne une galerie à balustres pareils à ceux
» de l'escalier.

» Vu du parc, le château de Vizille est d'un aspect
» sévère ; il est digne de la forte main qui l'éleva.
» De là, on saisit la disparate des deux architectures.
» On comprend, rien qu'à les voir juxtaposées, la
» révolution qui s'opérait alors non-seulement dans
» les idées architectoniques, mais encore dans les
» faits politiques et sociaux : la première est encore
» un reflet de la grande féodalité qui allait disparaître,
» dans le règne suivant, sous la main de fer de Ri-
» chelieu. Tout y rappelle la maison forte ; tandis
» que, dans l'autre, il n'y a qu'un palais où ne se
» révèle aucune préoccupation guerrière, où l'absence
» d'ouvrages défensifs atteste l'absence de toute
» crainte d'agression. Cependant celui qui aurait vu
» le château pendant la vie de Lesdiguières ne lui
» aurait pas trouvé l'apparence pacifique qu'il a au-
» jourd'hui ; le Connétable y avait établi un arsenal
» pour armer dix mille hommes, et il y tenait deux
» compagnies de garde, indépendamment des nom-

» breux officiers attachés à sa personne et à sa
» maison. »

Lesdiguières était né dans les Hautes-Alpes et sur les bords du Drac, à l'extrémité supérieure de la vallée appelée *Chevalereuse*, à cause des vaillants hommes d'armes qu'elle avait produits. Il fut d'abord destiné à la robe, mais la carrière des armes convenait mieux à son caractère; il se fit archer sous les ordres de de Gordes, lieutenant-général du Dauphiné. Peu de temps après, il suivit la bannière de Montbrun, chef des calvinistes, embrassa la Réforme de Genève. Montbrun ayant été fait prisonnier, Lesdiguières prit le commandement en chef des huguenots, guerroya dans toute la haute partie du Dauphiné et se rendit maître de Grenoble. Plus tard, il abjura le calvinisme et reçut la dignité de connétable. On le nommait souvent *Roi des Montagnes*. Le duc de Savoie l'appelait le *Renard du Dauphiné;* ce n'était pas sans motif, car voici une de ses ruses dont le duc eut à souffrir :

Ce prince, pour défendre un passage par lequel l'ennemi aurait pu facilement atteindre la capitale de ses Etats, fit construire un fort dans la vallée du Graisivaudan, en face du château Bayard, près du village de Barraux. A cette époque, la contrée était, en grande partie, couverte de bois, et la frontière qui sépare la France de la Savoie n'était pas parfaitement déterminée. Dès que la petite citadelle fut achevée, Lesdiguières donna, dans son château de Vizille, une grande fête à laquelle il invita les officiers savoisiens auxquels la garde du nouveau fort avait été confiée. Pendant que ceux-ci se livraient en toute sécurité aux plaisirs de la fête, Lesdiguières envoya secrètement des troupes, qui s'emparèrent de la citadelle, sous prétexte qu'elle était bâtie sur les terres de France.

« Depuis Lesdiguières, l'aspect de son vieux ma-
» noir a bien changé. L'industrie s'est emparée de
» ces bâtiments autrefois consacrés à l'appareil belli-
» queux et princier dont le premier maître aimait à
» s'environner. Cependant, sous la vaste archivolte du
» portail d'honneur, on voit encore aujourd'hui la
» statue équestre de Lesdiguières. C'est un bas-relief
» en bronze un peu plus grand que nature. En 1775,
» Claude Perier, père de Casimir, fit acquisition du
» château et de ses dépendances et y fonda une des
» premières manufactures de toiles peintes qu'ait
» eues le midi de la France.

» En 1825, dans la nuit du 9 au 10 novembre, le
» feu prit au château de Vizille. On ne put sauver
» que les murailles; tout ce qui était susceptible de
» s'enflammer fut embrasé. Aujourd'hui, on ne s'en
» douterait pas ; le château a été en effet réparé par
» les soins de M. Augustin Perier avec une intelli-
» gence incontestable. Mais ce qu'on n'a pu rétablir
» ce sont les boiseries des appartements où étaient
» représentés les hauts faits d'Henri IV et de Lesdi-
» guières ; ce sont les tableaux du temps et les meu-
» bles contemporains du Connétable : tout cela a
» péri sans retour. »

L'immense parc du château est entouré de hautes murailles et renferme plusieurs métairies. Il est arrosé par des eaux limpides qui ont leurs sources au pied de la montagne au levant, serpentent à travers les prairies et les bois et viennent former une large cascade à trente mètres de la noble demeure. Dans une visite que je fis plus tard à un ami, M. Alloix, alors vicaire de Vizille, un accident me fit apprécier la fraîcheur de ces eaux : nous parcourions le parc en suivant un sentier sur la rive droite du canal, pour nous rendre au *Péage,* où se trouve une vaste et belle filature de soie. Arrivés à moitié chemin, nous voulûmes atteindre l'autre rive en passant sur un pont formé d'une simple planche étroite et légèrement fixée. Dès le premier pas, une racine d'arbuste me fit trébucher ; je fis un mouvement pour me dégager, et tombai debout au milieu du canal qui avait un mètre de profondeur. C'était par un beau jour, vers les deux heures de l'après-midi, je dus me cacher derrière les buissons qui bordent les eaux, me dépouiller de mes vêtements et les étendre au soleil pendant deux heures, avant de pouvoir les reprendre et continuer notre course.

Vizille est une petite ville de cinq mille cinq cents âmes. Elle n'a de remarquable que ses nombreuses usines et le pont de la Romanche, qui a été construit il y a un siècle ; l'arche unique de ce pont fort surbaissée, d'une grande ouverture, est une œuvre hardie.

II. — Le château de Sassenage est à sept kilomètres de Grenoble. Ses premiers maîtres, issus d'une des familles les plus nobles du Dauphiné, portèrent longtemps la couronne. Cet antique édifice est situé sur la pente d'une montagne, à peu de distance de la plaine et à un kilomètre du Drac, torrent impétueux.

Il annonce encore aujourd'hui la majesté sauvage que les rois de ce temps imprimaient à leurs donjons. L'intérieur, ainsi que l'extérieur, porte l'empreinte du moyen âge. Il ne reste plus que quelques salles de ce style. Ce fut les premières que je voulus visiter.

Un vieillard, qui avait vu s'écouler plusieurs générations me conduisit dans les vastes corridors, sous des voûtes résonnantes. Un bruit semblable à celui des vagues, se mêlait au bruit de nos pas. Je m'arrêtais de temps en temps pour écouter les échos. — Allons toujours, me dit mon guide, sinon la nuit nous surprendra. — Il était cinq heures du soir. Nous entrâmes dans la salle d'audience. Les armoiries de la maison de Sassenage étaient sculptées sur un mur. Les meubles tous antiques étaient encore riches, malgré les ravages du temps. On y remarquait aussi divers portraits. — Celui-ci dit le vieillard, est le premier roi de Sassenage. Après lui viennent ses descendants qui ont porté la couronne, jusqu'à celui qui l'a cédée au Dauphin, en 1297.

Mon guide me fit voir encore quelques appartements garnis de meubles modernes, qui contrastaient singulièrement avec la forme de ces pièces. En sortant du château le bon vieillard me dit : — « Je » pense que demain, Monsieur voudra visiter les » Cuves, mon fils vous y conduira; il portera une » planche et une chandelle pour arriver près des » grottes. Dans les anciens temps, les grottes étaient » un lieu redouté, personne n'osaient y pénétrer. » C'est là qu'habitaient les fées. — Qu'étaient-elles » ces fées? lui dis-je. — C'étaient des âmes justes » qui n'ayant pas achevé d'expier leurs fautes avant

» d'être dépouillées de leurs corps, ne pouvaient en-
» trer dans le Ciel. Dieu les avait condamnées à
» errer dans les mondes qui roulent dans l'espace.
» Ces âmes avaient le pouvoir de se cacher sous dif-
» férentes formes humaines : ordinairement, elles se
» montraient sous les traits d'une vieille femme, pour
» apprendre que la sagesse et la prudence sont les
» apanages des vieillards ; d'autres fois, elles prenaient
» la figure d'une jeune fille, vêtue d'une robe blan-
» che, et paraissaient ainsi devant les personnes de
» cet âge pour les avertir que la pudeur et l'inno-
» cence sont les plus beaux ornements de la jeu-
» nesse. Les fées qui s'étaient fixées aux grottes de
» Sassenage ont disparu parce que nous sommes
» devenus trop méchants. On dit qu'on en voit en-
» core dans d'autres contrées, où on leur donne le
» nom d'*esprits folets*, parce qu'elles s'amusent à
» tresser la crinière des chevaux, à se moquer des
» orgueilleux et à fouetter les filles qui ne sont pas
» sages.

» Mon fils m'a dit que les cavernes de nos fées
» sont aujourd'hui inaccessibles. J'y ai été dans mon
» jeune âge ; déjà le passage était dangereux. Nous
» étions trois étourdis ; nous nous attachâmes avec
» des cordes, à distance les uns des autres pour être
» libres de nos mouvements, et nous nous aventu-
» râmes à travers la fente du rocher. Tantôt il fallait
» descendre par la cascade profonde que forme le
» torrent, tantôt monter comme par une cheminée. Les
» anciens racontaient qu'autrefois l'accès en était
» plus facile, qu'on y arrivait par des marches creu-
» sées dans le roc ; mais que des blocs détachés par

» la filtration des eaux avaient obstrué l'entrée des
» grottes. Enfin nous parvînmes à la demeure des
» fées, qui consistait en trois pièces. La première
» était étroite et basse, la seconde, plus vaste, con-
» tenait des tables et des bancs en pierre ; nous
» trouvâmes dans la troisième quelques débris de
» meubles, tels que coffres, fourneaux, vases en fer,
» et des outils rouillés dont nous n'avons pas re-
» connu l'usage. Dans cette dernière, il y avait
» encore un bassin en pierre qui recevait un petit
» filet d'eau. »

Ces meubles, ces outils indiquent que ces grottes ont été, avant le moyen âge, le réduit de quelque malfaiteur ou d'un faux-monnayeur. Plus tard, la crédulité populaire les a trouvées propres à la demeure des génies fantastiques auxquels elle donna le nom de fées.

Nous ne pourrons visiter les grottes, dis-je à mon guide, mais les Cuves ? — « Les Cuves sont encore
» un bienfait des fées. Elles en firent deux qui exis-
» tent toujours ; l'une, pour annoncer l'abondance du
» blé ; l'autre, pour annoncer l'abondance du vin.
» Lorsque celle du blé était pleine, on était sûr
» d'avoir de belles moissons. Quand celle du vin
» versait à pleins bords, nos vignes, en automne,
» fléchissaient sous le poids des grappes. Cette re-
» marque se faisait la veille et le jour des rois. C'est
» la seule faveur dont les fées nous aient laissé jouir
» après leur disparition. » En me disant ces mots, nous arrivions au village, et le bon vieillard me dit adieu.

III. — Le lendemain, accompagné de son fils, je me rendis aux Cuves. Le sentier qui y conduit longe un torrent qui sort d'une grotte par une ouverture cintrée et forme une cascade large et peu élevée. Nous l'avons traversé avec l'aide d'une planche. A quelques pas au-dessus, dans une ouverture irrégulière, nous avons trouvé les Cuves. On donne ce nom à deux excavations naturelles ayant un mètre de diamètre, rapprochées l'une de l'autre. On les croit très-profondes ; mais nous n'avons pu nous en assurer : on les avait comblées de cailloux.

Une fente de rocher ayant, à gauche, une profondeur que nous n'avons pu mesurer, et laissant, à droite, un petit sentier penché vers le vide, nous permit, non sans danger, d'atteindre la cascade intérieure qui est remarquable. Une lame d'eau, large d'un mètre cinquante centimètres, descend perpendiculairement d'un trou ovale et tombe dans un gouffre où l'on n'aperçoit, à la lueur d'une chandelle, qu'une écume blanchâtre. La majeure partie de cette eau va alimenter la cascade extérieure ; le reste, par détours inconnus va, dit-on, former un petit lac à gauche de l'entrée des Cuves. On descendait autrefois sur les bords de cette cascade intérieure pour arriver à l'escalier qui conduisait aux grottes. L'abondance des eaux, en cette saison, ne nous permit pas d'aller plus loin. Nous dûmes rétrograder à reculons et tête baissée, en nous cramponnant au rocher. Le passage qui aboutit au lac est très-étroit : on est forcé de ramper, pendant huit minutes, dans la plus profonde obscurité. Le bassin du lac a environ de cinq à six mètres de largeur. Ses eaux sont limpides et immobiles. On n'en découvre le fond que sur les bords. Le rocher qui le couvre a la forme d'une voûte surbaissée.

CHAPITRE VIII.

La Grande-Chartreuse. — Le frère Jean-Marie et dom Bruno. — Office de la nuit. — La messe des frères ; la salle capitulaire ; la bibliothèque ; dom Jean-Baptiste, général de l'Ordre. — La galerie. — Le grand cloître. — Logement du Chartreux. — Messe capitulaire. — Le désert. — La chapelle de la Vierge. — Chapelle de Saint-Bruno.

I. — Puisque j'ai parlé de deux monuments du moyen âge aux environs de Grenoble, je me reprocherais de passer sous silence un autre monument de la même époque bien plus digne d'être connu, je veux dire la Grande-Chartreuse, fondée par saint Bruno en 1084.

Ce monastère est situé dans les montagnes abruptes qui séparent les charmants côteaux de Voiron de la partie nord-ouest de la belle et riche vallée du Graisivaudan. On y arrive par deux voies : l'une au nord de Grenoble, l'autre au couchant. La première, étroite et difficile, se dirige vers la montagne du Sappey. Elle n'est pratiquée qu'à pied ou à dos de mulet. On suit la seconde en voiture jusqu'à Saint-

Laurent-du-Pont. C'est cette dernière que j'ai prise (1).

En quittant le bourg de Saint-Laurent-du-Pont, on monte sur la pente d'une gorge, au fond de laquelle roule un torrent. Le chemin, qui suit tantôt la rive droite, tantôt la rive gauche, en traversant un pont de bois, est comme suspendu sur les flancs d'un précipice. On ne voit presque pas le ciel, tant les arbres élevés et touffus ombragent le chemin. Les vents qui s'engouffrent dans les abîmes, les rochers qui montent dans les airs, les flots écumants qui emportent les sapins et les fayards que la foudre a déracinés, glacent d'effroi et disposent l'âme à de sérieuses méditations.

A mesure qu'on avance, le chemin scabreux devient plus praticable. Le ciel se montre par degrés, et les rayons du soleil pénètrent l'épaisseur des bois. Le voyageur commence à sentir la douce influence de l'air que respirent les Pères du désert, et les lugubres pensées que lui inspiraient les précipices qu'il a franchis, peu à peu, se dissipent à la vue des croix rouges qui, de distance en distance, annoncent l'approche du monastère. Bientôt le toit hospitalier paraît à travers les feuillages, puis la maison tout entière.

II. — Je fis ce pèlerinage au mois d'août 1829. Le frère Jean-Marie, chargé des étrangers, me reçut à

(1) La route de Saint-Laurent-du-Pont à la Grande-Chartreuse et celle du Sappey ont été récemment réparées. On peut maintenant, des deux côtés, arriver en voiture jusqu'au monastère.

la porte du monastère. Cette porte est flanquée de deux pavillons. Une place entourée de grands murs la sépare des bâtiments occupés par les religieux. Le bon frère me fit entrer dans un vaste corridor et me conduisit à l'appartement de dom Bruno.

Né dans les premiers rangs de la société, dom Bruno en a les nobles manières. Il faut que la grâce lui ait vivement fait sentir le néant des grandeurs humaines auxquelles son esprit cultivé lui donnait droit de prétendre, pour qu'il soit venu, à la fleur de l'âge, enfouir ses talents et ses aimables qualités dans un désert. Quel héroïsme de se dépouiller de la fortune que l'on possède, de fuir celle que l'on peut facilement acquérir et de renoncer aux honneurs et aux charmes de la société!

Après un repas frugal, je passai le reste de la journée dans une cellule. Une table, une chaise, une petite alcôve garnie d'une garde-paille et d'une épaisse et lourde couverture, un pot d'eau : c'est tout l'ameublement de ma cellule. A peine le soleil eut-il disparu derrière le sommet des montagnes, que la nuit s'abattit sur le désert. Accablé par la fatigue et les émotions de la journée, je m'étendis sur mon lit, dont la garde-paille était aussi peu flexible qu'un tronc. Néanmoins, l'accablement amena le sommeil; mais quelle nuit!

III. — Vers les onze heures du soir, la cloche appela les religieux à l'office divin. Je me levai promptement sans avoir complétement repris l'usage de mes sens. Enveloppé de mes habits, je traversai une grande salle au bout de laquelle se trouve un escalier qui aboutit au grand corridor du rez-de-chaussée. Engourdi par le froid, je tombe assis sur la dernière marche. Là, dans un état, qui n'était ni le sommeil ni le réveil, j'aperçus, dans le corridor, une pâle lueur, qui, peu à peu, se multiplia et fit l'effet de lampes funèbres. Des ombres s'approchaient rapidement et sans bruit et disparaissaient l'une après l'autre. Tout à coup, un murmure sourd et vague, comme l'écho d'un chant de mort, vint frapper mes oreilles. Un frisson circula dans mes membres. Cependant, je fis un effort et me dirigeais vers ces pâles lueurs, qui devenaient de plus en plus vives. Ce n'était autre chose que les rayons de la lune qui scintillaient à travers les fenêtres du corridor et devenaient plus brillants à mesure que l'astre des nuits montait vers l'horizon. En avançant de quelques pas, je me trouvais à la porte de l'église, où je pus distinguer clairement le chant monotone et lent des religieux. La lampe suspendue au milieu du sanctuaire et des lanternes rangées sur deux lignes, à droite et à gauche du chœur, éclairaient l'enceinte d'un demi-jour. Le chant répété par l'écho des voûtes produisait un effet lugubre. Je cherche à m'approcher, mais je suis arrêté par une grille qui sépare le chœur des Pères de l'enceinte destinée aux Frères. Mes jambes ne pouvant plus me soutenir, je m'assieds sur un banc de l'avant-chœur et y restai près de quatre heures sous la pression du froid et du sommeil.

La cloche me tira de cet abattement. Tout était dans un morne silence. La lampe seule pétillait au milieu des ténèbres. Je cherchais la porte, lorsque mes pieds heurtèrent un corps humain étendu sur les dalles. Qui est là? m'écriai-je. Pour toute réponse, une main froide saisit la mienne et m'ouvre la porte. C'était un saint Religieux qui, par cet acte de mortification et de profonde humilité, se préparait à célébrer les saints mystères au point du jour.

Rentré dans le grand corridor, je rencontrai un Père qui se rendait à l'église. En me voyant marcher d'un pas chancelant, il me fit signe d'attendre et appela le frère Jean-Marie, qui m'accompagna jusqu'à ma cellule en me soutenant de son bras. Un instant après, il m'apporta du linge chaud et me fit prendre quelques gouttes d'élixir. J'eus une forte fièvre jusqu'au lendemain. La seconde nuit fut plus calme, un sommeil bienfaisant me rendit la santé.

IV. — Le jour suivant, le bon Frère s'offrit à me faire visiter la maison immédiatement après la messe des frères à laquelle il m'engagea d'assister, pour entendre un jeune Chartreux doué de l'éloquence du cœur. Cette messe se dit au point du jour dans une chapelle. Les frères et les manœuvres employés, dans cette saison, à la récolte du foin, étaient au nombre de quatre-vingts. Le célébrant leur parla des grâces et des joies spirituelles, fruits de la vie contemplative, avec une onction si pénétrante, que ses auditeurs furent émus jusqu'aux larmes.

Après la messe, nous visitâmes la salle capitulaire, grande pièce où se tiennent les assemblées générales. De simples planches, fortement scellées contre les murs, servent de siéges. Des portraits sur toile représentent les Généraux de l'ordre, depuis saint Bruno, jusqu'aux prédécesseurs du Général actuel.

Ces portraits, fixés à la voûte, forment une couronne au-dessus de l'assemblée. C'est là, dans cette salle que les députés des provinces viennent, tous les cinq ans, discuter les affaires de l'Ordre et assister à l'élection du nouveau Général, élection faite par les pères seuls de la Grande-Chartreuse.

De là, nous passâmes à la bibliothèque. Elle se compose de cinq à six mille volumes, débris de l'ancienne bibliothèque, qui, au dire du frère Jean-Marie, était, avant la Révolution de 1789, une des plus riches de la catholicité. Ces débris ont été recueillis par les Pères, particulièrement par dom Bruno, qui en est le conservateur.

En sortant de la bibliothèque, je fus présenter mes hommages à dom Jean-Baptiste, Prieur général. La direction de ce vaste établissement et la sollicitude de toutes les Chartreuses du monde ne lui laissent pas un instant de repos; et néanmoins quant aux offices du chœur et aux autres exercices, il est toujours le premier observateur de la Règle. J'ai ouï dire qu'il avait été un savant jurisconsulte avant d'entrer en religion. Au premier abord, rien ne le distingue des autres Chartreux (on voit chez tous une modestie admirable et une profonde humilité); mais lorsqu'on rencontre son regard vif et pénétrant, quand on considère la forme de sa tête, on devine l'homme de génie et le grand administrateur.

V. — Je remontai, avec le bon Frère, l'escalier par lequel je m'étais égaré la première nuit, et nous parvînmes à la galerie des tableaux de grande dimension, qui représentent plusieurs Chartreuses de l'étranger et leurs dépendances. Un grand nombre de tableaux de ce genre avaient été brûlés pendant la Révolution. Cette galerie aboutit aux appartements destinés aux députés des provinces. Le nom de chaque province est écrit au-dessus de son entrée principale.

VI. — En revenant à droite, on se trouve à la porte du grand cloître. Deux corridors, ou galeries ayant deux cent quarante mètres de longueur, séparées par le cimetière, donnent entrée au logement des Pères; en sorte que le premier objet qui se présente à leurs yeux, en entrant ou en sortant, c'est le champ de la mort. Sur chaque porte, on lit une sentence qui rappelle le néant de la vie ou les avantages de la solitude. A côté de la porte, à hauteur d'appui, est une ouverture d'un carré long, fermée de deux côtés. C'est par là que le Religieux reçoit sa ration de chaque jour, c'est-à-dire deux plats maigres, du pain, un verre de vin, un pot d'eau et des fruits secs. Les Chartreux n'ont jamais d'aliments gras, même en cas de maladie, et *pour compensation* ils ont plusieurs carêmes et des jeûnes rigoureux durant l'année.

VII. — Le Chartreux habite un pavillon composé ed quatre pièces. Les deux pièces du rez-de-chaussée servent de magasin et de laboratoire, car ces Religieux sont tenus au travail des mains. Au pavillon est annexé un petit jardin orné de fleurs de montagne, où le cénobite peut se promener et respirer l'air frais du désert. La première pièce du premier étage est une espèce de parloir décoré d'images de saints solitaires. Cette pièce donne entrée à la seconde où l'on voit un oratoire sur lequel se trouvent un Christ, un instrument de pénitence et parfois une tête de mort. En face est une alcôve qui renferme le grabat du Religieux, lequel consiste en une garde-paille piquée, de l'épaisseur de dix à douze centimètres, un oreiller de branches d'arbres ou de paille ; pas de draps, une seule couverture. C'est sur cette dure couche que le Chartreux repose son corps épuisé par les veilles, le travail et les privations. Que dirai-je de ses vêtements ? une robe de grosse laine, sous cette robe, des vêtements de même étoffe, pas un fil de toile ; et, au lieu de linge, un long et large cilice avec pointes de fer, ou tout au moins en crin. Tel est le costume du Chartreux depuis le simple Frère jusqu'au Général de l'Ordre.

VIII. — C'était neuf heures du matin ; on allait célébrer la messe capitulaire. Malgré le recueillement dû aux saints Mystères, je n'ai pu m'empêcher de remarquer qu'avant l'oblation et après le *Pater*, les cérémonies diffèrent quelque peu des cérémonies romaines. Elles sont telles qu'elles étaient au temps de saint Bruno. Un usage particulier aux Chartreux, c'est qu'au *Sanctus*, tous les Pères se prosternent profondément. A la consécration et à la communion du célébrant, tous tombent à terre, couchés sur le côté droit, la tête tournée vers l'autel. Parmi ces Religieux qui s'anéantissent devant la majesté du Dieu caché sous les espèces eucharistiques, il est des hommes qui, par leur érudition et leur éloquence, ont brillé dans la chaire et le barreau ; d'autres qui ont approfondi les systèmes philosophiques, religieux et politiques; d'autres, enfin, qui ont vécu dans les jouissances du monde. Ils n'ont trouvé de véritable satisfaction d'esprit et de cœur, que dans la contemplation de l'éternelle vérité. Maintenant ils se reposent en elle avec délices.

IX. — Après la messe, je me rendis au réfectoire des étrangers pour le déjeuner. Mon repas fut bientôt pris, car il me tardait de voir le désert. Je sortis avant mes convives et m'égarai seul dans un sentier de la montagne. Les branches épineuses des hauts sapins entretenaient sur le sol une douce fraîcheur, et un vent léger balançait les plantes qui végètent sous ces arbres séculaires. Les oiseaux avaient cessé leur chant, on n'entendait que le cri plaintif de la mésange. Arrivé dans l'épaisseur de la forêt, je m'assis sur le tronc d'un arbre renversé par l'orage. Je ne sais quelle force invisible m'oppressait, mes yeux étaient pleins de larmes.

Oh! qu'il est doux de se livrer, dans le silence du désert, aux tendres sentiments qu'inspire la nature : de rompre, pendant quelques heures les chaînes qui nous attachent aux vanités du monde! Combien l'âme éprouve alors de douces émotions! Loin des joies éphémères, des plaisirs fugitifs, elle s'unit à Dieu, elle le possède. Un cœur qui n'a point fait naufrage dans l'écueil des passions, et qui, au milieu d'une nature calme et sereine, aime à méditer sur son immortelle destinée, est pour la divinité le plus beau sanctuaire, sa présence sanctifie la colline sur laquelle un cœur innocent et pur lui offre ses vœux. Que l'on descende ou que l'on monte, on ne trouve pas un brin d'herbe, pas un grain de sable que sa puissance infinie ne remplisse. Les sensations que font naître les déserts sont plus nobles et plus pures que celles que font éprouver la splendeur des palais et leurs jardins magnifiques. Les beautés que renferment les œuvres de l'art, flattent les sens et amollissent le cœur; elles ne laissent pas dans l'âme les grandes pensées qu'inspire la solitude. Ici on devient meilleur et plus aimant. Parmi les hommes, on a aussi souvent sujet de se fuir soi-même que de fuir les autres. La paix avec soi-même, c'est la paix avec l'univers. Une âme tranquille regarde toujours les hommes du bon côté. Quand toute la nature nous sourit, quand nous abondons de bienveillance, alors il ne nous manque qu'un cœur ami pour partager avec nous ce bonheur.

X. — J'étais plongé dans ces réflexions, lorsque, non loin de moi, des visiteurs, sur les pas du frère Jean-Marie, se dirigeaient vers la chapelle de Saint-Bruno. Je me joignis à eux. Nous nous arrêtâmes, en passant devant la chapelle de la Sainte-Vierge, à un quart d'heure du monastère, sur le chemin de la montagne. Une inscription apprend au voyageur le miracle qui a donné occasion de construire ce petit monument. L'intérieur a une forme gothique. Les litanies de la Vierge sont tracées en lettres d'or sur les murs; chaque verset est enfermé dans une guirlande fleurie. Le tableau au-dessus de l'autel représente le miracle dont je viens de parler : la Vierge apparaît aux Religieux qui habitent le fond du désert, où ils risquent, à tout moment, d'être écrasés par les rochers qui se détachent de la montagne ; elle leur indique l'endroit où ils doivent établir leur demeure à l'abri de tout danger, c'est là qu'est situé le monastère.

XI. — La chapelle de Saint-Bruno est à l'endroit même où saint Hugues, évêque de Grenoble, avait conduit Bruno et ses compagnons, lorsqu'ils vinrent se jeter à ses genoux et le prier de leur accorder un asile dans une de ses montagnes. Cette chapelle est décorée simplement, quatre Religieux sont peints sur les murs. Ces peintures en grisaille sont si bien faites, que beaucoup de personnes, au premier aspect, les prennent pour des statues. Sur l'autel, est la statue du saint fondateur. Il a un genou à terre, les mains jointes, les yeux élevés au Ciel. A côté de la chapelle, on nous fit remarquer une fontaine que Dieu fit jaillir miraculeusement. A quelque distance au-dessus était jadis la grotte de Bruno ; c'est le lieu le plus affreux du désert : des fossés profonds au milieu d'arides rochers, quelques sapins rabougris, dont les branches penchent vers la terre, quelques rares arbustes sauvages s'élèvent à peine au niveau des débris anguleux du rocher. Telle est la retraite que s'étaient choisie Bruno et ses compagnons.

CHAPITRE IX.

Rencontre d'un philosophe à la Grande-Chartreuse. — Retour à Grenoble.

I. — Pendant la semaine que je passai à la Grande-Chartreuse, je rencontrais souvent, dans mes excursions au désert, un homme qui gravissait les montagnes, fouillait les ravins, cherchant des plantes qu'on ne trouve, disait-il, que dans ces parages. Etait-ce un botaniste, ou simplement un herboriste? je l'ignore. Ce que je sais, c'est qu'égaré par les écrits de certains philosophes, il s'était fait une très-fausse idée des corps religieux. Il me dit un jour :
« Vous êtes venu aspirer l'air pur des montagnes ;
» mais vous auriez pu choisir une contrée plus
» agréable. »

Celle-ci, lui répondis-je, me plaît parce qu'on y sent le parfum de sainteté que répand la présence des Chartreux.

« Ce parfum de sainteté, repliqua-t-il, répandu dans
» un désert, n'est guère utile à la société. Dieu n'a
» pas créé les hommes pour vivre en sauvages. Les
» couvents sont les asiles de la fainéantise. C'est

» l'égoïsme qui a fondé et rempli les monastères. Les
» moines ne vivent que pour eux-mêmes et aux
» dépens d'autrui. Ils s'isolent de la société pour ne
» pas en supporter les charges. Un curé, en instrui-
» sant les ignorants, en prêchant la morale, fait plus
» de bien, en un jour, que n'en font tous les moines
» durant leur vie. Les moines, à quoi sont-ils bons ? »

— Je vais vous je dire, Monsieur, seulement vous me permettrez de passer sous silence les ordres religieux qui se consacrent à l'éducation de la jeunesse, à l'instruction des peuples, à la prédication de la morale, tous ceux-là, vous l'admettez, sont, aussi bien que les curés, utiles à la société. Vous admettez bien encore que ceux qui se livrent à l'étude des sciences ne sont pas des fainéants. En voilà déjà un bon nombre qui, loin d'être à charge à la société, en sont les bienfaiteurs. Voyons ce qu'il en est des autres.

Les curés et les prêtres séculiers ne peuvent suffire seuls à l'instruction des peuples, à la consolation des mourants, au soulagement des pauvres et des affligés, au pansement des malades accumulés dans les tristes retraites du malheur, à réparer, autant que possible, une infinité de maux engendrés par l'infortune ou les vices de la société. Il a donc fallu des monastères pour l'accomplissement de toutes ces œuvres, pour édifier sans cesse et partout, jusqu'aux plus obscures familles ; pour nourrir le pauvre de vérité, comme l'aumône le nourrit de pain. Et la fondation des couvents est une œuvre éminemment sociale.

Ici, c'est une religieuse, dans la fleur de l'âge et de la beauté, qui visite le vieillard infirme, lui parle du Ciel, panse ses plaies dégoûtantes ; là un ordre de sœurs qui consacrent leur vie entière au service des pauvres dans les hôpitaux. Voyez-les, sous le nom de Sœurs hospitalières, prodiguer nuit et jour aux malades les soins qui répugnent le plus à la délicatesse de leur sexe. Ailleurs, dans cet hospice admirable ouvert à l'enfant qu'abandonne une mère cruelle, considérez avec quelle tendresse cette vierge innocente donne un aliment factice au jeune orphelin ; devenue par humanité, mère adoptive, elle réchauffe sur son sein l'enfant infortuné.

Suivez encore, chez les peuples barbares, ces généreux Frères de la Rédemption. Tandis que l'un d'eux, portant volontairement les chaînes de l'esclave chrétien qu'il rend à une famille qui le pleure, devient avec joie l'otage et le gage d'une rançon qu'il ne peut encore payer ; l'autre frère, plus heureux que son compagnon dans cette œuvre charitable, s'entoure comme un triomphateur, des captifs dont il a brisé les fers.

Loin de nous sont des missionnaires de toute dénomination, qui, par une vertu surhumaine, rompant les liens les plus chers, s'en vont, avec un zèle qui n'a point de bornes, prêcher l'Evangile à l'extrémité de l'univers, arroser de leur sang les contrées lointaines, sans autre espoir, sans autre désir que celui d'arracher à l'ignorance, au crime et au malheur des hommes qui leur sont inconnus.

Il est cependant des missionnaires rapprochés que n'environnent point les périls, que n'accompagne point la gloire du martyre ; ce sont les humbles Franciscains qui parcourent incessamment les campagnes pour aider les pasteurs dans leurs saintes fonctions.

Vous êtes encore plongé dans un profond sommeil, et déjà le bon cénobite, devançant l'aurore, a recommencé le cours de ses bienfaisantes œuvres ; il a instruit l'ignorant, visité le malade, partagé avec l'indigent son repas du matin, essuyé les pleurs de l'infortune et fait couler ceux du repentir. Ni le soleil dévorant, ni les aquilons glacés ne peuvent retenir le zélé Minime, ni le charitable Capucin dont la journée, ainsi que la marche glorieuse de l'astre du jour, est une carrière de bienfaisance.

C'est surtout aux victimes de la justice humaine que l'homme du monastère aime à porter des paroles de paix. Avec quelle profonde compassion, il partage les angoisses du coupable, ranime son courage défaillant, et, semblable à l'espérance dont il est le ministre, fortifie également l'infortuné et contre les terreurs du supplice et contre le désespoir du remords. Le moment fatal arrive. Le confesseur compatissant s'assied dans le tombereau du criminel dont il mouille de larmes les mains garrottées ; il lui parle d'un Dieu clément et relève tellement l'âme abîmée de ce coupable, que celui-ci ne regarde plus l'échafaud où il doit perdre la vie, que comme un degré pour monter au Ciel.

Mais détournons nos regards de ce spectacle, où les horreurs du supplice se mêlent à l'admiration qu'inspire l'héroïsme de la charité ; élevons-les vers cette haute partie des Alpes-Pennines que l'on appelle le *mont Saint-Bernard*. Là, un gentilhomme de Savoie, *Bernard de Menthon*, se retira, en 962, pour sauver la vie à d'innombrables passagers. Réunissant auprès de lui des hommes simples, religieux, infatigables, il forma un monastère, établit un hospice et consacra ses talents, sa santé, sa fortune au service de ses semblables, qui, dans le passage de cette montagne, se trouvaient dans des périls extrêmes.

Le mont Saint-Bernard est à deux mille quatre cent quatre-vingts mètres au-dessus de la Méditerranée. Le froid y est si vif que, dans l'hiver, le thermomètre y descend de dix-huit à dix-neuf degrés au-dessous de la glace. Les neiges s'élèvent très-souvent jusqu'au toit du couvent hospitalier. Bien des religieux périssent par les avalanches imprévues, lorsqu'ils vont au secours des malheureux surpris par l'obscurité de la nuit et enveloppés dans les tourbillons. C'est dans ces lieux désolés, au milieu de ces abîmes de glaces, où la nature expirante ne conserve plus aucun principe de végétation, que de charitables cénobites ne peuvent être détournés par des privations de tout genre, par les accidents les plus terribles, du pieux dessein de consacrer leurs jours à l'humanité malheureuse. Et vous les traitez d'*égoïstes?* La philosophie et la politique ont-ils jamais pu fonder de semblables institutions, inspirer un tel dévouement?

« Je conviens, dit mon philosophe, que tous ceux
» dont vous venez de parler sont des amis de l'hu-
» manité et dignes d'admiration. Mais il en est une
» foule d'autres qui, en vérité, ne sont bons à rien.
» Quel profit la société tire-t-elle des Chartreux, des
» Carmes et Carmélites, des Clarisses et de tous ces
» contemplatifs? Ces cénobites ne font que végéter
» et prier ; leur genre de vie est contraire à la nature,
» et c'est une folie que de renoncer pour toujours au
» commerce des hommes. »

— L'homme n'est-il pas libre de choisir l'état, la profession qui lui convient, pourvu qu'il soit soumis aux lois? Pourquoi donc condamner ceux qui se retirent dans la solitude pour y vivre seuls avec Dieu? Y a-t-il liberté plus inoffensive? Y a-t-il droits plus innocents? On regarde comme digne d'estime le savant qui, enfermé dans un cabinet, consacre ses jours à l'étude des phénomènes de la nature, à former des systèmes éphémères, à établir des conjectures que l'expérience dément le lendemain; et l'on tiendra pour insensés ceux qui fuient les dangers du monde, pour aller, dans le silence, méditer sur les grandeurs du Maître de la nature, retracer en eux, autant que possible, ses perfections, et mener une vie innocente et pure? Par respect pour la liberté, on tolère les comédiens, les charlatans, les feuilletonistes licencieux, les écrivains immoraux et anarchistes; et on ne tolérera pas des hommes sincères, doux et pacifiques, modèles de toutes les vertus, qui n'ont d'autre dessein que leur propre salut et la sanctification des autres? Si ces hommes, ces femmes dont vous blâmez l'héroïque abnégation, par un zèle mieux entendu que celui des philosophes, voulaient fermer la porte des théâtres, des maisons de jeu et de plaisir, ces derniers crieraient à la violence, à l'intolérance, au fanatisme; nous sommes libres, diraient-ils; nous avons le droit de vivre comme nous voulons. Donc quelle injustice de critiquer amèrement ces âmes innocentes, parce qu'elles vivent à leur manière! Et quelle vie! Non pas une vie de tumulte, de plaisir et de licence, mais une vie de retraite, de pénitence et de prière. Est-ce là respecter les droits de l'homme et la liberté ?

— « Mais n'est-ce pas un préjudice pour la société » que de laisser tant de bras dans l'inaction, tant » d'égoïstes qui ne font rien pour elle? »

— Sont-ce donc des philosophes qui ont défriché les déserts? sont-ce des philosophes qui, pendant l'invasion des barbares, ont sauvegardé le dépôt de l'industrie et des sciences, qui ont conservé les monuments religieux que nous avait légués la vénérable antiquité? Ces bienfaits sont l'œuvre de ces pieux cénobites, l'histoire en fait foi.

Après ces réflexions qu'il écouta avec un léger sourire, mon philosophe me dit : je vais continuer mes courses. Lorsque j'aurai de nouveau l'avantage de vous rencontrer, si vous le voulez bien, Monsieur l'abbé, nous reviendrons sur cet intéressant sujet. Depuis lors, je ne l'ai plus revu ; car le jour suivant j'étais de retour à Grenoble.

II. — Ce ne fut pas sans regret que je quittai le séjour de tant de saints et illustres anachorètes. En m'éloignant, je tournais sans cesse les yeux vers le monastère, me promettant bien de revenir parfois retremper mon âme dans cet asile de la foi, de la pénitence et des plus sublimes vertus. S'il est des hommes captivés par les sens, qu'ils viennent ici, et leur esprit retrouvera son énergie et sa liberté. S'il est des âmes troublées par le remords ou par l'infortune, ah ! qu'elles viennent respirer l'air embaumé de cette solitude, elles y trouveront le calme et la paix. Je ne crois pas qu'un méchant ait foulé cette terre et vu de près la vie si édifiante de ces saints religieux, sans être devenu bon; ni qu'un malheureux ait conversé avec ces anges terrestres sans avoir éprouvé du soulagement.

CHAPITRE X.

Déclaration de guerre. — Lettre au Grand-Aumônier. — Lettre à M. Ronsil. — Départ de Grenoble. — Gap. — Aix.

I. — A mon retour de la Grande-Chartreuse, je me demandais si les émotions que j'y avais éprouvées et les pensées qui m'avaient préoccupé sur les charmes et les avantages de la solitude ne seraient point un avertissement du Ciel et un commencement de vocation à la vie comtemplative. Elles m'avaient fait une si vive impression que plusieurs mois après j'y réfléchissais encore, lorsqu'une lettre de Son Eminence le Grand-Aumônier, qui m'appelait à Paris, me détourna de ces idées.

Le Gouvernement de Charles X, venait de décréter une expédition contre le Dey d'Alger. Le parti de l'opposition à la Chambre des députés s'était montré d'autant plus ardent pour cette entreprise, dans laquelle avaient échoué les expéditions précédentes de Louis XIV, des Espagnols et des Anglais, que c'était le moyen d'éloigner les généraux et les autres officiers les plus dévoués à la dynastie royale, et par conséquent de pouvoir plus facilement la renverser. Ce parti, tout en affichant à la tribune un ardent patriotisme, n'aurait pas été fâché que l'issue de cette guerre fût désastreuse, afin d'en accuser l'imprévoyance du Gouvernement et d'y trouver un motif d'exciter le peuple à la révolte contre son légitime souverain. Ce qui prouve que ce n'est point là une supposition gratuite, c'est que, aussitôt après la déclaration de guerre, et pendant qu'on se hâtait d'en faire les préparatifs, par une tactique digne de lui, le même parti cherchait dans ses journaux, à répandre la terreur en exagérant les dangers de cette entreprise, soit à cause des vents qui avaient fait manquer les expéditions précédentes, soit à cause des maladies engendrées par un climat brûlant. On allait même jusqu'à menacer nos soldats de la gueule des lions, des tigres et des serpents. Nous étions déjà près des côtes d'Afrique qu'on essaya encore d'effrayer l'armée, comme on le verra plus loin, en faisant avertir nos chefs que les Turcs avaient préparé des troupeaux formidables de chameaux dont l'émission devait jeter dans nos rangs le désordre et la confusion. Ces exagérations et ces mensonges ne firent aucun effet sur nos guerriers, mais ne laissèrent pas que d'alarmer beaucoup de gens.

II. — Mon régiment était désigné pour faire partie de l'armée expéditionnaire. M. Ronsil et nos amis de Paris s'inquiétèrent des dangers auxquels j'allais être exposé, et firent des démarches pour me ramener à Paris. Dans ce moment, le poste de second aumônier de l'hospice royal des *Quinze-Vingts* était vacant. M. Chiaïs, chefecier, ou premier aumônier, s'attendait à être bientôt nommé chanoine de Saint-Denis ; il me demanda pour son collaborateur avec droit de succession. Ce fut l'objet de la lettre de Son Eminence le cardinal Grand-Aumônier à laquelle je fis immédiatement la réponse suivante.

« Monseigneur, je suis très-touché de l'honneur que Son Altesse Eminentissime daigne me faire en m'élevant au poste d'Aumônier de l'hospice royal des Quinze-vingts. Je voudrais pouvoir lui exprimer la vive reconnaissance dont je suis pénétré. Et cependant, s'il m'était permis de me jeter à ses pieds, j'oserais la supplier de suspendre, à mon égard, dans cette circonstance, les effets de sa paternelle bonté. La pensée de me séparer de mes soldats, au moment où ils vont exposer leur vie pour le Roi et l'honneur de la France, me déchire le cœur. Combien je serais heureux, au contraire, d'unir mon sort au leur pour une cause que la Providence semble avoir fait naître afin que la France, fille aînée de l'Eglise, porte le flambeau de la Foi et de la civilisation dans les contrées barbares de l'Afrique ! Si je tombe sur le champ de bataille, j'ai le ferme espoir que Dieu me tiendra compte du sacrifice de ma vie. Si je reviens sain et sauf, je lui en rendrai grâces en me dévouant avec une nouvelle ardeur au salut des âmes qui me sont confiées et au service du Roi. Par là, j'espère encore me rendre moins indigne des bontés dont Son Altesse Eminentissime daigne m'honorer. »

Par un billet, écrit de sa main, daté du Palaîs des Tuileries, le Grand-Aumônier me félicita de ces sentiments et me dit qu'il en rendrait compte au Roi et au Ministre de la guerre.

III. — M. Ronsil, informé de mon refus, m'en exprima ses regrets de la manière la plus touchante. Je tachai de me justifier en lui écrivant ainsi :

« Mon cher cousin, si je n'avais reçu de la Grande-Aumônerie des félicitations et des encouragements, je serais encore livré à la profonde tristesse où votre touchante lettre m'a jeté. Oh! Je vous en conjure, ne regardez pas comme une ingratitude, ni comme une témérité, le refus du poste honorable que Son Eminence le Cardinal a daigné m'offrir, à la demande de nos amis. Réfléchissez-y ; pouvais-je agir autrement ? Quoi ! abandonner mes soldats au moment où ils vont être exposés aux horreurs de la guerre sur une plage barbare ! n'aurais-je pas manqué à mon devoir de pasteur ? Je le pouvais d'autant moins que le Grand-Aumonier ne parlait pas de me donner un successeur pendant la campagne ; mes soldats blessés et mourants auraient donc été privés des secours et des consolations de la Religion. Je les aime trop pour ne pas les suivre au milieu des dangers. D'ailleurs, dans une guerre qui intéresse si hautement l'honneur de la France et la Religion, n'y aurait-il pas pour moi, aussi bien que pour les autres, de la gloire à acquérir et des récompenses à mériter ? mais ce qui me tient le plus au cœur, c'est de remplir un devoir de conscience. J'aime ma noble carrière, et, avec l'aide de Dieu, je la remplirai de manière à me rendre digne de votre estime et de votre amitié. »

J'avais cru devoir garder le secret sur ma nomination à l'hospice royal des Quinze-Vingts, lorsqu'un sapeur vint m'inviter à me rendre chez le lieutenant-colonel qui commandait alors le régiment. Celui-ci m'attendait dans son salon en se promenant à grands pas. A mon entrée, il me dit sèchement : « Eh bien ! » vous allez donc nous quitter, au moment d'entrer » en campagne ? » — Mais non, mon colonel. — *Comment non ?* et il fut prendre sur son bureau la lettre du Ministre de la Guerre, qui lui annonçait mon changement de poste, et la mit sous mes yeux en me disant : *Lisez.* Je lui demandai la permission d'aller chercher mon registre de correspondance, et au bout de vingt minutes, je lui fis lire, à mon tour, ma réponse au Grand-Aumônier et la dernière lettre que j'en avais reçue. Alors, il me serra la main. Les officiers du corps instruits de cet incident m'en témoignèrent leur satisfaction..

IV. — Mon régiment se mit en route dès le premier avril, pour aller prendre ses cantonnements aux environs d'Aix en Provence, en attendant la réunion de l'armée expéditionnaire. Avant de quitter Grenoble, je fis mes adieux à mes connaissances et fut présenter mes respects à Monseigneur l'Evêque. Ce vénérable et saint Prélat me dit avec émotion : « Cette » guerre est juste, et cependant je vois avec peine » l'élite de notre armée s'éloigner de la France. Fasse » le Ciel qu'elle revienne victorieuse pour défendre » le trône contre les trames du libéralisme révolu- » tionnaire ! Que ma bénédiction soit, pour vous et » les autres, le gage de la protection divine. » — Il me bénit et m'embrassa en ajoutant : « Si jamais vous

» quittez la Grande-Aumônerie, revenez dans mon
» diocèse, promettez-le moi. » Je le lui promis, mais
j'étais loin de penser que ce serait sitôt.

Le 5 avril, à quatre heures du soir, je partais par
la diligence de Grenoble à Gap. Il tomba toute la nuit
une pluie torrentielle. Ce voyage faillit me coûter la
vie ainsi qu'à six autres personnes. Arrivés à la Mure,
on prit un jeune cheval de renfort pour faire la
montée de *Corps*, chef-lieu de canton, entre la ville
de la Mure et Gap. A partir de la Mure, le chemin
descend sur les bords d'une gorge qui a cent trente
mètres de profondeur. On serra fortement le frein ;
le postillon tenait solidement les rênes. Alors le jeune
cheval, en avant des trois autres, sentant que la voiture ralentissait sa marche, tirait avec tant de force
que son collier l'étranglait : il tombe, entraîne le
postillon et barre le chemin aux autres chevaux qui
se jettent à droite sur le bord du précipice. Je dor-
mais dans le coupé à côté du conducteur ; tout à
coup, je suis réveillé par le bruit de vitres brisées, et
je vois le conducteur qui s'était jeté à travers le vasistas pour saisir une des rênes, qui heureusement
était restée accrochée au siége du postillon, et arrêter
les chevaux. Il en était temps : nous étions à vingt
centimètres du précipice. Nous descendîmes promptement. Tandis que je retenais les chevaux, le conducteur détela. La nuit était noire et la pluie battante.
Deux dames et deux messieurs occupaient l'intérieur
de la voiture. Nous les priâmes de descendre. Quand
les dames eurent appris le danger auquel nous avions
été exposés ; elles s'évanouirent. Ces messieurs les
enveloppèrent de leurs manteaux et les étendirent

renversées, sur le bord le plus élevé de la route. Ensuite ils nous aidèrent à arracher le postillon de dessous la voiture. Ce pauvre homme avait roulé dans la boue, mais n'avait que de faibles contusions. Le cheval se releva de lui-même. Nos voyageuses ayant repris connaissance, on se remit en route.

Nous arrivâmes à Corps, dans un état pitoyable, vers les deux heures du matin. Nous descendîmes à l'Hôtel de la Poste. L'hôtesse nous prépara du bouillon, nous donna du linge et des lits chauds. Ses domestiques passèrent le reste de la nuit à laver et à faire sécher nos vêtements. A neuf heures, après un bon déjeuner, nous remontâmes en voiture.

A Gap, un employé de la Mairie me remit un billet de logement et me conduisit chez M. Cressy, chanoine. Ce bon vieillard m'accueillit fort poliment. Pendant la journée, nous causâmes de l'accident de mon voyage, de la guerre, du Dauphiné et enfin de Chaumont où son frère, chevalier de Saint-Louis, avait beaucoup connu la famille du notaire Jacquet. Il m'apprit alors, ce qui m'a été confirmé plus tard par le président du tribunal civil de Grenoble, qu'un Bertrand des Hautes-Alpes était allé se fixer à Chaumont vers la fin du XIVe siècle.

V. — Gap se trouve dans une vallée elliptique. Les rues sont étroites et sinueuses. Les principaux édifices sont la Cathédrale, qui renferme un beau mausolée de Lesdiguières; l'Evêché, la Préfecture, l'Hôtel de Ville, et l'hôpital qui n'est pas achevé et qu'on a transformé en caserne. L'industrie de Gap consiste en brasseries, fabriques de chapeaux, fabriques de toiles, tanneries, mégisseries. Cette ville existait du temps des Romains. Louis XI la réunit à la couronne. La population est d'environ sept mille cinq cents habitants.

Le 8 avril, je continuai ma route sur Aix. Un maquignon, un marchand colporteur et deux soldats malades venant de Briançon, étaient mes seuls compagnons de voyage. Quelques heures après avoir franchi le passage de la Durance, où la diligence est transportée avec ses chevaux sur un bateau, d'un bord à l'autre, nous nous trouvions aux environs d'Aix. De charmants coteaux, de beaux vallons se déroulaient sous nos yeux. Bords enchanteurs de la Durance, célèbres par le chant de vos troubadours, que de souvenirs ne fîtes-vous pas renaître dans mon esprit ! Je croyais être sur les rives de la Doire. Les villages que je trouvais à des distances rapprochées, l'air tempéré du climat me rappelaient la riche vallée de Suse, la plaine fertile de Chaumont. Mais bientôt la campagne changea d'aspect à mesure que nous approchions de la capitale de la Provence. Le froid rigoureux de l'hiver précédent avait fait des ravages : la vigne avait peu souffert, mais les oliviers et les figuiers étaient presque morts. Les champs étaient couverts de leurs branches sèches et les branches qui restaient sur le tronc ne laissaient aucune espérance au cultivateur.

VI. — Nous arrivâmes à Aix par une route bordée de chênes et d'ormeaux. La ville est grande et belle. Les rues sont vastes, droites et propres ; celle qu'on appelle le *Cours* est une des promenades les plus fréquentées. On y voit la statue du roi René qui fait face à la porte de Marseille. Cette statue a été inaugurée lors du passage du Dauphin, après la chute de l'Empire. Le cours est encore orné de plusieurs belles fontaines. Parmi les monuments modernes, le Palais de Justice et l'Hôtel des Bains méritent seuls d'être mentionnés. Le premier est d'une forme carrée. Il enferme une vaste cour entourée de galeries à colonnes. On y travaillait encore lorsque je l'ai visité. Les maisons qui entourent le palais étant très-élevées, le monument parait un peu écrasé. On prétend que les fenêtres ne sont pas proportionnées à la grandeur de l'édifice.

Les Romains avaient embelli cette ville de plusieurs monuments. Il n'en reste que des arcs en ruines et les traces des bains de Sextius, lequel a donné son nom à la cité, qui fut appelée *Aquæ-Sextiæ*, d'où est dérivé le nom d'Aix.

Sextius était un général romain, qui, cent vingt-deux ans avant l'ère chrétienne, fut envoyé au secours des Massiliens ou Marseillais. Il battit leurs ennemis, se rendit maître de leurs places, fit construire une forteresse à Aix et y mit une garnison pour défendre la Provence contre les incursions des Gaulois. On lui doit également l'établissement des bains. On voit encore, par une brèche faite au mur, une grotte profonde; à mesure qu'on approche, une vapeur chaude vous enveloppe et, dans quelques minutes, on est tout en sueur : C'est le *bain Sextius*.

Près de la grotte s'élève le moderne établissement des eaux thermales. Un vaste corridor au rez-de-chaussée donne entrée aux cabinets de bains. Dans un corridor au-dessus du précédent, s'ouvrent les salons et les appartements richement meublés. En sortant du bain, on va se restaurer à une table bien servie. On peut ensuite respirer l'air frais dans un jardin ombragé de lauriers, d'orangers et tapissé de fleurs. Une fontaine antique y verse d'un côté l'eau minérale, de l'autre, l'eau naturelle. La ville a tout récemment fait construire des bains publics où les pauvres sont admis gratuitement; c'est une rotonde au milieu de laquelle une source s'élève à trente centimètres et retombe dans un bassin peu profond.

Je venais de quitter l'Hôtel des Bains, lorsque le bourdon de la Métropole me fit penser de visiter l'église. Sa porte en bois et son baptistère sont considérés comme des chefs-d'œuvre du moyen âge. En sortant il me vint en souvenir un usage bizarre qui n'existe plus et qui était connu sous le nom de *procession d'Aix*. Le jour de la Fête-Dieu le clergé, les religieux et les fidèles de toutes les paroisses de la ville se réunissaient à la Métropole pour la procession générale. Cette procession était précédée de diables, entre lesquels on distinguait le grand diable et la diablesse. Ces masques couraient en dansant, en sautant, la tête armée de cornes et le corps couvert de grelots qu'ils agitaient pendant toute la cérémonie. J'imagine qu'on voulait représenter la puissance de Jésus-Christ dont la présence et la parole mettaient en fuite les démons, et le triomphe de l'Evangile sur l'idolâtrie.

La ville d'Aix est entourée de simples murs et d'un boulevard planté de chênes et d'ormeaux. Quoique très-agréable, cette promenade est délaissée. Les habitants se réunissent préférablement sur le Cours, encore y voit-on peu de monde. Je demandais un jour pourquoi cette ville, jadis si peuplée et si opulante, paraissait aujourd'hui si déserte et si triste, au point que des rues entières étaient couvertes de gazon. On me répondit que la proximité de Marseille en était la cause, que Marseille absorbait tout le commerce et que la plupart des hôtels d'Aix appartenaient à de riches familles qui, dès la belle saison, vont habiter la campagne où les bords de la mer.

Le soleil était à son couchant; ses derniers rayons doraient le sommet d'une montagne, qui, au temps du paganisme, était dédiée à Mars, dieu de la victoire. Aujourd'hui, on l'appelle, *mont Sainte-Victoire*. Je me promis d'y grimper à mon retour de Marseille, et d'aller jouir une seconde fois du beau spectacle que m'avaient offert la ville et ses environs. Il était six heures du soir. Devant partir le lendemain pour Marseille, je fus retenir une place à la diligence et je rentrai à mon hôtel.

CHAPITRE XI.

Environs de Marseille. — La mer. — Une famille italienne. — Marseille. — Notre-Dame de la Garde. — Le mont Sainte-Victoire.

I. — Le 9 avril, j'étais sur la route de la ville phocéenne. A quatre heures du soir, nous arrivions à la *viste*, d'où l'on découvre la rade et la ville. Je ne pus m'empêcher d'une légère émotion en portant mes regards sur la mer, à laquelle soixante mille Français allaient confier leur destinée. A notre gauche se dessinaient les *bastides*, charmantes petites maisons de campagne où les Marseillais vont se reposer de leurs soucis et de leurs fatigues. Après un détour, nous approchions de l'arc de triomphe dédié au Dauphin ; ses sculptures n'étaient point encore achevées. Nous fîmes notre entrée en ville par la porte d'Aix où commence le Cours, qui, se joignant à la rue de Rome, traverse la ville sur une longueur de quinze cents mètres.

Aussitôt descendu de voiture, je me dirigeai vers le port, par la Cannebière, grande rue formée de magnifiques édifices avec leurs vastes magasins et leurs splendides cafés. Les navires de différentes nations élevaient leurs mâts jusqu'aux nues. Des marins travaillaient de tous côtés, dans l'intérieur des bâtiments sur les ponts au haut des cordages. Les larges trottoirs du port étaient couverts de monde, on avait de la peine à circuler. On y voyait toute espèce de costumes. On y entendait toute sorte de langues et d'idiomes.

II. — Tandis que je contemplais ce spectacle nouveau pour moi ; la nuit me surprit. Craignant quelque accident au milieu de cette foule, je demandai à loger dans un petit hôtel sur le port. La demoiselle de la maison me répondit que tous les appartements étaient occupés ; et elle m'indiqua une auberge peu fréquentée à l'extrémité de la ville. A son accent, je compris qu'elle était italienne. Je lui demandai si elle avait habité le Piémont.—Je suis née à Turin me dit-elle, connaissez-vous cette ville ?—Oui, lui dis-je, je suis de la province de Suse. Alors elle me pria d'attendre et appela son père. Celui-ci me fit entrer dans un petit salon. Nous causâmes un instant, puis il me servit à souper et voulut bien me céder sa chambre pour une nuit. Cette pièce était garnie de jolis meubles et de portraits de famille. Le lendemain, au déjeuner, le maître me raconta qu'ayant été compromis par l'imprudence de son fils qui s'était laissé entraîner dans le parti de la révolution qui éclata dans le Piémont, il était venu s'établir à Marseille ; Vittoria, dit-il, avait alors neuf ans. La jeune fille paraissait être dans sa dix-neuvième année ; c'était donc en 1821. Cette confidence ne me surprit pas ; j'avais déjà remarqué, dans mes voyages, que la plupart des aubergistes et des cafetiers sont imbus d'un libéralisme avancé. C'est chez eux surtout que les journaux révolutionnaires et les agents des sociétés secrètes font la plus active propagande. Après le déjeuner, je réglai mon compte avec mon hôte et le priai de me procurer quelqu'un pour m'accompagner dans la ville.

III. — Marseille est divisée en ville vieille et ville neuve. La première, sur le versant d'une montagne, est très-ancienne. Les rues sont étroites. C'est dans cette partie que logent les milliers d'ouvriers et les familles des marins qui travaillent sur le port, ou sont employés sur les navires de commerce. La ville neuve a des rues larges, alignées et de fort beaux édifices. Elle est habitée par la noblesse, les armateurs et les riches négociants. Marseille possède de nombreux monuments : l'Hôtel de Ville, la Bourse, une des plus fréquentées de l'Europe ; la Cathédrale très-ancienne, les grands cloîtres, l'Arsenal, l'Hôpital, les tombeaux antiques, la colonne élevée en 1802, en mémoire du secours obtenu par le pape Clément XI, pendant la peste de 1720 ; le château d'If, le Lazaret où les vaisseaux qui viennent du Levant ou d'Afrique font quarantaine. Des statues, quelques fontaines décorent les places ; mais les fontaines sont rares, et les habitants sont réduits à l'eau de nombreuses citernes. Sous le second Empire cet état de chose a considérablement changé, la ville a été agrandie et arrosée par les eaux de la Durance, conduites dans un canal de cent vingt kilomètres.

Marseille étend son commerce dans toutes les parties du monde.

IV. — Après avoir parcouru la ville, je montai à Notre-Dame de la Garde, sur la plate-forme de l'Observatoire et à la montagne *Buonaparte*. Ces hauteurs dominent la mer, Marseille et ses environs. Le port, la ville, la campagne et la mer forment quatre tableaux différents que le regard peut embrasser à la fois; c'est un panorama magnifique et varié. La ville se dessine au bas de la montagne et semble embrasser une forêt, ce sont les mâts de mille navires, dont les pavillons, de diverses couleurs, forment une immense terrasse fleurie. Les bastides dont j'ai parlé s'élèvent en amphithéâtres au bas des roches nues qui font ressortir la verdure des bosquets et les brillantes fleurs des jardins. Toutefois ces bosquets, ces jardins sont assez souvent flétris par le mistral, vent froid et violent qui vient du nord-est. Mais quand ce vent ne règne pas, les jours d'hiver ressemblent aux jours du printemps, tant le climat de Marseille est doux et tempéré.

La chapelle de Notre-Dame de la Garde est toute tapissée d'ex-voto, qui attestent la dévotion des Marseillais et les nombreux miracles opérés par la Vierge si justement appelée : l'*Etoile de la mer*. Les marins ne manquent jamais d'aller offrir leurs prières et leurs vœux à la Madone, avant d'entreprendre leurs périlleux voyages. Et lorsqu'ils ont échappé aux dangers, la reconnaissance les ramène aux pieds de leur protectrice.

De retour en ville, je me mis à la recherche d'un

compatriote, M. Sibille, d'un hameau des Ramats, qui habitait Marseille depuis plusieurs années et y était avantageusement connu. Je n'eus pas de la peine à le trouver. Il tenait, sur le port, un magasin de fournitures de bureau. Nous passâmes le reste de la journée à nous entretenir de la patrie, de nos connaissances et de la guerre qui se préparait. Le lendemain, je fus l'embrasser et lui promis de le revoir à mon retour d'Afrique.

V. — Le 11 avril, j'étais à Aix, où je passai les deux fêtes de Pâques et célébrai la messe à la Métropole. Le 13 au soir, je résolus d'exécuter mon projet de gravir le mont Sainte-Victoire. Ce rocher annonce au loin, au voyageur, l'ancienne capitale de la Provence. Sa masse aride fait ressortir la beauté et la richesse des coteaux et des vallons que l'agriculture et l'industrie ont su rendre fertiles. Il a plus de mille mètres au-dessus du niveau de la mer. Afin de contempler de cette hauteur le spectacle du soleil levant, je partis vers le milieu d'une de ces nuits si délicieuses en Provence.

> Le silence régnait sur la nature entière,
> Et Morphée avait seul le sceptre de la terre;
> La lune, dans les cieux, de son disque argenté,
> Laissait couler des flots d'une douce clarté.
> Folâtrant sur les monts, se croisant dans les plaines,
> Mille jeunes zéphirs, de leurs douces haleines,
> Eteignaient tous les feux dont le char d'Apollon
> Avait, durant le jour, embrasé l'horizon.

Pendant ma marche silencieuse, l'aspect des lieux réveillait mes souvenirs classiques. Tantôt fixant mes regards sur le rocher que la pâle lueur de la lune rendait encore plus hideux, je me figurais quelques-unes de ces montagnes que les anges fidèles, dans Milton, lançaient à la tête des rebelles. Tantôt, portant mes yeux sur des monts plus fertiles, je me représentais les tapis de verdure où l'Amazone de Sparte foulait l'émail des fleurs dans ses danses guerrières. Ou bien je croyais voir Greneste et ses belles collines; les bords enchantés du Tibre; les bosquets de Tibur où s'égarait Horace; les champs que Virgile a chantés. Tout en donnant libre cours à mon imagination, je ne laissais pas que de faire du chemin. Mais ce que l'on dit des Pyramides d'Egypte, qu'on croit les voir près de soi quand on en est encore à plus d'une lieue, je puis le dire de mon rocher; il semblait reculer à mesure que je pressais le pas. Enfin, je me trouvai à sa base. En considérant cette masse imposante, je fus saisi d'un mouvement d'effroi. Néanmoins j'en tentai l'escalade. Arrivé au sommet, le premier objet qui s'offrit à mes yeux fut une grande **croix** plantée dans le roc. Je m'agenouillai devant elle jusqu'à l'aurore.

Les brouillards du matin s'étant dissipés, le soleil ne tarda pas à paraître. Alors je découvris le plus vaste et le plus merveilleux horizon que mes yeux aient jamais vu : au nord, une belle rivière coulant à travers des plaines riantes; à l'orient, les Alpes; au midi, la Méditerranée; au couchant... Mais tous ces objets demandent à être peints avec d'autres couleurs.

Pour tracer dignement ces sublimes tableaux,
O Delille, ô Buffon, que n'ai-je vos pinceaux !
Quel spectacle pompeux ! devant moi la Durance,
Fière jusqu'à l'excès de son indépendance,
Dans un espace étroit de son lit spacieux,
Promène en liberté ses flots capricieux.
L'Orient me montrait dans un lointain immense
Les formidables monts, boulevards de la France.
Sur leur front couronné par d'éternels frimas,
Je croyais voir encore l'appareil des combats,
Et l'ombre d'Annibal, dans sa sublime audace,
Bravant l'hiver, assis sur un trône de glace.
Empressés de courir à des objets nouveaux,
Mes regards, au midi, se perdaient sur les flots.
Mer fameuse qui voit la France et l'Italie,
Et la Grèce et l'Egypte et l'antique Hespérie,
Trois continents, enfin, s'honorer de tes bords,
Et deux mondes unis te couvrir de trésors ;
Que d'illustres cités décorent tes rivages !
Toi, Marseille, surtout accepte mes hommages ;
Comme Tyr, autrefois, souveraine des mers,
Tu vois dans ton enceinte affluer l'univers,
Cent peuples différents d'habits et de langage,
Désertant et le Tibre et le Nil et le Tage ;
Les champs du nouveau monde et les bords de l'Indus,
De leur sol, de leurs arts, t'apportent les tributs.
Sans cesse tu reçois et donnes l'abondance,
Sans cesse, de tes dons, tu couronnes la France,
Et la France, avec joie, admire tes travaux,
Ta richesse, ta gloire et tes mille vaisseaux.

Après avoir rendu ce faible hommage à une ville qui méritait un meilleur panégyriste, j'allai visiter un abime dont l'ouverture est au sommet de la montagne. La proximité de la mer laisserait croire que c'est le cratère d'un volcan éteint. Assis sur ses bords, je me mis à réfléchir sur les heureux changements que le flambeau de la foi chrétienne avait opérés dans ces contrées. Avant le Christianisme, l'esprit du mal y régnait en maître; il y régnait par le mensonge, par la cruauté et par l'esclavage des plus brutales passions. Aujourd'hui, l'étendard de la vérité et de la vertu est déployé à la place où le démon, sous le nom de *Dieu de la Victoire*, se faisait offrir des victimes humaines. Sur le lieu même où il était adoré comme le Dieu de la haine et du carnage, s'élève le signe de l'amour et de la paix. Il me semblait l'entendre pousser des rugissements du fond de ce gouffre et m'adresser, avec l'accent du désespoir, ce discours menaçant :

> Quel dessein, ô mortel, t'amène en ces lieux?
> Viens-tu me présenter tes dons religieux?
> Autrefois, sur ce mont, théâtre de ma gloire,
> Vingt peuples adoraient le Dieu de la Victoire.
> Mais ce beau temps n'est plus : un gibet odieux
> Sur mon autel brisé s'élève radieux.
> C'est peu; jusqu'aux enfers poursuivant sa victime,
> Mon ennemi m'enchaîne au fond de cet abime,
> Empire ténébreux d'une éternelle horreur.
> L'espérance un moment suspendit ma douleur,
> Quand je vis la Raison sur les autels placée,
> Par un peuple idolâtre à genoux encensée.
> Je me flattais encor lorsqu'un guerrier fameux
> Promenait sur l'Europe un drapeau glorieux;
> Il viendra, me disais-je, il me doit sa couronne.
> Vaines illusions! A peine sur le trône,
> Renversant mes autels, oubliant tous mes droits,
> Il rétablit du Christ et le culte et les lois.
> Ma fureur, contre lui, souleva les puissances,
> Et bientôt il porta le poids de mes vengeances :
> On le vit exilé sur un rocher désert,
> De sa chute profonde étonner l'univers.
> Il adorait pourtant un Dieu de la Victoire;
> Mais, ami de la paix autant que de la gloire,
> Ce Dieu qu'ont invoqué Bayard et Duguesclin
> Ne voit qu'avec horreur un carnage inhumain.

Moi j'aime que le sang autour de moi bouillonne ;
La Discorde est ma sœur, j'ai pour mère Bellone.
Je fais planer au loin la mort et les fléaux,
Et j'établis mon trône au milieu des tombeaux.
O volupté du sang, délices du carnage,
On veut donc vous ravir pour toujours à ma rage !
Mais pour venger ma honte et rentrer dans mes droits,
Pour courber sous mon joug les peuples et les rois,
Mon bras va déchaîner sur cette ingrate terre
Des vieux agitateurs la horde sanguinaire.

Tout effrayé des écarts de mon imagination, je repris promptement le chemin d'Aix, appuyé sur un bâton que je trouvai au pied de la croix solitaire.

CHAPITRE XII.

Causes de la guerre d'Afrique. — L'armée expéditionnaire. — Revue du Prince. — Toulon. — L'embarquement. — Le navire : *Les Bons Amis*.

I. — La guerre d'Afrique, en 1830, fera époque dans les fastes de la monarchie française et dans les Annales de la Religion. Elle a été racontée par plusieurs auteurs (1). Chacun l'a présentée selon ses opinions ou d'après les sources où il a puisé ses renseignements. Quant à moi, je n'ai pas la prétention d'écrire une histoire, je veux simplement rapporter les faits dont j'ai été témoin, ainsi que les incidents qui me concernent et dont j'ai pris note sur les lieux.

(1) De tous ces auteurs le plus exact, à mon avis, et le plus impartial, c'est M. C. d'Ault-Dumesnil, officier d'ordonnance du chef de l'expédition. Ce jeune et brillant écrivain publia à cette époque, dans le journal l'*Avenir*, une série d'articles remarquables sur les causes et les principaux faits de cette guerre. Avec son aide j'ai pu, après quarante-neuf ans, mentionner des faits et préciser des dates que je ne retrouvais plus dans mes notes, dont une grande partie m'a été enlevée au Lazaret de Marseille, à mon retour d'Afrique.

Mais je dois d'abord dire ici quelles ont été les causes de cette guerre si glorieuse pour la France.

Aux maux que la Révolution du dernier siècle avait engendrés, l'anarchie, la spoliation, la terreur et la guerre, venait se joindre la disette, suite ordinaire des grandes commotions sociales. Le pain manquait : les greniers, ainsi que les trésors de l'Etat, étaient épuisés. Les puissances étrangères, en guerre avec la République française, lui avaient fermé leurs marchés. Menacé de la famine, le Gouvernement s'adressa à des négociants qui étaient en relation avec des marchands juifs de l'Algérie, pour une fourniture d'une quantité considérable de blé. Ces négociants s'entendirent avec leurs correspondants de la Régence. Ceux-ci, pour obtenir l'assentiment du Dey, lui promirent une bonne part des bénéfices.

Plus tard, des difficultés s'élevèrent entre ces divers fournisseurs. Ceux d'Alger se déclarèrent créanciers de plusieurs millions. Ne pouvant les obtenir de leurs associés de France, ils s'adressèrent au Gouvernement français. Une partie du blé avait souffert des avaries en mer ou dans les magasins, et ne fut acceptée qu'avec un rabais considérable, l'autre partie avait été payée en assignats, qui en peu de temps perdirent de leur valeur; en sorte que les fournisseurs avaient fait une fort mauvaise spéculation. Le Dey d'Alger qui était intéressé dans cette affaire appuya la demande de ses sujets à plusieurs reprises.

Le Gouvernement Français fit examiner les réclamations des Algériens par ses plus habiles jurisconsultes ; et répondit que n'étant engagé ni avec le Dey, ni avec les marchands algériens, il n'était pas responsable des pertes qu'ils éprouvaient. Que si l'on admettait le principe mis en avant par le Dey et ses sujets, en vertu duquel l'Etat serait tenu de réparer ces sortes de dommages, la France serait bien plus en droit de réclamer la restitution des navires de commerce capturés par les pirates de la Régence, de la valeur des gargaisons dont le Dey s'appropriait une partie, et, enfin, la réparation des assassinats et des pillages commis par les corsaires d'Alger depuis des siècles.

Cette réponse irrita le Dey Hussein-Pacha. Il se livra à des actes de vengeance. En 1824, il fit faire des perquisitions illégales dans la maison consulaire de France à Bône; il donna, au détriment de la France, des autorisations illicites de séjour et de commerce sur cette côte, et exigea un droit arbitraire au compte de l'agent des concessions françaises. En 1826, des pirates algériens s'emparèrent des navires romains qui portaient le pavillon français, le Dey lui-même outragea indignement le Consul général de France, et l'établissement de la Calle, que la France possédait depuis des siècles, fut incendié et ruiné. Enfin, au mois d'août 1829, M. de la Brétonnière porta au Dey les réclamations du Gouvernement Français. Le Dey Hussein, non-seulement refusa d'y faire droit, mais poussa l'audace jusqu'à ordonner aux batteries du port de faire feu sur le bâtiment parlementaire français, au moment où il quittait la baie d'Alger. Dès lors, la guerre contre la Régence fut décidée.

II. — L'armée expéditionnaire, sous le commandement en chef du Ministre de la guerre, le général comte de Bourmont, se composait de vingt-trois mille marins sous les ordres du vice-amiral Duperret; et de trente-sept mille hommes répartis en trois divisions commandées : la première, par le lieutenant-général Berthezène; la seconde, par le lieutenant-général Loverdo; la troisième, par le lieutenant-général duc d'Escar. La première division était réunie aux environs de Toulon; la seconde, à Marseille; la troisième, dans la campagne d'Aix. Mon régiment, faisant partie de la troisième brigade de la troisième division, était cantonné à Saint-Chamas, petit bourg sur les bords d'un étang formé par les eaux de la Méditerranée.

Ce bourg est divisé en deux parties par un rocher, percé à sa base en forme de tunnel. J'y fus reçu par M. le curé et son vicaire qui m'offrirent l'hospitalité de la manière la plus aimable. Mais le seigneur du lieu, ancien officier de gendarmerie, chez lequel étaient logés le colonel et les chefs de bataillon, vint, le lendemain, avec sa voiture, me chercher et m'offrit le logement et la table jusqu'au jour de notre départ.

III. — Le 26 avril, nous recevons l'ordre de nous rendre le 28 suivant vers les neuf heures du matin, à trois kilomètres de Saint-Chamas, où Monseigneur le Dauphin devait passer la revue de la troisième division. Mon hôte avait bien voulu mettre à ma disposition un petit cheval de selle. Pendant que je célébrais la messe à l'église paroissiale, mon régiment et tout le personnel du château se mirent en marche. A mon retour de l'église, je ne trouvai plus la monture qui m'était réservée, un jeune homme me l'avait enlevée.

Il ne restait dans les écuries qu'un vieux et grand cheval de carrosse que je ne pus monter qu'en grimpant sur un mur. A peine avais-je rejoint mon régiment que les tambours et les clairons annoncèrent l'arrivée du Prince, accompagné d'un brillant état-major. Comme j'étais le seul aumônier à cheval, l'aide-de-camp du duc d'Escar m'invita à suivre Son Altesse Royale. Un officier me fit signe de m'arrêter, pour me prévenir que j'étais attendu au dîner que plusieurs de nos camarades avaient fait préparer dans le bosquet d'une île. Tout à coup mon cheval, en se tournant fait le saut de mouton et me laisse debout sur la plage aux éclats de rire des spectateurs. Il fallut qu'un grenadier me remît en selle.

IV. — Le 2 mai, j'obtiens la permission de me rendre à Toulon où l'armée devait s'embarquer. Les hôtels et les maisons bourgeoises de la ville étaient remplis d'étrangers. Deux jours après, la grande et belle rade de Toulon présentait un aspect admirable : le Prince Royal passait la revue de la flotte. Le magnifique canot qui le portait sillonnait la mer au milieu des vaisseaux et des bâtiments nolisés pour le transport des troupes, au nombre de cinq cents voiles. Rangés sur les vergues, les équipages font entendre de chaleureuses acclamations, et les vaisseaux saluent du feu de leurs batteries. Après la revue, on fit un essai de débarquement, à l'est de la rade, à la vue de la population entière de la ville et d'une foule innombrable d'étrangers qui admiraient cette manœuvre. Le lendemain, le Général en chef adressa à l'armée le discours suivant :

« Soldats, l'insulte faite au pavillon français vous
» appelle au delà des mers. C'est pour le venger,
» qu'au signal donné du haut du trône, vous avez
» tous brûlé de courir aux armes, et que beaucoup
» d'entre vous ont quitté avec ardeur le foyer pater-
» nel. A plusieurs époques les étendards français ont
» brillé sur la plage africaine. La chaleur du climat,
» la fatigue des marches, les privations du désert,
» rien n'a pu ébranler ceux qui vous ont devancés.
» Leur courage tranquille a suffi pour repousser les
» attaques tumultueuses d'une cavalerie brave, mais
» indisciplinée. Vous suivrez leurs glorieux exemples.
» Les nations cultivées des deux mondes ont les yeux
» fixés sur vous ; leurs vœux vous accompagnent. La
» cause de la France est celle de l'humanité. Mon-
» trez-vous dignes de votre noble mission. Qu'aucun
» excès ne ternisse l'éclat de vos exploits. Terribles
» dans les combats, soyez justes et humains après la
» victoire : votre intérêt le demande autant que le
» devoir. Trop longtemps opprimé par une milice
» avide et cruelle, l'Arabe recevra en nous des libé-
» rateurs. Rassuré par notre bonne foi, il apportera
» dans nos camps les produits de son sol. C'est ainsi
» que, rendant la guerre moins longue et moins san-
» glante, vous remplirez les vœux d'un souverain aussi
» avare du sang de ses sujets, que jaloux de l'hon-
» neur de la France. »

« Soldats, un Prince auguste vient de parcourir
» vos rangs ; il a voulu se convaincre lui-même que
» rien n'avait été négligé pour assurer vos succès et
» pourvoir à vos besoins. Sa constante sollicitude
» vous suivra dans les contrées inhospitalières où

» vous allez combattre. Vous vous en rendrez dignes
» en observant cette exacte discipline qui valut à
» l'armée qu'il conduisit à la victoire, l'estime de
» l'Espagne et celle de l'Europe entière. »

V. — L'embarquement des troupes commença le 11 mai. Cette opération, quoique contrariée par la pluie et par un violent mistral durant plusieurs jours, ne fut pas moins poursuivie sans accident.

Le 12 mai, je reçois de Paris un pli cacheté renfermant une lettre à mon adresse et une autre de Mme la comtesse de Bourmont pour le général en chef. Par l'entremise obligeante de M. Louis de Bourmont, colonel d'état-major, j'obtins une audience de son père le Général en chef, qui m'accueillit avec bonté, lut la lettre de Mme la Comtesse et me la remit ensuite en m'invitant à la lui présenter de nouveau au palais du Dey, après la prise d'Alger, et me recommanda de prier pour le succès de nos armes. Le 14, un officier de mon régiment m'écrivit que notre division ferait son entrée à Toulon le 15, entre onze heures et midi, pour être embarquée le jour suivant.

VI. — *16 mai.* — Je suis à bord d'un navire de commerce, appelé *les Bons Amis*, avec le chirurgien-major, quelques officiers et plusieurs soldats de mon régiment. Le soir, on me loge dans une cabine. Le mouvement du navire me jette à droite et à gauche, contre les parois. Le lendemain, je réclame un hamac dans lequel je passe la nuit, mollement bercé. Notre équipage se compose de douze marins, sous les ordres d'un capitaine en premier et d'un second. Le capitaine en premier est un fort bel homme de quarante à quarante-deux ans, d'une figure noble, d'un air gracieux, aimant la plaisanterie et sachant la tourner avec esprit. Je le crois un peu philosophe; il respecte la religion d'autrui, et ne dit pas quelle est la sienne. Il parle des femmes avec intérêt, paraît les aimer, mais point assez pour s'attacher à l'une d'elles par des nœuds indissolubles. Ses subordonnés le regardent comme un des plus habiles capitaines de la marine marchande. Pendant ses nombreux voyages, il avait acquis une belle fortune, qui s'est engloutie dans un naufrage. La dernière fois qu'il fut en Orient, il en ramena un nègre auquel il donna le nom d'*Adonis*.

Ce nègre a aujourd'hui douze ans. Il connaît le patois de Guinée, parle l'espagnol et entend le français. Ce pauvre esclave ne manque pas d'intelligence : il raconte qu'il a été enlevé, par des barbares de sa couleur, du milieu de ses camarades avec lesquels il jouait dans le désert. Il se souvient d'avoir été transporté sur les côtes de Guinée, où son maître actuel l'a acheté pour la somme de 1,500 fr. Ses cheveux sont courts et frisés, ou plutôt c'est une laine épaisse et grossière qui lui couvre la tête. Son front est ridé; ses yeux noirs et vifs; le nez camard, les lèvres grosses et noires, les dents blanches comme l'albâtre. Ses pieds, longs et larges, ne peuvent supporter de chaussure. Il est attaché à son maître et le craint. Peu de chose l'effraie. Il se plaît avec des habits de couleur et se regarde avec complaisance. Dans ses actions, surtout en mangeant, il a les manières d'un singe. Le capitaine l'aime et en a soin; il lui parle toujours avec sévérité, mais ne le frappe jamais.

Le capitaine en second, M. Méry, a soixante-dix ans. C'est un de ces hommes que la nature a doués d'une grande force physique. Il est d'une taille ordinaire, avec des épaules, une poitrine et des membres d'Hercule. Tout son corps est couvert de poils blancs comme ses cheveux. Depuis l'âge de dix ans, il voyage sur la mer. La Méditerranée, l'Océan Indien, le grand Océan ont été, tour à tour, ses patries adoptives. Il a vingt fois traversé le Bosphore, visité Constantinople, ou les bords de l'Indus et les sables d'Afrique. A la manière dont il parle de la Religion, il paraît n'avoir compris l'existence d'un Etre-Suprême que dans le malheur, et ne connaître le Sauveur du monde que de nom. Il sait pourtant quelques prières de sa façon, qu'il récite exactement au lever et au coucher du soleil. D'un caractère vif et emporté, tantôt il blasphème la Divinité, tantôt il l'invoque. Il met sur le même rang Jésus-Christ, la Vierge et Mahomet. Les matelots le craignent et lui obéissent. A sa voix de tonnerre, les manœuvres s'exécutent avec une agilité incroyable.

CHAPITRE XIII.

Départ de la flotte. — Violent orage. — Lever du soleil. — Messe de vœu à l'église des Dominicains de Palma. — Ville de Palma. — Fausse nouvelle et ordre du jour. — Côtes d'Afrique.

I. — *18 mai.* — Toute l'armée est sur mer. Le Général en chef et le Vice-Amiral s'embarquent sur le vaisseau à trois ponts la *Provence*. Mais les vents contraires retiennent la flotte dans la rade. Le vent favorable, si impatiemment attendu, ne se fait sentir que le 25 au matin. Ce fut une grande joie dans toute l'armée. A onze heures, le vaisseau-amiral signale à la flotte de se tenir prête à appareiller. A une heure après-midi le départ commence sous un ciel pur. Notre navire se met en marche à deux heures trente-cinq minutes. Du fort Lamalgue, de toutes les hauteurs qui dominent la mer, des groupes nombreux envoient leurs adieux à nos marins et à nos soldats. Les femmes élèvent et agitent leurs mouchoirs blancs, et, sur les dunettes et les ponts des navires, d'autres mouchoirs flottent au vent pour leur répondre.

26 mai. — Tous nos soldats ont le mal de mer. Je le prends à mon tour, et il ne me quitte qu'au bout de trente-six heures; mais j'ai moins souffert que les autres, parce que, selon le conseil du vieux Méry, je tenais mon estomac meublé de mie de pain. Le 28, vers midi, un vent fort s'éleva; nous étions à table sur le pont, lorsque tout-à-coup le navire, soulevé par une vague, se met sur le flanc, et nous voilà tous renversés au milieu des plats, des assiettes, des bouteilles et des verres brisés. Le même jour, nous passons devant *Minorque*, et le lendemain, en face de *Majorque*. Nous continuons notre route vers l'Afrique.

II. — Le 30 mai, le vent reprend à quatre heures du matin et le temps devient très-mauvais pour les petits navires. Le Vice-Amiral ordonne aux gros bâtiments de prendre le large, et la flotte se disperse. La réserve est entraînée sous le vent. Un violent orage soulève les flots; notre pauvre navire est ballotté par les vagues comme une feuille emportée par l'aquilon. Un mât casse et se renverse sur le pont. Les passagers s'effrayent et les marins eux-mêmes sont très-inquiets. L'orage devient plus fort. Des lames d'eau balaient le pont et menacent d'engloutir le navire. Le vieux Méry, d'une voix de stentor, crie : *A la Vierge !*

Tous les passagers tombent à genoux, sauf le chirurgien-major et un officier, qui étaient comme égarés. Ce dernier, qui jusqu'alors s'était montré sceptique en fait de religion, s'accrocha au tronc du mât brisé et fit un signe de croix. Je fis vœu de célébrer une messe en l'honneur de Notre-Dame de la Garde. Peu à peu les vents se calmèrent. Cependant la mer fut encore agitée une partie de la nuit. Le jour suivant, la flotte revient se rallier dans la baie de Palma, où elle arriva le soir, mais sans la flotille de débarquement.

3 juin. — La tempête a entièrement cessé et le ciel est serein. Toutefois, le Vice-Amiral, informé que l'orage sévissait encore sur les côtes d'Afrique, ne voulut point quitter la baie de Palma avant que le ralliement ne fût complet. Huit jours s'écoulèrent; ils furent longs à l'impatience française. Des murmures éclatèrent. Le Général en chef en avertit le Vice-Amiral, et le pressa vainement de reprendre la direction d'Alger.

III. — Le 4 juin, j'ai pu admirer, pour la première fois, le lever du soleil sur la mer. La brise du matin annonçait le retour de l'aurore ; à quatre heures, les nuages qui voltigent à l'Orient commencent à prendre une couleur de rose pâle. L'azur des cieux s'affaiblit par degrés, et les ombres de la nuit s'enfuient vers l'Occident. On entend sur les eaux un léger frémissement. Là-bas, dans le lointain, on dirait que la mer, en travail, soulève les flots. Bientôt un globe, d'une couleur blafarde et d'une dimension prodigieuse, se montre en partie et lentement à la surface de la mer, puis s'enfonce comme pour prendre son élan. Ces mouvements se renouvellent plusieurs fois et toujours d'une manière plus prononcée. Après des efforts successifs, le globe se montre tout entier sur la surface des eaux, sous la forme d'une masse incandescente. Alors les nuages se retirent à droite et à gauche, laissant entre eux un espace immense par où la mer se précipite en ondes légères à la rencontre de l'astre du jour. Celui-ci se balance sur les vapeurs diaphanes, et, peu à peu, laisse échapper des rayons de lumière qui, en pénétrant les nuages, forment, sous une teinte de feu, des coteaux boisés, des vallées et des lacs, des villes, des citadelles des châteaux, qui, par un enchantement admirable, changent à tout instant de forme et d'aspect. Les habitants de la mer sortent des abîmes et viennent jouer sur la plaine liquide. Ensuite les nuages se dissipent. Il ne reste autour du globe qu'une auréole embrasée. Cependant l'astre merveilleux monte de plus en plus vers l'horizon, et finit par éclater en torrents de lumières.

IV. — *5 juin.* — J'obtiens du Commandant du navire un canot pour me transporter à Palma avec deux officiers et quelques marins. Le Capitaine en second se chargea de nous y conduire. J'étais heureux d'aller y célébrer la messe pour l'accomplissement de mon vœu. Durant la traversée, le brave Méry me dit très-sérieusement que Mahomet protégeait évidemment les Turcs, car, ajouta-t-il, on n'a rarement vu, en cette saison, sur la Méditerranée, une tempête comme celle à laquelle nous venons d'échapper; et que pour neutraliser l'influence du Prophète, il était bon de mettre le Christ et la Vierge dans nos intérêts. Notre canot était précédé de plusieurs autres remplis d'officiers. Sur le port, des religieux de divers ordres et une grande partie des habitants contemplaient le mouvement inusité de la rade. Ils accueillirent nos guerriers avec la plus vive sympathie.

En descendant à terre, je demandai à un Père Dominicain où je pourrais célébrer la messe. Il me conduisit à l'église de son monastère, à l'autre extrémité de la ville. Cette église est la plus belle et la plus riche de Palma. Déjà plusieurs officiers français s'y trouvaient, entre autres M. Duris, chef de bataillon au 15e de ligne, précédemment capitaine dans mon régiment. Ce brave Commandant vint me serrer la main, et en apprenant que j'allais dire la messe, il en fit part aux autres officiers et tous y assistèrent, ainsi que nos marins et plusieurs religieux. Pendant la messe, du haut d'une tribune, cachée par une épaisse grille, des voix d'une pureté ravissante entonnèrent en chœur les litanies de la sainte Vierge. Des flots d'harmonie qui semblaient venir des cieux se répandirent dans l'enceinte. Ces Messieurs déclarèrent n'avoir jamais rien entendu de si beau. Après la cérémonie, ils s'empressèrent d'aller en remercier le Supérieur du monastère. Ce Père m'invita à déjeuner en compagnie d'un bon vieillard, prêtre français, exilé pendant la Révolution de 1793, et recueilli par les bons Religieux, dont il était devenu le bibliothécaire.

Les Dominicains ne furent pas les seuls à faire un aimable accueil à l'armée française : toute la population de l'île faisait des vœux pour le renversement de la puissance algérienne, dont les pirates avaient si souvent ravagé leur contrée. Aussi les officiers et les marins qui visitèrent Palma furent-ils traités avec les témoignages de la plus sincère cordialité.

V. — Palma, capitale des îles Baléares et chef-lieu de l'île Majorque, est située au pied d'une colline, sur les bords de la mer. Elle a été fondée en l'an 123 avant Jésus-Christ, selon les uns, en l'an 58, selon les autres, par *Cœcilius-Metellus*, consul romain, après qu'il eut fait la conquête de ces îles, d'où il prit le nom de *Balearicus*. Cette ville a une population de trente-cinq mille âmes. Les rues sont étroites avec balcons en saillie. Au centre est une vaste place qui s'ouvre sur le port. On y remarque : le Palais du Gouverneur général, le Musée d'antiquités, deux Bibliothèques publiques et la Cathédrale sur le bord de la mer. Cette église est entièrement construite en pierres grises, taillées, ce qui lui donne, à l'intérieur, une teinte triste et sombre. Mais une singularité que je n'ai vue nulle autre part, c'est le chœur de cette Cathédrale, au centre de l'édifice, enfermé dans des murs hauts de quatre mètres en forme de fer-à-cheval et tourné vers le maître-autel. En sorte que l'intérieur du chœur, qui est en amphithéâtre où se trouvent plusieurs rangs de stalles, est entièrement caché aux yeux des fidèles. Il faut même être dans le sanctuaire pour apercevoir l'autel.

Les montagnes qui entourent Palma la garantissent des vents du nord-est et rendent son climat plus doux et plus sain que celui de Marseille. Son sol est d'une grande fertilité. On y cultive les fruits les plus excellents du nord de l'Afrique; ses oranges sont les plus belles et les meilleures du monde. Les oliviers y prennent un développement considérable. On m'en a fait voir un qui date de plusieurs siècles et dont le tronc creux a un mètre de diamètre; il avait encore quelques branches vertes. La vigne y produit un vin délicieux. Les rochers pittoresques se dessinent derrière la ville en deux ou trois plans graduellement plus élevés. Sur la chute du jour, les rayons du soleil en disparaissant au couchant de l'île, éclairent encore la scène grandiose de la rade couverte de nos vaisseaux.

VI. — Les vents contraires avaient complétement cessé depuis plusieurs jours. L'armée s'impatientait de son inaction dans la baie de Palma, lorsque la corvette française, la *Bayonnaise*, venant de Tunis, répandit le bruit que nous étions menacés d'une émission de chameaux qui devait épouvanter nos chevaux et porter le désordre dans nos rangs. Pour rassurer l'armée et calmer son impatience, le Général en chef publia l'ordre du jour suivant :

« Soldats, l'armée que des vents contraires avaient
» éloignée d'Afrique, va s'en rapprocher. Impatiente
» de combattre, elle ne tardera pas de voir ses vœux
» accomplis. Le Général en chef vient d'apprendre
» que des hordes nombreuses de cavalerie nous
» attendent sur le rivage et se disposent à couvrir
» leur front de milliers de chameaux. Les soldats
» français ne seront pas plus surpris à l'aspect de
» ces animaux, qu'intimidés par le nombre de leurs
» ennemis. Ils auraient regretté que la victoire leur
» coûta trop peu d'efforts. Les souvenirs d'Héliopolis
» exciteront parmi eux une noble émulation : ils se
» rappelleront que moins de dix mille Français batti-
» rent plus de soixante-dix mille Turcs plus braves

» et plus aguerris que les Arabes, dont ils sont les
» oppresseurs. »

Il en a été de ces chameaux, comme des lions, des tigres et des serpents dont les journaux révolutionnaires avaient essayé d'effrayer nos soldats.

VII. — *10 juin*. — On se décide à reprendre la mer. Des bâtiments à vapeur circulent rapidement et portent les ordres du vice-amiral. Dans l'après-midi, la flotte s'avance lentement dans le meilleur ordre de navigation pour atterrir complétement ralliée, sauf les vaisseaux qui portent les batteries de siége. Il plut le soir et toute la journée du lendemain. Le 12, à l'aube du jour, nous découvrons les côtes d'Afrique. Mais le vent était fort et la mer houleuse ; on ne jugea pas le temps favorable au débarquement, et la flotte reprit le large.

13 juin. — L'état de la mer et du vent permet de mettre le cap à terre. Dès le matin l'armée paraît en vue de la côte d'Alger. Un beau jour se levait pour la gloire de la France. Un immense triangle dont la base repose sur les bords de la mer, se montre sur une terre riche de verdure : c'est Alger avec ses maisons, ses mosquées, ses minarets, sa casbah et ses murailles d'une éclatante blancheur. Des transports de joie se font entendre sur les bords des navires. Une partie de la population algérienne se porte sur le môle, inquiète du spectacle de notre flotte. Cependant on commence le branle-bas ; et au lieu de s'avancer vers le port, qui est rempli de blocs de rochers jusqu'à fleur d'eau, et d'aborder la ville dont le môle et les remparts sont armés d'une formidable artillerie, l'armée navale prend la direction à droite de la côte jusqu'à la hauteur de Sidi-Ferruch et entre dans la baie qui en est à l'ouest.

Le reste de la journée fut employé à établir la flotte au mouillage. Sauf quelques cavaliers arabes accourus sur la plage et brandissant leurs sabres, la presqu'île de Sidi-Ferruch était déserte. Plus loin, sur les collines couvertes de broussailles, on voyait des cavaliers et deux batteries qui tiraient sur nos vaisseaux. Le feu de nos bâtiments à vapeur les fit bientôt taire. La nuit se passa sans qu'on tira un seul coup de canon.

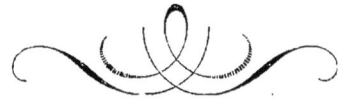

CHAPITRE XIV.

Débarquement. — Sidi-Ferruch et le camp retranché. — Bain de mer. — Combat de Staouéli. — Messe d'actions de grâces. — Nouvelle attaque et mort de M. Amédée de Bourmont. — Méprise.

1. — *14 juin.* — Aux premiers rayons du soleil, le débarquement commença. A cinq heures du matin, les bateaux plats avaient déjà mis à terre la première division avec six canons et deux obusiers. Ces troupes, pour protéger le débarquement, s'avancèrent vers l'ennemi qui dirigeait ses feux sur les masses françaises. A six heures, le Général en chef avec son état-major, en tête de la seconde division, débarque et se porte sur une petite dune pour observer le pays. Un boulet vint frapper à ses pieds et le couvrit de sable ainsi que deux officiers qui se trouvaient à ses côtés. L'artillerie de campagne et celle de la marine forcèrent les Arabes à abandonner leur position à nos troupes. La deuxième division rejoignit la première et s'étendit en arc de cercle vers le rivage. La troisième division resta en réserve. Elle fut occupée à construire un retranchement pour fermer l'entrée de la pres-

qu'île du côté du désert. Ce fut une place d'armes sûre pour le dépôt de l'approvisionnement de l'armée. Ce retranchement fut poursuivi sans relâche par trois mille soldats, jusqu'à ce qu'il fût achevé et armé de canons.

II. — La presqu'île de Sidi-Ferruch se termine dans la baie par un rocher calcaire, élevé de soixante-dix à quatre-vingts mètres au-dessus du niveau de la mer. Au sommet, était la demeure d'un ancien marabout, espèce d'ermite mahométan. On y voit encore son tombeau dans une petite mosquée, près du minaret, tour carrée du haut de laquelle le marabout appelait à la prière les habitants de quelques cabanes voisines. C'est là que s'établit le quartier général. De cette hauteur, la vue domine la presqu'île, les deux baies et les collines s'échelonnant jusqu'au plateau de Staouéli.

En moins de deux jours, cette terre sauvage fut couverte de hangars en planches, dont une toile imperméable formait la toiture pour les magasins et les hôpitaux. Des tentes, des baraques de feuillages, s'élevèrent de toutes parts dans un ordre parfait. Le lendemain du débarquement, des fours en tôle et en briques, apportés de France, fumaient déjà et l'armée put recevoir du pain frais. On eut de l'eau douce en fouillant la terre à deux mètres de profondeur. La plage offrit bientôt l'aspect animé d'un port de commerce. On y trouvait même le confortable apporté par des marchands de Palma, qui avaient suivi la flotte avec des provisions de bouche de toute espèce. La nuit, les feux innombrables des bivouacs éclairaient le camp et les hauteurs occupées par les deux premières divisions de l'armée.

Le 14, au soir, vers les quatre heures, je rencontre mon soldat, qui n'avait pu s'embarquer sur mon navire. Il me cherchait au milieu de la foule. Dès que les tentes furent placées, ce serviteur intelligent et dévoué avait eu soin de s'occuper de mon logement : il s'était fait délivrer, par le bureau de l'intendance, le numéro d'une tente entre celles de deux de mes amis, dont l'un était distributeur des vivres, l'autre officier d'ordonnance du colonel. A cinq heures, nos soldats étaient revenus de la distribution. Tandis que l'un deux préparait notre repas, les deux autres dansaient, se tenant par les mains et en chantant un refrain guerrier. — Que faites-vous là, leur dis-je, et le dîner ? — Le dîner se fait, m'ont-ils répondu, et nous préparons la table. En effet, après avoir foulé la terre, munis d'une pioche et d'une pelle, ils se mirent à creuser un fossé en forme de cercle, de manière à laisser au centre l'espace d'un mètre de diamètre, sur lequel nous prîmes notre repas, ayant les pieds dans le fossé et étant assis sur le bord extérieur qui formait un banc de gazon.

III. — *15 juin.* — La brise avait cessé ; à six heures du matin, la chaleur était aussi forte qu'en Provence, à l'heure de midi. Deux officiers me proposèrent de prendre un bain de mer. Je n'avais jamais pratiqué cet exercice. Comme la mer était calme et peu profonde sur ses bords, je m'aventurai en nageant, assez loin de la rive. Je me permis même de plonger parfois. Je me croyais déjà marin à demi, lorsqu'une forte vague, poussée par le vent qui venait de s'élever, passa sous moi, s'en fut heurter le sable du bord et revint rapidement à la rencontre d'une autre. Je ne sus pas les éviter, et je me trouvai entre les deux. Elles me saisirent en se brisant l'une contre l'autre, et me jetèrent à deux mètres de hauteur. Heureusement je retombai sur le flot qui venait de la mer et me transporta tout moulu sur la plage. Si j'étais tombé sur la vague qui venait de la rive, elle m'aurait porté en pleine mer, et je me serais noyé avant que mes compagnons pussent venir à mon secours. Ces mouvements de la mer étaient l'effet du vent qui commençait à soulever les ondes. Il devint de plus en plus violent, et pendant la nuit, la flotte courut des dangers. L'orage dura jusqu'au lendemain à onze heures trois quarts; ensuite le calme se rétablit. On en profita pour continuer le débarquement du matériel et désencombrer la rade.

IV. — *18 juin.* — Des nuages de poussière et des salves d'artillerie, l'augmentation de nombreuses tentes dans le camp ennemi, annonçaient l'arrivée de nouveaux chefs et l'agglomération des forces algériennes sur le plateau de Staouéli. On s'attendait à une prochaine attaque. Comme la 3e division dont mon régiment faisait partie devait rester provisoirement dans la place d'armes de Sidi-Ferruch, pour la mise à terre du matériel, je priai M. l'abbé de Combette, aumônier en chef de l'armée, de me dispenser du service religieux des hôpitaux et des ambulances, et de se joindre à moi pour m'obtenir du Général en chef l'honneur de rester constamment sur le champ de bataille, afin de donner les secours et les consolations de la religion aux blessés et aux mourants qui ne pourraient être transportés ailleurs. Cette faveur me fut accordée, et je fus rejoindre les deux premières divisions, à cinq kilomètres du camp retranché.

19 juin. — Un coup de canon, parti de Staouéli, donna le signal d'une attaque générale. Protégé par le feu de ses batteries, l'ennemi se précipita sur le front de notre armée avec une intrépide audace. Il fut reçu à la baïonnette, et les fossés de nos retranchements furent jonchés de morts. Il était six heures du matin lorsque cette attaque fut repoussée. J'administrai les mourants et m'aidai à relever les blessés pour les diriger ensuite sur Sidi-Ferruch. Le Dieu des armées trouva de nombreux fidèles parmi les victimes qui s'immolaient pour la chrétienté et l'honneur de la patrie.

A sept heures, le Général en chef ordonne et dirige lui-même un mouvement en avant de toute l'armée. Dix mille marins de l'escadre viennent occuper et défendre le camp retranché. Les deux premières divisions partent en colonnes et gravissent en silence, l'une à droite, l'autre à gauche, les coteaux boisés du plateau de Staouéli où se trouve le grand camp des Arabes et des Turcs. Elles vont se placer de manière à croiser leurs feux. La troisième division avait quitté le camp de Sidi-Ferruch et formait la troisième colonne. Je m'empressai de rejoindre mes soldats. Tandis que les autres divisions allaient, sans bruit, à travers les bois, prendre leurs positions avec leurs batteries de campagne, nous marchons, au son du tambour battant la charge, sur un terrain entièrement découvert en face de l'ennemi, afin d'attirer toute son attention. Les Turcs crurent avoir devant eux toute l'armée française et dirigeaient sur nous les feux de leurs batteries. Leurs boulets faisaient de temps en temps des trouées à nos trois lignes de front, et chaque fois trois hommes tombaient morts. On entendait alors les officiers dire d'une voix sourde : *Serrez les rangs;* et nous avancions toujours, l'arme au bras et au pas de charge. Nous arrivâmes à un point où les projectiles ne faisaient qu'effleurer nos baïonnettes. Alors la colonne s'arrêta sans cesser de marquer le pas, afin de donner le temps aux autres colonnes de prendre leur position et de pouvoir attaquer l'ennemi de trois côtés à la fois. Un instant après, les deux premières divisions ouvrirent leurs feux et lancèrent la mitraille sur le camp ennemi.

Au bruit de notre artillerie, nous précipitâmes le pas ; mais déjà l'ennemi avait pris la fuite, emportant ses femmes, abandonnant ses tentes, ses provisions, ses drapeaux, ses canons, son argent et ses troupeaux, et laissant le sol couvert de cadavres, de mourants, au milieu de chevaux, de chameaux mutilés par la mitraille. On ne fit que quelques prisonniers. Parmi ceux-ci, je remarquai un vieillard qui courait en faisant le tour du camp et en prononçant d'une voix tremblante des paroles inintelligibles. Il fut conduit au quartier général. Interrogé par un interprète, il parla de la puissance de Dieu avec un désordre d'idées peut-être plus apparent que réel, et ne fit point connaître ce que l'on voulait savoir.

On mit une garde devant la tente de l'Aga, ou chef

de la milice turque ; cette tente était couverte de draperies de laine et de soie. L'intérieur renfermait plusieurs riches tapis, des matelas de plumes, des armures de toute sorte. Les magasins étaient remplis de galettes, de miel sauvage, de riz, de vermicelle et de blé. On trouvait çà et là, des marmites, espèce de chaudières pleines de vermicelle cuit, qui n'avait aucun goût. Les pertes de l'ennemi durent être considérables ; mais on n'a pu les évaluer exactement, les cavaliers algériens ayant la coutume barbare d'entraîner après eux leurs morts en les saisissant au moyen d'un croc en fer. Quant aux nôtres, le nombre des hommes mis hors de combat fut d'environ cinq cents. J'ai fait ce que j'ai pu pour assister les mourants ; mais j'ai eu lieu de regretter d'être seul à remplir ce ministère. Selon les présomptions les plus vraisemblables, nos divisions, chacune de neuf à dix mille combattants, eurent à lutter contre quarante mille assaillants. Cette multitude se composait de Koulouglis, d'Arabes, de Maures et de Kabyles. Un grand nombre étaient à cheval. Ils marchaient par bandes irrégulières de tirailleurs. Ils n'avaient point d'artillerie de campagne. Leurs canons étaient montés sur des affûts de gazon. Leurs armes étaient le fusil, le pistolet, le yatagan, la lance et le sabre en forme de croissant. Leurs coups portaient juste et loin. Ils se servaient de leur sabre avec une dextérité incroyable.

V. — *20 juin.* — C'était le dimanche. Une escorte partit de Staouéli à quatre heures du matin pour accompagner les blessés jusqu'à Sidi-Ferruch.

J'en profitai pour aller assister à la messe que l'Aumônier en chef devait célébrer et au *Te Deum* en actions de grâces de la victoire que l'armée venait de remporter. Sur le rocher de la presqu'île, près de la petite mosquée, deux tonneaux et quelques planches servirent à improviser un modeste autel. Et là, sur cette terre d'Afrique, que de grands docteurs de l'Eglise avaient autrefois illustrée, où le flambeau de la foi avait brillé d'un si vif éclat et depuis livrée, durant des siècles, au fanatisme musulman et aux fureurs de la barbarie; là fut de nouveau célébré le jour du Seigneur. Des guerriers, encore poudreux de la veille, humilièrent leurs fronts devant le Dieu dispensateur du succès des batailles. Ce sacrifice chrétien semblait sanctionner le retour de la liberté et de la civilisation, filles de l'Evangile, sur ce rivage où, peu de jours auparavant, le despotisme et la barbarie, enfants du Coran, planaient sur un désert.

VI. — *24 juin.* — Après la sanglante journée du 13, l'armée s'arrêta quatre jours à Staouéli pour attendre les bâtiments qui portaient les chevaux de l'administration et les batteries de siége, bâtiments que le Vice-Amiral avait laissés à Palma avec ordre de ne se remettre en route que le 13. Le 24, les Algériens revinrent en grand nombre engager le combat. Le Général en chef, en tête des colonnes, les repoussa vigoureusement jusqu'à Sidi-Kalef, à une lieue de Staouéli. Dans cette affaire, M. de Bourmont perdit un des quatre fils qui l'avaient suivi en Afrique, Amédée, lieutenant de grenadiers au 49e de ligne, blessé mortellement d'une balle au-dessous du cœur.

Sa mort fut un deuil général dans l'armée dont il emportait les plus vifs regrets. (1)

VII. — La troisième division qu'on avait laissée à Staouéli reçut ordre d'aller renforcer la première ligne d'opérations. Je pars à sa rencontre et vais rejoindre mon régiment. Un de mes soldats m'amène un petit cheval arabe, de race croisée, tout scellé et bridé, dont le cavalier était resté sur le champ de bataille. On trouva cet animal à côté de son maître. La nuit nous surprend dans un chemin profond, bordé d'aloës, à cinquante mètres du camp français. Sur un monticule, à vingt-cinq mètres de nous, se trouvait un poste du 28e de ligne. La sentinelle, entendant du bruit au-dessous d'elle et craignant d'être surprise par des cavaliers arabes, sans crier : *qui vive*, décharge son fusil sur nous. Tout le poste se lève et fait feu : mon cheval et celui du colonel s'effraient et se jettent dans un fossé, trois grenadiers, derrière nous, tombent morts. Notre cantinière a la jambe

---

(1) Ce jeune et brillant officier s'était nourri de bonne heure des hauts faits et des vertus des anciens chevaliers. En route pour l'Afrique, il traversa le Dauphiné avec quelques amis, pour visiter le berceau du Chevalier *sans peur et sans reproche*. Deux ans plus tard, je recueillis les vers suivants, écrits au crayon, sur le mur de la chambre où l'on croit que l'illustre Bayard est né :

En allant aux combats sur les pas des héros,
Venger l'honneur français dans un lointain rivage,
Nous venons de Bayard réveiller les échos,
Et sur son vieux berceau déposer notre hommage.

Signé : Amédée de BOURMONT.

brisée, et les mulets, qui portaient la caisse du régiment et autres objets, prennent la clef des champs. Cette fatale méprise mit en émoi tout le camp qui était près de là.

CHAPITRE XV.

Bataille de Sidi-Kalef. — Mort du commandant Borne. — Combat de Boudjareah. — Maisons de campagne. — Bombardement du fort l'*Empereur*. — Prise d'Alger.

I. — *26 juin*. — A Sidi-Kalef, la lutte recommence avec violence. Cette journée nous fit perdre quatre-vingts de nos soldats; mais elle fut glorieuse pour notre régiment. Sur la gauche de la ligne de bataille, entre nous et l'ennemi, se trouvait une maison occupée par des Arabes et une cinquantaine de Turcs qui faisaient un feu nourri et désastreux sur nos troupes. Le général de brigade, M. Hurel, s'avance près du 30me de ligne et demande une compagnie de bonne volonté pour aller prendre cette maison d'assaut. Un vieux capitaine, M. Bourgeois, qui avait fait toutes les campagnes de l'Empire, se tourne vers sa compagnie et lui dit : *Soldats, en avant*, et il marche le premier; toute sa compagnie le suit. Il entoure la maison sous le feu des Turcs, enfonce la porte, pénètre dans l'intérieur avec ses soldats, se prend corps à corps avec les Turcs et les Arabes; voit tomber une partie des siens, tue les Turcs et fait trente prisonniers qu'il amène triomphant. Le jour suivant, son héroïsme est signalé à l'armée (1).

27 juin. — Vers les six heures du soir, nous n'entendons plus gronder les canons. Le feu s'était ralenti pour quelques instants. Le Général de brigade, me voyant couvert de sueur et de poussière, me dit d'aller me reposer. Les Arabes s'étaient dispersés et continuaient de temps en temps la fusillade en se traînant derrière des buissons. Je me retire à cinquante pas en arrière de la ligne de bataille, près d'une de nos batteries qui avait cessé le feu et devant une petite habitation. M. Borne, chef de bataillon, aide-de-camp de notre Général de division, et M. Schlosser, chirurgien-major de notre régiment, viennent me rejoindre. Nous étions à l'ombre, et cependant on étouffait sous la chaleur du soleil couchant. Un petit filet d'eau coulait à notre gauche, au bas d'un ravin étroit et profond. Malgré une défense expresse, des soldats y couraient pour s'y désaltérer et étaient égorgés par des Arabes cachés sous les

---

(1) Lorsque le 30ᵐᵉ régiment de ligne fut désigné pour faire la campagne d'Afrique, M. Bourgeois avait droit à la retraite et venait d'épouser une jeune fille, de ses parentes. Il pria le chef de corps de le laisser au dépôt pour attendre la liquidation de sa pension. — Vous osez, lui dit son chef, faire cette demande à la veille de la guerre? — Il m'en a coûté, lui répondit le brave officier, de faire cette démarche : quatorze campagnes, onze blessures et ce signe d'honneur (en montrant sa décoration) en sont la preuve. Je regrette la jeune femme qui s'est dévouée pour soigner mes vieux jours; mais je partirai et vous prouverai que le cœur qui bat là (portant la main à sa poitrine) n'est pas le cœur d'un lâche.

arbustes. Nous aperçûmes, au delà du ravin, deux cavaliers qui descendaient rapidement par un sentier et nous vîmes en même temps sur les bords de l'eau des soldats désarmés qui remplissaient leurs bidons. Un artilleur saute aux pièces, mèche allumée, attend que ces cavaliers arrivent près d'un roc qui se trouve sur leur chemin et fait feu. Le premier qui passe est écrasé avec son cheval et laisse sur le roc une large tache de sang. L'autre rebroussa chemin. Les soldats, à leur retour, furent mis à la garde du camp.

II. — Un quart d'heure après, le commandant Borne se trouvait à mes côtés, et, à l'aide d'une lunette, observait et me disait les mouvements de l'ennemi, lorsque tout à coup je suis renversé et tout couvert de sang de la tête aux pieds. Un artilleur vint me relever. Je ne me sentais autre chose qu'une douleur à la tête. En me tournant vers le Commandant, je le vois étendu sur le sol ; un boulet de seize lui avait emporté l'épaule droite. Je me trouvais si près de lui que son sang rejaillit sur moi et que le boulet me renversa sans me toucher. On transporta le cher blessé derrière la petite maison. Le chirurgien en chef de la division arriva. Il détacha entièrement le bras qu'un petit nerf retenait encore, fit la ligature des veines et le reste du pansement, en présence de plusieurs officiers. Jusque-là, le Commandant n'avait proféré aucune plainte. Mais lorsqu'en tournant la tête, il vit son bras à quelques pas de lui, il s'écria avec l'accent d'une vive douleur : — *Je ne serai donc plus militaire, maintenant !* A ces mots, notre émotion contenue éclata en sanglots. Je ne le quittai pas, il eut une forte fièvre et des douleurs violentes qui ne cessèrent que le lendemain vers les trois heures du matin. Dès qu'il fut un peu soulagé, il se confessa et reçut l'Extrême-Onction avec un profond sentiment de foi et de piété. Ce calme me donna de l'inquiétude. Je fis appeler un chirurgien et quelques officiers. Le cher malade causa encore quelques instants avec nous. Il me pria d'accepter une paire de pistolets comme témoignage de sa reconnaissance; chargea un de ses camarades de prier son Général d'écrire à Mme Borne, son épouse, et une demi-heure après, il expira entre mes bras.

La nouvelle du danger auquel je venais d'échapper se répandit dans l'armée avec des commentaires plus ou moins lugubres. Plus tard, j'appris qu'un officier de marine ayant écrit à ses parents de Grenoble que j'avais été tué et mutilé par les Arabes, Mgr l'Evêque avait fait célébrer une messe dans sa Cathédrale pour le repos de mon âme.

La bataille continua toute la journée du 28. La troisième division tout entière y était engagée. Nos pertes, pendant ces deux jours, furent de quatre cents hommes.

III. — *29 juin.* — Les colonnes gravissent le mont Boudjareah. Notre brigade, conduite par l'intrépide général Hurel, atteint l'ennemi. L'attaque se fit d'une manière impétueuse et brillante. Les crêtes des hauteurs se dessinaient à la lueur de la fusillade et aux premiers rayons du soleil. En chassant l'ennemi devant nous, nous arrivons à un point culminant près de la maison du Consul des Etats-Unis.

Là, les bombes du môle et des forts d'Alger viennent nous inquiéter, mais ne nous font pas de mal. De ce point, la vue s'étend sur la ville, le port et les villas à construction orientale. Des femmes juives avec leurs enfants se jettent aux genoux de nos soldats, qui les rassurent et partagent leur ration avec elles. Dans l'après-midi, l'armée se porte aux environs du fort l'*Empereur*.

IV. — *30 juin*. — L'état-major de mon régiment occupe une fort belle maison, à trois kilomètres d'Alger, entourée de jardins, située au sommet d'un amphithéâtre de verdure. Ce bâtiment s'élève sur les quatre côtés d'une cour dont les dalles sont de marbre, et au centre de laquelle s'élève un petit filet d'eau. Au premier étage est une galerie intérieure soutenue par d'élégantes colonnes. Dans un angle de la galerie se trouve une ouverture basse dont la porte est doublée d'une forte tôle; c'est l'entrée de l'habitation des femmes ou du sérail. Les musulmans n'ont qu'une épouse proprement dite; mais le Coran leur permet d'avoir autant de concubines qu'ils peuvent en entretenir. Notre maison avait, en outre de ses appartements, vastes et élevés, une tourelle qui servait de mosquée ou lieu de prières. Je la choisis pour mon logement. De ma fenêtre je voyais la ville, la mer, les vaisseaux de la flotte et l'émigration des familles turques et arabes qui prenaient le chemin du désert. Nous n'y trouvâmes pas trace de meubles. Presque toutes les maisons de campagnes, aux environs d'Alger, avaient été pillées par les Arabes et les Bédouins, que nous avions chassés devant nous.

Cependant, il y avait une maison, non loin de la nôtre et un peu plus bas, sur le coteau, qui était habitée. Nous nous en sommes aperçus par une scène qui a failli coûter la vie au riche Turc qui s'y tenait enfermé. Deux de ses femmes, de dix-huit à vingt ans, s'étaient permis, malgré la défense du maître, de monter sur la terrasse du sérail pour satisfaire leur curiosité. Elles attirèrent l'attention de nos soldats auxquels elles se montraient sous un vêtement de gaze légère. Ceux-ci leur adressèrent je ne sais quelles galanteries, qui furent entendues et comprises par le maître de ces odalisques. Le Turc aussitôt escalade la terrasse du sérail et, à grands coups de nerf de bœuf, en chasse ces pauvres créatures, qui s'échappèrent en jetant des cris d'effroi et de douleur. A la vue de ce traitement barbare, les soldats veulent enfoncer la porte ; et, sans un officier que tout ce bruit avait attiré sur les lieux, le Turc aurait passé par les armes.

V. — Pendant quatre jours, 30 juin, 1, 2 et 3 juillet, on travailla sans relâche aux tranchées autour du fort l'Empereur (1), sous une grêle incessante de balles et de boulets. Ces tranchées avaient un développement de deux mille mètres. Plus de deux cents hommes y ont été sacrifiés. En attendant, l'artillerie faisait ses préparatifs pour battre ce fort en brèche.

(1) Hussein Pacha fit construire ce fort sur le point important où l'empereur Charles-Quint, en 1541, avait établi son quartier général. De là le nom européen de fort *l'Empereur*, mais qu'on appelle, dans le pays : *Sultan Cal Aci*.

Toute la nuit du 3 au 4 juillet on entendit un vacarme affreux, où le hennissement des chevaux se mêlait au bruit des canons et des caissons roulant sur l'énorme pavé d'une voie romaine.

4 Juillet. — Dès l'aurore, les batteries de siége sont placées. Elles commencent aussitôt un feu terrible auquel répondent les canons du fort. A huit heures du matin, une tour s'affaisse. Une heure après, les murailles s'ébranlent, s'écroulent par blocs et mettent la place à découvert. Les canons ennemis sont renversés; les assiégés tombent ou prennent la fuite. Le feu du fort cesse complétement. Nos batteries continuent encore quelques minutes de sillonner la place, et enfin s'arrêtent. Alors deux cavaliers arabes, partis d'Alger, montent précipitamment vers le fort et s'arrêtent à la porte. Puis l'un deux descend de cheval et disparaît. Une minute après, le cavalier qui était resté à la porte prend le galop vers la ville avec les deux chevaux et la poudrière du fort, creusée dans le roc, saute en éclats. Jamais on a entendu un coup de tonnerre aussi formidable; jamais peut-être volcan n'a vomi une plus hideuse matière. Quel horrible spectacle! Une énorme colonne de fumée épaisse et noire, à travers laquelle on aperçoit de temps en temps des corps difformes, s'élève dans les airs à quarante mètres de hauteur. Tout à coup elle est coupée à sa base, sur une longueur de trente mètres, par un vent violent de la mer et un globe noir reste comme suspendu dans l'espace. De ce globe se détachent des pierres, des débris de meubles, des affûts brisés de canon, des quartiers d'animaux, des têtes, des membres humains, des étoffes noircies par la poudre et une foule d'autres objets ensanglantés. Une partie est emportée et dispersée çà et là par le vent; le reste tombe sur le rocher dont les flancs se sont ouverts sous l'action du salpêtre enflammé.

Le général Hurel accourt avec les troupes de la tranchée sur les ruines de la forteresse. Le Général en chef le suit de près. Dans la journée, le bruit se répand que des membres du Divan (le Divan est le Conseil d'Etat de la Régence) étaient venus offrir au Chef de l'armée de lui apporter la tête du Dey, s'il consentait à épargner la ville et à évacuer l'Algérie. Mais ce bruit n'avait aucun fondement; car le lendemain, tous les membres du Divan en corps ont montré combien ils étaient attachés à leur chef. D'ailleurs, le général de Bourmont n'a jamais parlé de cette infâme proposition, qu'il aurait repoussée avec horreur. Ce qu'il y a de vrai, c'est qu'un des secrétaires du Dey et ensuite deux Maures vinrent parlementer. Le Général en chef dit à ses envoyés qu'il pouvait, en trois heures, mettre la ville en cendres; mais qu'il accorderait la vie au Dey et aux Turcs et leur laisserait même leur patrimoine personnel, s'ils se rendaient à discrétion et lui remettaient les forts et la ville. Le Dey accepta tout et la convention fut signée.

VI. — Le 5 juillet, à dix heures du matin, le Général en chef, suivi de son état-major, précédé d'un détachement d'artillerie et accompagné d'une brigade d'infanterie, fit son entrée dans la Casbah ou palais du Dey. Je m'y trouvais avec l'Aumônier en chef. Après un court entretien avec le Chef de notre armée, le Dey témoigna le désir de se retirer provisoirement dans sa maison particulière d'Alger. M. de Bourmont y consentit et lui offrit une garde d'honneur. Le Dey l'en remercia en disant que les membres du Divan lui rendraient cet office.

CHAPITRE XVI

Alger. — Les bains publics. — La Mosquée. — La Casbah. — Le sérail. — Le Dey. — La population.

I. — Je vais répéter ici, mais avec plus de détails, ce que j'ai dit d'Alger et des maisons de la Régence, qui se ressemblent toutes. Alger est bâtie en amphithéâtre, sur un rocher sous la figure d'un triangle, dont la base repose au bord de la mer, et dont le sommet est occupé par la Casbah, ou palais du Dey. Cette ville est entourée de fortes murailles de cinq à six mètres de hauteur, soutenues par des tours de distance en distance. Elle est défendue par des batteries échelonnées, à partir du môle, et par des forts armés de canons. Le port étant rempli de rochers à fleur d'eau, les bâtiments de guerre ne peuvent en approcher. Du côté de la mer, cette ville est imprenable. Toutes les tentatives faites de ce côté par les puissances européennes ont échoué.

Alger présente une masse de maisons blanches, couronnées de terrasses. Ces maisons n'ont au dehors qu'une ouverture étroite et basse, et quelques petites lucarnes, près des plafonds, pour faciliter les courants d'air. Les appartements sont ornés de carrés de faïence de diverses couleurs; ils prennent jour sur des galeries intérieures qui environnent une cour dont le sol est garni de tablettes de marbre. Au milieu de la cour, une fontaine répand la fraîcheur dans tout le bâtiment. Chaque maison a son appendice, ou pavillon, construit de la même manière que la maison principale, mais en moindres dimensions, c'est le harem, ou habitation de femmes, d'où elles ne sortent qu'accompagnées de leur maître et sous des voiles qui les couvrent de la tête aux pieds, n'ayant que deux petites ouvertures pour les yeux. Le maître a seul la clef du harem, dont la porte est doublée de fer.

La ville est percée de plusieurs rues tortueuses et si étroites, que trois personnes ont de la peine à y passer de front. Celles qui du môle montent vers la Casbah sont resserrées par les maisons qui, à la hauteur de deux ou trois mètres s'avancent de chaque côté. Comme leur plan est très-incliné, on a construit des marches pavées de cailloux et espacées de deux mètres, afin de rendre ces ruelles praticables. On y trouve quelques petites fontaines. Ici, il me vient en souvenir une brutalité dont j'ai été témoin. Je montais à la Casbah avec un jeune officier d'état-major, lorsque à trente pas de nous, une esclave négresse venait de puiser de l'eau à une de ces fontaines. Elle se retournait de temps en temps pour regarder l'officier; et ne s'apercevait pas que son maître l'observait. Arrivée près de la maison, le Turc lui ouvre la porte, et dès qu'elle a mis le pied sur le seuil, il lui lance un coup de talon dans les reins et l'étend sur les dalles du vestibule. Le bruit de sa chute nous fit frémir. Le Turc se hâta de fermer la porte à verroux.

II. — Alger a des bains publics très-fréquentés, tenus par des Maures. On entre dans le bâtiment des bains par une porte spacieuse. La première pièce renferme des galeries fermées par des rideaux et garnies de matelas avec couvertures de laine. Le baigneur y dépose ses vêtements; un nègre l'enveloppe d'un manteau de toile et le conduit, par un grand escalier, entre les galeries, à une retonde où se trouve la cuve d'eau placée sur un foyer, et l'introduit dans un des cabinets noirs construits autour de la retonde et fournis d'un robinet d'eau chaude. Là un autre nègre le dépouille de son manteau, le fait asseoir sur un banc de marbre, lui verse, à plusieurs reprises, de l'eau sur le corps; puis, en murmurant une cantilène en sa langue, il le masse légèrement pendant un quart d'heure. Enfin, il lui verse encore abondamment de l'eau sur la tête et le remet, couvert de son manteau au premier nègre. Celui-ci fait coucher le baigneur sur un des matelas garnis de draps propres et chauffés sous une couverture de laine. Et le baigneur ne quitte ce lit que lorsque la transpiration a entièrement cessé. Cette espèce de bains est hygiénique : il favorise la circulation du sang et des humeurs, donne de la souplesse à la peau et au système nerveux.

III. — La mosquée est le temple des musulmans.

A Alger, ces édifices n'ont pas trace d'architecture. La religion de Mahomet n'ayant pas de sacrifice, la mosquée n'a point d'autel. Une tribune d'où l'Iman, ou prêtre mahométan, fait la prière et explique le Coran, livre qui contient la doctrine de Mahomet; les versets de ce livre tracés sur les murs; des nattes étendues sur le sol, c'est tout ce qu'on voit dans la mosquée. Les musulmans n'en franchissent le seuil que nu-pieds. Ils regardent comme un énorme sacrilège d'y entrer avec des chaussures. Aussi le Général en chef avait-il défendu, sous des peines sévères, d'enfreindre cette règle, afin de ne pas surexciter le fanatisme des Turcs. J'y ai vu des Maures et des Arabes faire les plus profondes prosternations et mille contorsions bizarres; on les aurait pris pour des épileptiques. La mosquée a une tourelle surmontée d'une galerie, du haut de laquelle le muezzin, lévite mahométan, appelle les fidèles à la prière. Nous n'avons pas cessé d'entendre sa voix criarde, dès le premier jour de l'occupation française.

IV. — La Casbah est plutôt une forteresse qu'un palais. Elle est entourée de remparts armés de canons. On y pénètre par un long et large corridor voûté, fermé à l'entrée avec une porte épaisse, doublée de fer. Au bout de cette espèce de tunnel, s'ouvre une grande cour et au fond une galerie très-large, avec ses colonnes de marbre du style mauresque. Des glaces, avec cadres découpés à jour et dorés, étaient encore suspendues aux murs de la galerie. Des sophas antiques, des coussins et des siéges couverts d'étoffes en soie brochées d'or; des tapis en laine et soie de Syrie étaient jetés çà et là sur le sol. C'est là que le Dey présidait les assemblées du Divan et rendait la justice à ses sujets. C'est aussi dans cette enceinte que le premier dimanche, après notre entrée dans la ville, fut célébré le saint Sacrifice sur un autel portatif. La messe fut suivie du *Te Deum* et du *Domine, salvam fac regem*, etc. L'état-major général de l'armée, un grand nombre d'officiers, une compagnie de grenadiers avec la musique de leur régiment y assistèrent. Toute l'assemblée paraissait émue de ce religieux spectacle en ce lieu.

Les appartements du Dey, au premier étage, se composent de vastes chambres meublées comme la galerie. L'une de ces pièces renfermait les armes qui appartenaient personnellement au Dey : c'étaient des damas ornés de dorures et de diamants, des yatagans ou sabres au fourreau couvert d'une épaisse feuille d'or, des fusils de chasse à deux coups, dont les bois étaient incrustés de pierreries de toutes couleurs; une collection de pistolets, tous richement ornés, suspendus avec des cordons soie et or. D'autres chambres servaient de dépôt d'armes plus communes, de tapis, de vieux meubles. Une autre, enfin, contenait le trésor de la Régence, dont la valeur a été estimée de 40 à 50 millions. En parlant du trésor de l'Etat, le Dey disait : « Autrefois le puits d'Ali versait à pleins » bords; aujourd'hui, pour y puiser, il faut descen- » dre avec une échelle. » Une petite partie du trésor fut employée à la solde et à l'entretien de l'armée et des administrations; le reste fut envoyé au Gouvernement français.

Le sérail est séparé du palais par une cour et par

un corridor très-vaste, absolument semblable à celui d'entrée. Cette cour est un immense corps de garde ouvert du côté de la Casbah et fermé du côté du Harem. Le Dey faisait garder la porte du Harem par une compagnie de janissaires. Aucun autre homme que lui ne pouvait en franchir le seuil, la défense en était portée sous peine de mort. Les janissaires et les femmes avaient disparu dès la veille de notre arrivée. Je visitai ces lieux témoins du plus abrutissant esclavage, où de pauvres victimes, jeunes filles et jeunes femmes, enlevées par les pirates algériens sur des navires marchands ou sur le littoral de l'Espagne, ensuite vendues ou livrées au Dey, étaient vouées à la brutalité musulmane. Leurs appartements s'ouvrent sur un étroit couloir qui aboutit aux jardins. Chaque odalisque avait sa chambre ; c'est une pièce d'un carré long, éclairée par un ciel ouvert à verres doubles. Ses meubles consistent en coussins de crin, de laine et de plumes, couverts de draperies de soie, et en deux lits au fond d'une alcôve. Ces malheureuses esclaves s'occupaient de broderies. J'y vis encore des fragments d'étoffes, de fils d'or, d'argent, de laine et de soie. Les jardins du sérail sont plantés d'orangers, de lauriers roses, de figuiers et tapissés de fleurs. Les murs d'enceinte sont très-élevés.

VI. — Le Dey Hussein-Pacha a soixante-cinq ans. Il est d'une taille moyenne. Son regard est vif et pénétrant. On dit que, tout jeune encore, il se distinguait comme maître d'école, ce qui le fit choisir pour secrétaire du Dey régnant, et que par son intelligence et sa fermeté, il s'est élevé au conseil de la

Régence, et enfin à la dignité de Dey Il est vêtu comme un simple Turc. Ses rapports avec le Général en chef ont prouvé qu'il avait des connaissances bien supérieures à celles qu'on lui supposait. Il sortait rarement de son palais; et depuis plusieurs années, il n'était pas descendu dans la grande cour. Il passait sa vie à fumer, à prendre du café, à rendre la justice et parfois à faire trancher des têtes. On nous a raconté que la vue de notre flotte ayant excité du trouble dans la ville, il avait fait décapiter quarante individus avant notre débarquement.

VII. — La population d'Alger, avant la guerre, pouvait s'élever à soixante-dix mille habitants, Turcs, Maures, Koulouglis, Juifs, Nègres et Arabes. Les Turcs, au nombre de dix mille, sont les descendants d'aventuriers du Levant qu'alimentent sans cesse de nouvelles recrues. — Les Maures sont vraisemblablement les fils des anciens habitants de la Mauritanie. Ils étaient autrefois chrétiens. Tombés, après des luttes sanglantes, sous le joug abrutissant des Turcs, ils ont embrassé le mahométisme. — Les Koulouglis sont nés de l'union des Turcs avec des femmes maures. — Les Nègres et les Kabyles sont originaires de la Lybie. Ces derniers, grands et forts, n'habitent pas la ville. Ils sont agriculteurs et quelque peu industriels. Ils occupent une contrée de l'Afrique à laquelle ils ont donné leur nom et qu'on appelle la *Kabylie*. Ils aiment leur indépendance et n'obéissent qu'à des chefs de leur choix. — On ne sait d'où sont venues, ni à quelle époque les familles juives se sont établies en Afrique. Mais là, comme ailleurs, elles se sont multipliées en s'alliant exclusivement à celles de leur nation. A Alger, les Juifs ont conservé un type particulier qui les distingue avantageusement des autres races de la Régence; tandis que, sous le rapport moral, ils sont tombés dans un état de bassesse qui ne peut s'expliquer que par la dureté de la domination turque. Les Juifs sont les plus habiles et les plus riches négociants du littoral d'Afrique. Leurs maisons, à Alger, sont de véritables magasins dans lesquels on peut difficilement pénétrer. Elles ne présentent au dehors que de misérables boutiques dont l'étalage consiste en de mauvais habits, de vieux galons et quelques fruits. Leurs principales affaires se font avec des étrangers. Ces marchands adroits cachent avec soin leurs richesses, afin de ne pas exciter la cupidité des Turcs, qui ne se font pas scrupule de les dépouiller pour se venger des usures dont ils sont victimes. Je priai, un jour, un banquier juif d'Alger de me changer de la monnaie du pays pour de la monnaie française. Il ne rougit pas d'exiger un bénéfice de quarante pour cent. — Les Arabes de l'Algérie proviennent des anciens Arabes qui s'emparèrent de l'Egypte. Ceux-ci, vers la fin du XVIIe siècle, firent une excursion dans tout le nord de l'Afrique, sous la conduite d'Othman, leur troisième kalife après Mahomet. Ils forcèrent les chrétiens à embrasser l'islamisme et à reconnaître leur kalife pour souverain. Les Numides, qui habitaient les montagnes, résistèrent longtemps à l'invasion; mais les Maures établis dans la plaine furent bientôt vaincus.

CHAPITRE XVII.

Mœurs des Arabes. — Les Janissaires. — Nouvelle administration et tableau de l'avancement et des récompenses. — Réponse du Gouvernement aux propositions du Général en chef. — Expédition de Blidah.

1. — La race arabe, remarquable par sa constitution physique, son intelligence et son courage, mérite une mention particulière. Les observations suivantes sont, en partie, tirées du savant mémoire publié, en 1804, par M. Dubois (Aimé), membre de la commission scientifique qui explora l'Egypte au commencement de ce siècle. Depuis leur origine, ces populations nomades n'ont subi aucune modification dans leur caractère, leurs usages et leurs mœurs, quels que soient les lieux où elles se sont établies.

Les Arabes sont partagés en tribus indépendantes. Ils choisissent pour leur chef le plus brave et le plus éloquent. L'immensité du désert est leur patrie. Ils n'ont pas de demeure fixe et passent, selon leurs besoins, d'une contrée à une autre, emportant, sur le dos des chameaux, les femmes, les enfants, les tentes, les bagages et les aliments nécessaires ; laissant derrière eux des provisions qu'ils ont soin de cacher avec des indications qu'eux seuls peuvent reconnaître. Les hommes sont à cheval, armés de fusils et de poignards; les uns accompagnent la caravane et conduisent leurs troupeaux de vaches, de chèvres et de brebis ; les autres les précèdent en éclaireurs. Si, dans leurs migrations, ils rencontrent une tribu ennemie, ils payent le droit de passage, sinon il y a guerre, et le faible succombe à moins qu'une autre tribu n'embrasse sa querelle.

Les Arabes se marient jeunes. Extrêmement jaloux de leurs femmes, ils ne les laissent paraître, hors de la tente et devant l'étranger, que couvertes d'un grand voile, et le poignard les venge de la moindre infidélité. La fille qui, au jour de son mariage, ne porterait pas la preuve de sa sagesse, serait ignominieusement renvoyée à ses parents. Les Arabes ne désirent rien tant que d'avoir beaucoup d'enfants, c'est pour eux un moyen de considération et de richesse. La naissance d'un fils est un événement qui les comble de joie. Les jeunes gens ont le plus grand respect pour leurs parents et en général pour les vieillards. C'est sur cet hommage que la force rend à la sagesse, qu'est fondé le Gouvernement des tribus.

La race arabe est blanche, mais ceux qui habitent le désert, au delà du grand Atlas, sont hâlés par le soleil, dont l'action s'augmente par la réverbération du sable. Les hommes ont la barbe, les yeux et les cheveux noirs, les dents blanches, les traits généralement beaux, la physionomie spirituelle, le cou musculeux, les épaules et la poitrine larges. Les femmes ont les yeux plus grands que ceux des hommes et de même couleur, les dents très-blanches et bien rangées, la taille souple et svelte. Le vêtement des hommes consiste en une tunique fort ample, en fil ou en laine, qu'ils serrent autour des reins avec une large ceinture, et ont, par-dessous, un caleçon de toile. Ils se rasent la tête et la couvrent d'un turban, laissent croître leur barbe, ont le cou, les bras et les jambes nus.

Les Arabes sont extrêmement sobres : quatre cents grammes de nourriture, c'est tout ce qu'ils consomment par jour dans le désert. Ils mangent un peu plus lorsqu'ils occupent des terrains fertiles. Ils font alors usage de lait frais ou caillé, de fromage dur et salé, ainsi que de beurre qu'ils font avec le lait de jument, de vache, de chèvre et de brebis. Ils boivent fort peu, supportent la soif des journées entières; l'eau et le café sans sucre leur servent de boisson. C'est à cette sobriété qu'ils doivent leur forte santé. Pour faire le pain, ils réduisent le blé en farine au moyen d'un moulin à bras ; ou bien le broient sur une pierre concave avec une autre en forme de molette ou pilon. La farine mise en pâte, est étendue sur une plaque en fer placée sur du feu au fond d'un trou creusé dans le sable ; le tout est recouvert de cendres. Cet usage s'est conservé, dans le désert, depuis le temps des Patriarches : « Faites cuire du pain sous la cendre », disait Abraham à Sara : *Accelera, tria sata similœ commisce, et fac subcinericios panes* (*Genes.*, XVIII, 6).

Braves, passionnés pour l'éloquence et la poésie,

les Arabes sont vains, subtils, surtout inconstants et amateurs de la nouveauté. Avec ces qualités et ces défauts, ils n'ont pas tardé de se soumettre au culte et aux lois que Mahomet leur imposait par la puissance du sabre. En Algérie, les Arabes sont plus attachés à l'islamisme que les Turcs. Cependant leur vie nomade ne leur permet pas d'observer toutes les prescriptions du Coran. Les ablutions ordonnées par Mahomet ne peuvent être faites exactement dans le désert où l'eau est rare et si précieuse. Et quoique le Coran ordonne d'adorer Dieu à cinq heures différentes du jour, ce n'est guère qu'au lever et au coucher du soleil que les Arabes font la prière. Dans les camps, chacun la fait où il veut. Il n'y a ni prêtre, ni iman, mais seulement un cadi ou juge, qui souvent ne sait pas même lire.

La religion primitive des Arabes paraît avoir été celle des premiers Israélites. Plus tard ils devinrent idolâtres. Les uns adoraient le soleil ; d'autres, la lune et les étoiles. Dans les temps qui précédèrent la venue de Mahomet, un grand nombre de tribus embrassèrent le christianisme ; d'autres, le judaïsme. Ces dernières prétendaient rentrer ainsi dans la foi de leurs pères, suivant une tradition qui les fait descendre d'Ismaël, de ce fils d'Abraham et d'Agar dont le Seigneur a dit : « Ce sera un homme fier et sau-
» vage, il lèvera la main contre tous et tous lèveront
» la main contre lui ; et il dressera ses pavillons vis-
» à-vis de tous ses frères... Je le bénirai et lui don-
» nerai une postérité très-grande et très-nom-
» breuse. » (*Genèse*, XVI, 12 ; — XVII, 20).

En 1830, des milliers d'Arabes sont venus grossir

l'armée du Dey d'Alger, dans l'espoir de faire un riche butin sur les Français. Ils ne combattent guère qu'à cheval; ils sont ordinairement armés, comme les Turcs, de sabres, de poignards, de pistolets et d'un long fusil. Leurs batailles ne sont que des mêlées. Parfois ils laissent leurs chevaux dans le camp et se dispersent, se cachent sous les buissons, font feu et changent de place. Ils font de même lorsque leurs chevaux sont tués sur le champ de bataille. Les Arabes n'attaquent jamais la nuit. Leur tactique consiste à surprendre l'ennemi par des marches rapides et des attaques inattendues, et à le harceler quand il est le plus fort. Alors ils ne rougissent point de fuir en chargeant leurs armes au galop, pour revenir au combat, lorsqu'on s'y attend le moins. Toute leur gloire est d'emporter la tête ou les armes de quelque ennemi. Malheur à ceux des nôtres qui s'écartaient un peu de la troupe! Nous avons vu des Français, enlevés à portée de fusil de leurs camarades, être dépouillés, décapités devant nos bataillons, avant qu'on eût le temps de les secourir.

II. — Le 6 juillet, les janissaires, troupe régulière du Dey, furent désarmés et bientôt embarqués sur des bâtiments français qui les transportèrent en Asie mineure, ainsi que plusieurs autres familles turques qui voulurent s'expatrier, ou qui, par leur influence, pouvaient être une cause de rébellion contre l'autorité française. On leur permit d'emporter leurs richesses. On accorda le même privilége au Dey, qui s'embarqua le 10 juillet, avec une suite de plus de cent personnes, hommes et femmes, sur la frégate française, la *Jeanne-d'Arc*, qui le conduisit à Mahon où il devait faire quarantaine avant de prendre la route d'Italie.

III. — Aussitôt installé dans le palais du Dey, le Général en chef, assisté de l'Intendant général, M. Déniée, et de plusieurs autres officiers généraux, en présence du Kasnedji, trésorier de la Régence, procéda à l'inventaire du trésor, et fit mettre un triple sceau sur la porte de la pièce qui le renfermait (comme je l'ai dit, le trésor fut estimé environ 40 à 50 millions); ensuite il institua des commissions pour les finances et pour l'organisation judiciaire et administrative.

Je n'avais pas oublié l'invitation que le général de Bourmont m'avait faite à Toulon, lorsque j'eus l'honneur de lui présenter le billet de Mme la comtesse de Bourmont. Je m'empressai d'y répondre.

Les généraux et autres chefs de corps furent invités à faire la liste des officiers, sous-officiers et soldats qui s'étaient le plus distingués pendant la guerre et à présenter leurs propositions d'avancement et de récompenses. Huit jours après M. l'abbé de Combette, notre Aumônier en chef, eut la bonté de m'informer qu'il venait de donner un avis favorable à ma promotion dans la Légion d'honneur.

IV. — Le vainqueur d'Alger ayant reçu les susdites propositions, les adressa immédiatement au Roi. Les ministres de Charles X trouvèrent ces propositions exagérées et répondirent que si l'armée d'Afrique avait fait son devoir, les militaires restés en

France n'avaient pas démérité. Le Gouvernement fit une faute qui indisposa toute l'armée d'Afrique, il marchanda le prix du sang versé pour l'honneur de la patrie. Tout en accordant au Général en chef la dignité de Maréchal de France qu'il n'avait pas sollicitée, le Gouvernement lui imposa la dure obligation de réduire le nombre des militaires proposés pour l'avancement et la décoration. Ce travail prit du temps, et n'arriva à Paris que lorsque le Gouvernement, faisant faute sur faute, était déjà renversé.

V. — Cependant l'armée s'ennuyait dans les bivouacs et subissait l'influence des nuits humides succédant à des jours brûlants. Les fièvres envahissaient les camps et faisaient autant de victimes qu'en avait fait la guerre. Pour maintenir l'activité de l'armée, et en même temps explorer les environs d'Alger, le Maréchal fit une expédition avec quelques mille hommes du côté de Blidah, de la province de Titteri. Cette expédition ne fut pas heureuse. Arrivés à Blidah, les habitants reçurent assez bien nos soldats. Mais, le lendemain, le Maréchal fut averti que les coteaux voisins étaient occupés par les Arabes et les Kabyles, au nombre de quarante à cinquante mille. En effet, ils ne tardèrent pas de tomber sur notre petit corps d'armée ; et ce ne fut pas sans perdre quelques officiers et plusieurs soldats que le Maréchal put opérer sa retraite.

CHAPITRE XVIII

Révolution de Paris; Drapeau tricolore à Alger. — Départ d'Afrique. — Le Lazaret. — Marseille. — Avignon. — La fontaine de Vaucluse. — Valence. — La chambre de Pie VI. — Le Général inspecteur et départ de Valence. — M. Signaire.

I. — Dans les premiers jours du mois d'août, nous apprenons que le Gouvernement de Charles X, présidé par le prince de Polignac, avait publié des ordonnances qui restreignaient la liberté de la presse. Peu de temps après, une dépêche annonçait que la Révolution avait éclaté à Paris. D'autres graves événements succédèrent aux premiers : le Roi, détrôné, était en fuite; le duc d'Orléans était sur le trône; le Vice-Amiral était nommé Amiral; le général Clauzel, nommé Gouverneur de l'Algérie, débarque à Alger et prend possession du commandement en chef de l'armée; le drapeau tricolore remplace le drapeau blanc aux fleurs de lis; un grand nombre d'officiers, fidèles à leur serment, se retirent : l'avancement et les récompenses sont donnés, soit en Algérie, soit en France, à ceux qui embrassent le parti de la Révolution; et la plupart des officiers et autres employés qui ont montré le plus de dévouement pendant cette rude campagne, sont oubliés ou licenciés. Le but des libéraux était atteint, et l'ambition des perpétuels ennemis de l'ancienne dynastie satisfaite.

II. — Dès que la déchéance de Charles X fut connue, mon Colonel me fit observer que, sous le Gouvernement de la Révolution, la Grande-Aumônerie ne serait pas conservée. En conséquence, il m'engagea à rentrer en France, afin de m'assurer une autre position, dans le cas très-probable où les aumôniers de l'armée seraient licenciés. En même temps, il s'offrit à demander pour moi à l'Amiral, son beau-frère, une place sur le vaisseau de guerre qui devait incessamment faire voile pour Marseille. J'acceptai ces offres obligeantes. Le lendemain, je communiquai mon projet aux officiers du régiment. Presque tous me chargèrent de lettres pour leurs parents et amis. Notre séparation vint encore ajouter à la tristesse que nous causaient les derniers événements. Je fus également faire ma visite à M. l'Aumônier en chef et à M. le Maréchal. Je trouvai M. de Bourmont douloureusement affecté, mais non surpris. Je lui exposai les motifs de mon départ. « Il » est en effet bien à craindre, m'a-t-il dit, que votre » carrière militaire ne soit brisée, nous garderons » votre souvenir ; ne nous oubliez pas dans vos » prières. » L'émotion étouffait ma voix, je m'inclinai sans pouvoir lui répondre.

Le jour suivant, un canot attendait mon Colonel au bord de la mer. J'accompagnai mon chef de corps jusqu'au vaisseau-amiral. Plus de quarante officiers, supérieurs et autres, tous démissionnaires, y étaient embarqués. Nous fîmes la traversée en trois jours, et nous débarquâmes au Lazaret de Marseille.

III. — Là, les agents du nouveau pouvoir nous visitèrent l'un après l'autre. On fouilla jusque sous nos vêtements. Quelques-uns eurent l'audace de nous accuser d'avoir pillé le trésor du Dey (les journaux de la Révolution avaient encore inventé et publié cette calomnie pour ternir la gloire de l'armée), et en même temps, ils nous dépouillaient de tous les petits souvenirs que nous apportions d'Afrique. Pour ma part, ils m'ont saisi une paire de pistolets que le brave commandant Borne m'avait prié d'accepter, en présence de deux officiers, peu d'heures avant sa mort. Ils m'ont violemment arraché une blague en maroquin rouge, richement brodée d'or, qu'un Turc m'avait offerte en reconnaissance de ce que, un jour, passant à cheval dans une rue d'Alger, j'avais pris la défense de son fils, âgé de dix ans, que des soldats traitaient avec brutalité. Enfin, ils m'ont enlevé le fourreau d'un yatagan, couvert d'une épaisse feuille d'or; j'avais trouvé cette arme sur mon chemin entre Staouéli et Sidi-Kalef; après de vives instances, ils m'en ont pourtant laissé la lance. Tous mes papiers, sermons, correspondances, souvenirs de voyages, relation de la guerre et autres, furent également saisis. Je n'ai pu sauver les détails rapportés dans ces *Mémoires* que parce qu'ils étaient écrits, sous forme de notes, sur des feuilles qui servaient à envelopper mes effets.

On me logea dans une cave humide, meublée d'un

grabat et d'un banc. J'y contractai une douleur névralgique, à laquelle j'avais échappé pendant les nuits si fraîches d'Afrique, en couchant sur la sable du désert.

IV. — Après trois semaines, on nous transporta à Marseille, où je passai quelques heures avec le bon M. Sibille, qui fut d'autant plus surpris de mon retour, qu'un marin lui avait annoncé ma mort. Il me tardait de rejoindre le dépôt de mon régiment qui était à Valence. Je partis le même jour et passai par Avignon, où je voulais visiter l'ancien Palais des Papes et la Fontaine de Vaucluse, célèbre par les souvenirs de Pétrarque. Comme la Révolution avait laissé beaucoup d'exaltation dans les esprits, pour ne pas m'exposer aux insultes des libéraux de bas étage, je pris le costume de simple touriste; avec blouse, chapeau de paille, sac au dos, et, tantôt à pied, tantôt en voiture, j'arrivai à Avignon.

V. — Cette ville existait bien avant la conquête des Gaules par les Romains. Ses principaux édifices sont : le vaste Palais des Papes, aujourd'hui mutilé et transformé en caserne; la Métropole, où l'on voit les mausolées de Jean XXII et de Benoît XII; la bibliothèque, les cabinets de médailles, d'antiquités et d'histoire naturelle ; la Chapelle papale qui est assez bien conservée, et le pont sur le Rhône de vingt-deux arches. Avant la Révolution du dernier siècle, la ville et tout le comtat d'Avignon appartenaient au Saint-Siége. Plusieurs Papes y établirent leur séjour, depuis 1305 jusqu'à 1377. Leur présence y attirait un concours immense de princes, de savants et d'étrangers de distinction. Les arts et les sciences y florissaient. Depuis que les Papes l'ont quittée, cette ville a perdu toute sa splendeur. Cependant ses établissements littéraires et industriels lui donnent du mouvement et de la vie. Ses environs sont d'une grande richesse. On y voit encore quelques restes de monuments romains et d'anciens châteaux du moyen âge. Le climat en est doux et tempéré.

VI. — Mais la merveille de ces contrées c'est la Fontaine de Vaucluse, que Pétrarque a célébrée dans ses immortelles poésies et qui a donné son nom au département dont Avignon est le chef-lieu. Cette fontaine intermittente est située près de la ville d'Apt, dans un vallon formé par un énorme rocher circulaire taillé à pic, creusé de plusieurs cavernes, la plupart inaccessibles. C'est d'une des deux cavernes creusées à quelques mètres au-dessus de la base du rocher que sortent les eaux pures de la fontaine. La source est à gauche, au fond d'un puits. Lorsque j'y arrivai, elle était tarie. Les pierres de son lit étaient couvertes de mousse. La caverne a quatre mètres environ de profondeur et trois mètres de hauteur au centre de la voûte.

Il était dix heures du matin. Placé sur un roc, au milieu du lit de la fontaine, je prenais des notes sur la topographie de ces lieux, quand plusieurs personnages en habits noirs montèrent vers la source, et s'y arrêtèrent quelques minutes; puis descendirent dans une prairie du vallon où l'on apercevait beaucoup de mouvement. Une heure après, un jeune homme en livrée vint me dire : « M. le Préfet et M. le Maire d'Avignon invitent M. l'Artiste à venir déjeuner avec eux. — Je ne suis point artiste, lui dis-je, mais un simple touriste ; présentez mes remercîments à ces hauts et nouveaux magistrats. » Et je pris mon modeste repas avec les provisions apportées dans mon sac.

Vers les deux heures de l'après-midi, les eaux commençaient à se montrer par intervalle. Je me hâtai de me transporter sur la rive. Au bout d'un quart d'heure les eaux s'échappent de la caverne, abondantes et tranquilles ; elles descendent en murmurant sur les rocs de leur lit et vont dans le vallon former la petite rivière qu'on appelle la *Sorgue*. On ne peut rien voir de plus imposant que l'encadrement de cette fontaine ; rien de plus riant et de plus fertile que le vallon arrosé par ses limpides eaux. Je rentrai à Avignon vers les six heures du soir. Le lendemain, j'étais à Valence.

VII. — Dès qu'eut éclaté la Révolution, qui tourna au profit du duc d'Orléans, toutes les correspondances entre la France et l'armée d'Afrique furent interceptées. La flotte seule savait ce qui se passait de part et d'autre. Pendant deux longues semaines, les familles et les amis de nos braves officiers étaient dans une inquiétude d'autant plus grande, que les journaux révolutionnaires, poursuivant leur système de mensonge, publiaient comme un affreux désastre l'insuccès de la reconnaissance poussée vers Blidah. A mon arrivée à Valence on m'accablait de questions. Mes réponses et les lettres que j'avais apportées rassurèrent ceux de la ville que les journaux avaient alarmés.

VIII. — Les compagnies du dépôt de mon régiment étaient casernées à la citadelle. Je fus douloureusement affecté de trouver une cantinière installée dans la pièce où est mort le saint Pontife Pie VI en 1799, après avoir été dépouillé de ses Etats et traîné, de prison en prison, de Rome jusqu'à Valence. Des soldats, nouveaux engagés volontaires, en état d'ivresse, y tenaient des propos obscènes, y vociféraient des chansons impies. M. le major Prato, commandant du dépôt, fut informé de cet état de choses; il en comprit l'inconvenance, fit évacuer cette pièce et la mit à ma disposition. Je la fis nettoyer et blanchir ; j'y plaçai un Christ avec un carton sur lequel je rappelai, en peu de mots, la captivité de Pie VI, en recommandant de respecter cette enceinte consacrée par les larmes, les souffrances et la mort d'un illustre et saint Pontife.

IX. — Pendant mon séjour à Valence, un Général inspecteur vint sonder l'opinion politique de nos officiers. Chacun dut lui faire sa profession de foi. Je fus appelé à mon tour. Ce Général me dit : — Que pense-t-on, en Afrique, des nouveaux événements? — Personne n'en parle. Tout le monde est dans la stupeur. — Et vous, Monsieur l'Abbé, qu'en pensez-vous ? — Je pense que rien n'arrive sans l'ordre ou la permission de Dieu, qui est le maître des rois et des peuples et qui les punit ou récompense, selon qu'ils transgressent ou respectent ses lois. — Regardez-vous le changement de dynastie comme une récompense ou comme un châtiment? — Il ne m'est pas donné de pénétrer les desseins de Dieu; l'avenir nous les fera connaître. — Ce jour même, à cinq heures du soir, il y eut grand dîner à l'Hôtel de la Préfecture. Toutes les nouvelles autorités y assistèrent. Le Général rapporta les questions qu'il m'avait adressées et mes réponses. Le Préfet dit : « Si ces réponses ne sont pas satisfaisantes, elles » sont du moins très-jésuitiques. » Je répondis à celui qui m'avait répété ces paroles : Quelle que fût sa pensée, en me prêtant l'esprit des Jésuites, M. le Préfet me faisait beaucoup d'honneur.

Le Commandant du dépôt était de mes amis. Je lui manifestai le désir d'aller dans ma famille, me reposer des fatigues de la guerre. Il eut l'obligeance de me donner une permission de huit jours, sans date; mais il fut convenu verbalement que mon absence serait d'un mois environ. Je pris la route d'Italie par Saint-Marcellin, Grenoble et Briançon.

X. — Bien qu'en costume laïque, je ne pus me dispenser, en passant à Saint-Marcellin, de voir M. Signaire, curé-archiprêtre de cette ville, qui m'avait fait plusieurs visites pendant mon séjour à Grenoble. Je fus donc frapper à sa porte. Dans ce temps de Révolution, il circulait dans les campagnes des repris de justice en rupture de ban. La domestique de M. Signaire avait ordre de se tenir en garde, et mon accoutrement ne lui inspirant guère de confiance, elle me répondit que son maître était absent. Je l'attendrai, lui dis-je, et, sans autres façons, j'entrai dans le vestibule. Alors, cette bonne fille, quelque peu effrayée, appela son maître à haute voix. M. l'Archiprêtre descendit rapidement de sa chambre et me dit d'un ton sévère : — Que venez-vous faire ici? — Je viens, lui répondis-je, en lui faisant un salut militaire, je viens présenter mes hommages au Prélat dont j'ai l'honneur d'être le compatriote. — D'où venez-vous? — De Valence. — Qui êtes-vous? — L'abbé Bertrand. — Alors seulement il me reconnut, car lui aussi me croyait mort. Tout ému, il m'embrassa et me témoigna vivement sa joie de me voir échappé aux dangers de la guerre. Il voulait me retenir quelques jours. Mais ma malle étant dirigée sur Grenoble, je ne pus accepter son aimable invitation, et je repartis le lendemain.

CHAPITRE XIX.

M⁛ l'Evêque de Grenoble. — Les gendarmes de Briançon. — Chaumont. — M. Pellerin, archiprêtre de Bussolin, et M⁛ Cirio, évêque de Suse. — Suppression de la Grande-Aumônerie de France.

I. — A Grenoble, je me hâtai de reprendre mes vêtements ecclésiastiques et d'aller offrir mes respects à Mgr de Bruillard. En traversant la place *Notre-Dame*, je fus reconnu par M. Falque, secrétaire général de l'Evêché ; il alla immédiatement prévenir Sa Grandeur, qui eut la bonté de venir à ma rencontre jusqu'au grand escalier de son palais. Monseigneur, empruntant les paroles du patriarche Jacob, s'écria en m'ouvrant ses bras : *Sufficit mihi... filius meus vivit* (1)! Je passai deux jours à l'Evêché. Nous causâmes de la guerre et des derniers événements politiques que les esprits sérieux avaient prévus dès la publication de la Charte, que l'esprit philosophique de Louis XVIII avait octroyée à la France. Au moment

---

(1) Je n'ai plus rien à désirer, puisque... mon fils est vivant. (*Genèse*, XLV, 28.)

où j'allais me retirer, Monseigneur me rappela, en termes affectueux, la promesse que je lui avais faite. Après quelques autres visites, je continuai ma route sur Briançon par le Bourg-d'Oisans, la Grave et la montagne du Lautaret.

II. — A Briançon, je m'arrêtai à l'auberge de l'*Ours* en attendant une monture qu'on devait m'amener de Chaumont. Deux gendarmes entrèrent un instant après, et me demandèrent mon passe-port. Je leur montrai ma permission de huit jours, ils la trouvèrent insuffisante, attendu qu'elle n'avait pas de date. Eh bien, leur dis-je, allons chez M. le Procureur du Roi. Comme ils hésitaient, j'ajoutai : Si vous ne voulez pas m'y accompagner, j'irai seul et lui rendrai compte de vos exigences. Ils se décidèrent à me suivre. Le magistrat lut ma permission, et dit aux gendarmes : — Que demandez-vous ? — Cette permission n'a point de date. — C'est un oubli, répondit le magistrat, elle est signée du Commandant du dépôt, elle porte le timbre du régiment ; avec cette pièce, qui constate son identité et son état, M. l'Aumônier peut voyager dans toute la France. Vous, anciens militaires, vous ne devez pas l'ignorer. Faites votre devoir, mais né vexez pas les honnêtes gens. Les gendarmes se retirèrent. Je remerciai le Procureur du Roi en pensant que les employés du nouveau Gouvernement n'étaient pas tous comme ceux du Lazaret de Marseille.

III. — Enfin, me voici à Chaumont, auprès de mes parents, sous le toit qui abrita mon enfance. Après tant de vicissitudes et de dangers, qu'il est bon de respirer l'air natal! De se reposer au milieu des siens! Il n'y avait guère plus de quatre ans que j'en étais séparé, et il me semblait avoir vécu un demi-siècle, tant on vieillit vite dans les agitations des villes et des camps. Si jamais le Ciel m'accorde la faveur de vivre parmi les paisibles habitants des campagnes, je me croirais heureux. Je le serais doublement s'il me ramenait pour toujours aux lieux qui m'ont vu naître. Ici tout me rappelle mon vieux père, sa religieuse et inflexible probité ; sa patience à supporter mes étourderies, malgré la vivacité de son caractère ; ses travaux et ses sueurs pour laisser à ses enfants un modeste héritage. Ici se retracent à mon esprit et font encore une vive impression sur mon cœur la tendresse ineffable, l'ingénieuse sollicitude d'une mère qui guidait mes pas dans le chemin de la vertu, par ses exemples et ses conseils proportionnés à mon âge. Je vois encore la place où, joignant ses ardentes prières à mes faibles oraisons, elle demandait à Dieu les grâces qui ont déterminé ma vocation.

Ici m'apparaissent, comme aux beaux jours de mon adolescence, les jeux innocents, les gais entretiens, les joies expansives, jusqu'à ces heures de tendre rêverie où l'esprit s'égare dans un avenir enchanteur, où une cause inconnue fait dilater le cœur et remplit les yeux de douces larmes. Jours heureux! mais aussi parfois mêlés d'amertumes ; car Dieu voulut de bonne heure m'apprendre à supporter les épreuves de la vie : c'est ainsi qu'un jeune homme plus âgé que moi, dont je ne partageais ni le goût ni les habitudes licencieuses, chercha à me nuire, parce que j'étais accueilli dans des sociétés honnêtes dont il était exclu.

Quel plaisir de retrouver sa chambre de travail et de méditation, de se représenter le moment où la raison, éclairée par la foi, dissipe le vague des pensées et fixe les sentiments du cœur ! Quel charme de revoir l'enceinte sacrée où je reçus le baptême, l'Onction sainte et le Dieu de l'Eucharistie ; où je fus revêtu de l'habit lévitique de la main du digne pasteur qui m'avait élevé ! Quel bonheur de monter à ce même autel où je célébrai pour la première fois l'adorable Sacrifice ! O précieux et touchants souvenirs, ne fuyez jamais de ma mémoire !

IV. — L'omission remarquée par les gendarmes de Briançon avait pour but de me dispenser d'une nouvelle demande dans le cas où quelques motifs m'eussent obligé de prolonger mon absence du régiment. J'en profitai pour passer trois semaines dans ma famille et huit jours auprès de M. Pellerin, archiprêtre de Bussolin. En parlant de mon séjour au Séminaire de Suse, j'ai déjà dit combien cet excellent confrère m'avait inspiré de sympathie. J'aime à rappeler ici quelques circonstances de sa jeunesse cléricale et sacerdotale.

Après avoir achevé son cours de philosophie, M. Pellerin fut appelé à faire l'éducation des enfants de M. le comte de Laval, à Turin, où il se fit estimer par la vivacité de son esprit et la distinction de ses manières. Les langues latine, italienne et française lui étaient familières ; il les parlait avec élégance et facilité. Rentré au Séminaire, en quelques heures il saisissait et retenait les matières soumises, chaque semaine, à nos études. Il s'appliquait à approfondir les diverses branches de la science ecclésiastique et savait se tenir en garde contre les opinions extrêmes. A l'école, dans les discussions théologiques, il exposait ses preuves et réfutait les objections avec une force de raisonnement et une lucidité que le professeur lui-même ne pouvait s'empêcher d'admirer. Sa haute intelligence et sa piété furent remarquées par notre savant Evêque, Mgr Lombard, qui le choisit pour expositeur des conférences épiscopales auxquelles assistaient MM. les chanoines de la cathédrale, presque tous docteurs en théologie, et les autres prêtres de la ville. M. Pellerin remplissait cette tâche difficile à la satisfaction de son éminent auditoire, lorsque l'archiprêtré de Bussolin vint à vaquer. Ce poste, qui était le plus important après celui de la Cathédrale, fut mis au concours. Des docteurs de Suse et de Turin s'y présentèrent. Mgr Lombard exigea que l'abbé Pellerin se mit au nombre des concurrents. Le travail du jeune théologien l'emporta sur celui des autres, et les examinateurs, à l'unanimité, le proclamèrent vainqueur. M. Pellerin gouverna sa paroisse durant plusieurs années, fut le confident de son Evêque, l'ami de ses confrères, le père de ses ouailles, en un mot un pasteur selon le cœur de Dieu.

Mon ami, dans ses lettres, m'avait souvent exprimé le désir de me voir rentrer dans le diocèse de Suse, il s'en présentait en ce moment une occasion favorable. Un bon vieillard, M. le curé de Saint-Geoire, paroisse limitrophe de Bussolin, avait le dessein de résigner son poste. M. Pellerin l'engagea à me le proposer. L'un et l'autre me pressèrent vivement d'accepter et me donnèrent l'assurance que je serais agréé par leur Evêque. Je ne pus y consentir, étant lié par la promesse faite à Monseigneur de Grenoble.

Avant mon départ de Bussolin, nous fîmes une visite à Mgr Cirio, évêque de Suse. Ce Prélat nous reçut avec bonté, nous invita à sa table et voulait nous garder quelques jours auprès de lui. Nous passâmes la journée à l'Evêché. Plus tard, lorsque j'étais déjà agrégé au clergé de Grenoble, Monseigneur de Suse demanda à mon Evêque de me permettre de rentrer dans mon ancien diocèse, ayant besoin de moi pour un poste important. Je crois qu'il s'agissait de Chaumont, que l'abbé Perron venait de quitter. Cette démarche avait été faite sans mon assentiment. Mgr de Bruillard, croyant que je l'avais provoquée, m'en fit des reproches et me dit de rejeter toute pensée de rentrer en Piémont, étant irrévocablement attaché à son diocèse.

V. — Le 28 novembre 1830, une lettre datée de Clermont, en Auvergne, où se trouvait alors le dépôt de mon régiment, m'annonça la suppression de la Grande-Aumônerie de France et le licenciement de tous les aumôniers militaires. Je me rendis en cette ville pour retirer mes effets et mes états de service, et faire mes adieux aux officiers et soldats. Les officiers me gardèrent toute une semaine ; quand il fallut nous séparer, ils m'accompagnèrent jusqu'au bureau de la diligence. Au dernier moment, malgré notre tristesse, nous ne pûmes nous empêcher de sourire

à la proposition d'un vieux capitaine qui, se tournant vers ses camarades, leur dit : « Messieurs, une idée :
» on va former un quatrième bataillon, demandons
» notre aumônier pour capitaine d'une compagnie;
» n'est-ce pas, Monsieur l'abbé; et ainsi nous ne nous
» séparerons pas. » Je le remerciai de ce témoignage d'amitié. Je les embrassai tous avec une émotion qu'ils partagèrent, et je fus cacher mes larmes dans la diligence qui partit à l'instant.

SECONDE PARTIE

1830-1877

CHAPITRE Ier.

Proposition de Monseigneur de Grenoble. — La Mure. — Le Pont-Haut. — Prêtres du canton de la Mure. — Démission.

I. — La Révolution venait de m'arracher à un ministère que la bienveillance des officiers et le respect des soldats m'avaient rendu agréable et facile ; j'y avais éprouvé de leur part bien des consolations, et, de la part de mes supérieurs hiérarchiques, d'honorables encouragements. En général les militaires, habitués à une discipline sévère, comprennent les devoirs rigoureux du prêtre. Et loin de mettre obstacle à son zèle réglé par la prudence et la charité, ils en favorisent les œuvres autant que le service le leur permet. Formés à l'école de la délicatesse et de l'honneur, ils ont pour leur chef spirituel, des égards que celui-ci ne rencontre pas toujours dans la vie civile. Du moins, tels étaient les officiers et soldats du corps auquel j'avais l'honneur d'appartenir. Aussi ne puis-je dire combien mon cœur a souffert de me séparer d'eux.

En revenant de Clermont-Ferrand, j'étais préoccupé des nouvelles fonctions auxquelles j'allais être appelé, ensuite de la promesse faite à Mgr de Bruillard. Sachant l'intérêt que Sa Grandeur daignait me porter, je pensais que ce serait abuser de sa bonté et manquer de prudence, n'ayant aucune connaissance de l'administration d'une paroisse, si j'en assumais la responsabilité, surtout dans un temps d'agitation et de trouble.

Arrivé à Grenoble, je me présentai à l'Evêché. Monseigneur me dit : « Ce que j'avais prévu est arrivé. » Voici le moment d'accomplir votre promesse, et, en » homme d'honneur, vous n'y manquerez pas. Je vous » ai réservé un poste à vicaire, c'est Villeurbanne, » paroisse de quatre mille âmes, aux portes de » Lyon. » Je fis observer à Sa Grandeur qu'étant élève de Sorbonne, à part quelques instructions à l'église de Saint-Sauveur-des-Ménages, je ne m'étais pas du tout occupé du ministère pastoral; que plus tard, en remplissant les fonctions d'Aumônier dans l'armée, il m'avait paru que la direction spirituelle d'un régiment, quoique ayant le même but, différait, dans les moyens propres à l'atteindre, du gouvernement d'une paroisse; qu'en acceptant le poste honorable que m'offrait Sa Grandeur, je craignais, faute d'expérience et de qualités requises, de ne pouvoir répondre à sa confiance. Je la priai donc de m'envoyer, comme vicaire, auprès d'un bon curé, qui me mettrait au courant des fonctions pastorales. M. Testou, vicaire général, arriva dans ce moment, et prit part à la conversation. Il fut question du vicariat de la Cathédrale, vacant par la nomination de M. Dupuy à la cure de Vizille, et du vicariat de la Mure, précédemment occupé par le vénérable M. Arbel qui venait de mourir. Je préférai ce dernier poste.

II. — La Mure est une petite ville, sur la route de Grenoble à Gap, non loin des lacs de Laffrey. Sa population, en y comprenant les hameaux qui en dépendent, s'élève à près de cinq mille âmes. Le climat en est froid. Mais le pays est riche en pâturages, en forêts et en nombreuses mines d'anthracite. Les parties les mieux exposées produisent abondamment des céréales et même des fruits. Ses montagnes renferment des carrières de beaux marbres. Les habitants sont laborieux, vifs et intelligents; leur finesse est proverbiale. L'industrie consiste dans la clouterie, dans le commerce des peaux, dans l'exploitation des bois et des mines. Avant la suppression de l'édit de Nantes, en 1685, l'hérésie calviniste s'était répandue dans ces contrées. Il reste encore à la Mure environ trois cents protestants; ils y ont un temple. Les autres habitants, à peu d'exceptions près, sont de fervents catholiques. Leur curé, M. Henri, était depuis plusieurs mois, atteint de douleurs qui le retenaient au lit. Toute l'administration de la paroisse était confiée à ses deux vicaires.

Je trouvai dans M. l'abbé Arnaud, un collègue sympathique, un prêtre aimable et pieux, un collaborateur plein de zèle, appartenant à une des familles les plus honorables de la Mure. Nous avions à diriger une population ardente et fermement attachée à la religion. J'ai pu apprécier son dévouement dans une circonstance remarquable.

Le Gouvernement avait récemment interdit toute manifestation extérieure et publique de religion dans les communes composées de citoyens appartenant à divers cultes autorisés par l'Etat. Néanmoins les catholiques de la Mure voulurent solenniser la Fête-Dieu, comme de coutume, en faisant la procession dans la ville. A leurs vives instances, et après nous être assurés que nous ne rencontrerions aucun obstacle soit de la part de la municipalité, soit du côté des protestants, nous annonçâmes cette cérémonie en chaire, le dimanche précédent ; et les dames travaillèrent, durant la semaine, à préparer de magnifiques reposoirs. Mais, la veille de la fête, des perturbateurs, membres de sociétés secrètes, arrivés de Grenoble, prétendirent, *au nom de la liberté des cultes*, empêcher cette manifestation. Les calvinistes de la Mure, eux-mêmes, s'élevèrent hautement contre les prétentions de ces étrangers ; ce qui n'empêcha pas ces impies d'en venir jusqu'aux menaces. Le matin de la fête, ils pérorèrent sur une des places de la ville, en présence d'un certain nombre d'hommes, avec l'espoir de les entraîner dans leur parti. M. le Maire et M. le Curé, informés de tout, hésitaient à donner leur avis. Cependant, on vint nous prévenir que les rues où devait passer le saint Sacrement étaient richement parées, que les reposoirs étaient achevés. Quand les fidèles furent réunis à l'église, je leur dis : Vous savez ce qui se passe ; si vous craignez quelque trouble, la procession se fera dans l'intérieur de l'église : sinon, une partie des hommes restera auprès du saint Sacrement, les autres accompagneront la bannière, et nous les suivrons. Ceux qu'on avait pérorés le matin, nous attendaient à l'angle d'une rue. A l'approche du saint Sacrement, ils se prosternèrent, ensuite se joignirent à nous en chantant le *Pange lingua*. Les impies, furieux, essayèrent de rompre les rangs; mais l'attitude et le regard sévère des fidèles les arrêta. La cérémonie se fit avec solennité à la satisfaction de tous les habitants.

Sous le rapport de la piété, la paroisse de la Mure était une des plus édifiantes. Les dimanches et fêtes, à tous les offices, les fidèles, saintement recueillis, remplissaient la vaste église. Les confréries d'hommes et les congrégations de femmes étaient très-nombreuses. Tous les jours de la semaine, sauf le lundi, dès cinq heures du matin jusqu'à la nuit, les confessionnaux étaient occupés, et, à toutes les messes, la Table sainte était fréquentée. Il y avait, en outre, une société de quatre-vingts filles, de vingt à cinquante ans, d'une éminente vertu, qui suivaient avec persévérance les voies de la perfection chrétienne. Chaque fois que j'étais invité à présider leurs assemblées, je leur donnais sommairement un sujet de méditation, et je chargeais tantôt l'une, tantôt l'autre, de le développer à haute voix. La plupart s'en acquittaient avec une modestie, une onction et une exactitude de doctrine admirables. Nulle autre part, je n'avais rencontré des âmes aussi avancées dans la spiritualité.

III. — La paroisse de la Mure est limitée, au levant, par une gorge profonde, au fond de laquelle roule un torrent impétueux. Cette gorge m'a laissé de tristes souvenirs. J'ai déjà raconté ce qui m'était arrivé sur ses bords, lors de mon voyage de Grenoble à Gap.

Un jour, nous allions, M. l'abbé Arnaud et moi, faire visite à une famille, au delà du pont qui relie les deux rives du torrent. Ce pont a été construit, sous le premier Empire, au-dessus d'un autre pont qui date du moyen âge. Celui-ci, aujourd'hui abandonné, est formé de deux arches, l'une superposée à l'autre à la distance de deux mètres, et reliées à droite et à gauche par des murs. C'est une chambre obscure suspendue sur l'abîme, entre deux rochers coupés à pic. Bien qu'on ne puisse sans danger approcher de cet ancien pont, il paraît qu'un hardi curieux a voulu sonder cet espace caché, car on apercevait au milieu de l'arche supérieure un trou de trente centimètres carrés. J'eus la malheureuse idée d'aller visiter de près ce monument. D'un côté, le précipice le rendait inabordable; de l'autre, se trouvait un mur d'un mètre, reposant sur le rocher, qui paraissait s'avancer dans le vide en guise de plate-forme, et rejoindre, sous le nouveau pont, un sentier par lequel on pouvait descendre à l'ancien pont. Je m'assieds sur ce mur, prêt à me laisser glisser sur la plate-forme. Au moment de prendre mon élan, j'eus la pensée de jeter une pierre devant moi : la plate-forme disparut en fumée. Ce n'était que de la poussière retenue par des plantes d'herbes qui avaient poussé entre le mur et le rocher. Nous n'eûmes pas le courage d'aller plus loin; à notre retour, toutes les personnes du presbytère pâlirent au récit de mon imprudence.

IV. — Sans être superstitieux, les dangers auxquels j'avais deux fois échappé, dans cette contrée, me parurent un avertissement du Ciel de ne pas m'y fixer. Cependant, il m'en coûtait de quitter la Mure, à cause de la sympathie que m'inspiraient les habitants et des excellents confrères du canton dont j'étais heureux d'avoir fait la connaissance. Parmi ceux-ci, outre M. le Curé et le bon M. Arnaud, je dois nommer en particulier M. Sibillat, curé de Saint-Honoré, homme aimable et modèle des pasteurs; M. Maître, prêtre aussi modeste qu'érudit; M. Guillot, chez qui nous passions nos soirées du dimanche, et plusieurs autres. Le lundi était un jour de vacance pour les vicaires de la Mure. Ce jour-là, nous étions invités, avec nos autres confrères des environs, au presbytère de Saint-Honoré. Ces réunions fraternelles avaient des charmes pour l'esprit et le cœur J'y trouvai l'avantage de me lier intimement avec M. Sibillat, dont j'aurai plus d'une fois occasion de parler dans ces *Mémoires*.

V. — Comme on l'a compris par ce que j'ai dit précédemment, j'étais sincèrement attaché aux habitants de la Mure. De leur côté, ils me témoignaient de la confiance et de l'affection. Mais les longues séances au confessionnal ramenèrent l'indisposition dont je fus atteint pendant mes études à Paris; et, par surcroît, l'âpreté du climat fit reparaître la névralgie que j'avais contractée au Lazaret de Marseille. Je dus cesser mes fonctions et solliciter de mon Evêque la permission de me retirer dans ma famille pour me remettre. Après plusieurs instances, je reçus enfin, de M. Testou, vicaire général, la lettre suivante :

« Monsieur,

» Contre des raisons, comme celles que vous
» venez de donner, il est impossible que Monsei-
» gneur veuille vous retenir. Vous êtes donc libre
» de vous retirer quand vous le jugerez à propos.
» Mais, outre les regrets que vous laisserez, soit à la
» Mure, tant de la part de M. le Curé et de M. Ar-
» naud, que de la part des paroissiens, soit à Gre-
» noble, parmi tous ceux qui vous connaissent ; c'est
» que Monseigneur n'a personne à donner à la Mure
» pour vous remplacer. Et cet inconvénient déjà
» très-grand, à raison de la maladie de M. le Curé,
» pourra durer longtemps, malgré l'intérêt que Sa
» Grandeur porte au pasteur et aux fidèles de la
» Mure.

» Recevez, Monsieur, avec l'expression de mon
» estime particulière, celle d'un vrai et sincère atta-
» chement avec lequel j'ai l'honneur d'être, etc. »

Cette affectueuse et touchante lettre m'aurait fait changer de détermination, si ma santé l'avait permis. Je m'occupai donc à faire mes préparatifs de départ. On s'en aperçut par les pleurs des personnes de la cure, et le bruit s'en répandit dans la ville. A l'instant plus de deux cents personnes, hommes et femmes, se présentèrent devant mon habitation. Des hommes montèrent dans ma chambre, s'emparèrent de mes effets et m'emmenèrent dans une maison bourgeoise, chez M. *Bayart*, où l'on prit les mesures nécessaires pour que j'y trouvasse mon logement, ma table et les soins qu'exigeait l'état de ma santé. Monseigneur, informé de tout, m'écrivit de laisser calmer les esprits, de me reposer et de ne pas partir sans aller le voir. Au bout de quelques jours, je fus remplacé par M. l'abbé Format, prêtre pieux et zélé. Peu à peu, ma santé se fortifiait. Je continuais à me rendre utile à l'église, ce qui rassurait les habitants.

CHAPITRE II.

Nouveau poste. — Pontcharra et Bayard. — Origine du bourg de Pontcharra. — Eglise de Grignon. — Origine du château de Bayard ; ses divers possesseurs jusqu'en 1793.

I. — Après les fêtes de Noël, je partis, un matin, à pied, jusqu'à Pierre-Châtel, où j'attendis la voiture et me rendis à Grenoble pour remercier mon Evêque et lui faire mes adieux. Sa Grandeur me dit : « Je » n'ai consenti à votre éloignement que pour donner » à votre santé le temps de se rétablir. Vous allez » mieux ; prenez encore quelques jours de repos ; » mais je vous garde. Pour le moment, je n'ai que » deux postes à vous offrir : *Saint-Sauveur*, près de » Saint-Marcellin, et *Grignon*, sur la commune de » Pontcharra. Allez les voir, vous choisirez. » En sortant de l'Evêché, je me disais : Pontcharra ! si c'était ce beau pays que j'ai souvent admiré du haut des remparts du fort Barraux, lorsque j'allais visiter les compagnies de mon régiment en garnison dans ce fort, mon choix serait bientôt fait. Ce sera le premier poste que je verrai.

J'écrivis au propriétaire de la maison où j'avais mon logement, à la Mure, de m'envoyer mes malles à Grenoble. On me les fit attendre toute une semaine. Puis, au lieu de deux, on m'en expédia quatre. Les deux supplémentaires étaient pleines de draps de lit, de nappes, de serviettes et autres linges de ménage. Ne voulant pas attirer l'attention en me montrant sous le costume ecclésiastique, je pris des vêtements laïques et je partis pour Pontcharra.

De Grenoble à Pontcharra, par la rive gauche de l'Isère, on compte quarante kilomètres et neuf paroisses échelonnées sur la route. A tous les villages, *Baptiste*, le conducteur de la voiture, faisait une station pour laisser reposer ses chevaux, déposer ses commissions et se réchauffer avec des verres d'eau-de-vie. En sorte que, partis à deux heures du soir, nous n'arrivâmes à Pontcharra qu'à onze heures. Le vent du sud régnait ; le temps était doux : au 3 janvier, il n'y avait pas un brin de neige dans la vallée, tandis qu'à la Mure, le sol en était couvert d'une couche épaisse. A Goncelin, chef-lieu du canton duquel dépend la commune de Pontcharra, me trouvant seul dans la voiture, je montai sur la banquette, à côté du conducteur pour lui demander quelques renseignements sur les lieux que nous venions de parcourir. Mais, préoccupé de ses chevaux, le cher Baptiste ne me répondait que par monosyllabes. Enfin, nous voilà à destination. Je passe la nuit à l'auberge Tillot, sur la paroisse de Villard-Benoît.

II. — Pontcharra est situé sur le torrent de Bréda, à droite et à gauche de la route départementale, rive gauche de l'Isère, à un kilomètre de la Savoie. Ce bourg est divisé en deux parties par un pont sur les parapets duquel on remarque, d'un côté, une petite statue équestre de Pierre du Terrail, représenté à l'époque où il quitta la maison paternelle à l'âge de quatorze ans, accompagné de son oncle maternel, Alleman Ier, évêque de Grenoble, pour aller au service du Duc de Savoie, en qualité de page; de l'autre côté, une croix en fer, qui indique les limites des deux paroisses de Grignon et de Villard-Benoît; la première au sud-ouest, la seconde au nord-est. Les églises paroissiales sont à cinq cents mètres du bourg. Je me dirigeai vers l'église de Grignon. Les portes en étaient fermées. Je ne pus voir, par une fenêtre basse, qu'une partie de l'intérieur. Elle me parut pauvre et en mauvais état.

Non loin de cette église, au sud-est, apparaissent les vieilles ruines du château Bayard. Depuis longtemps, j'avais formé le projet de visiter le berceau de l'illustre Chevalier, et je me réjouis de le voir si près de moi. En moins de dix minutes, je fus sur les lieux, en suivant la pente raide du coteau. Le site de Bayard est, à mon avis, un des plus beaux du Dauphiné. Je ne pouvais assez admirer les gracieux coteaux et les vallons qui l'entourent; les douze hameaux et les jolies maisons de campagne qui, avec la plus grande partie du bourg, forment la paroisse de Grignon, et s'élèvent par degrés sur une pente douce, jusqu'à mi-chemin de *Brame-Farine*, montagne couverte d'arbres à fruits, de châtaigniers, couronnée de sapins et de prairies; le cours rapide et tortueux de l'Isère, et les trois riches vallées qui s'étendent, l'une, au sud-ouest, vers Grenoble; l'autre, au nord, vers Chambéry, et la troisième, au nord-est, du côté d'Albertville.

A huit cents mètres du plateau de Bayard, sur un monticule plus élevé, à l'est, on voit les ruines d'une tour dont les murs avaient de deux mètres cinquante centimètres à trois mètres d'épaisseur. Cette tour faisait partie du château royal d'Avallon, où le fils de Louis XI fut envoyé en exil par son père, pendant quelques mois, pour une étourderie de jeunesse. Près de ces ruines existent encore les restes de la petite ville d'Avallon, où naquit saint Hugues, prieur de la Grande-Chartreuse, qui, à la demande de Henri II, fonda le premier monastère de cet ordre en Angleterre et fut élevé à l'Evêché de Lincoln. Au sud-est, sur le flanc de la montagne, sont l'église et le village de Saint-Maximin, où le même saint Hugues, alors chanoine régulier de Saint-Augustin, exerça les fonctions pastorales. En suivant la chaîne des montagnes de la rive gauche de l'Isère, on aperçoit, au Cheylas, un des nombreux châteaux de la famille de Barral; à deux kilomètres de ce château, sur une petite élévation, Goncelin, chef-lieu de canton, qui, le jour de la Fête-Dieu, en 1827, fut renversé par une trombe d'eau qui éclata au-dessus de ce bourg, dans un entonnoir formé par le versant de la montagne; plus loin, le château de l'illustre maison de Monteynard et le joli village de Tencin; à peu de distance de Tencin, sur la hauteur, l'antique église du Champ; sur la même ligne, plus près de Grenoble, le vaste château du Mas, qui devint, en 1877, la propriété de MM. Fredet frères, dont l'aîné, M. Alfred, célèbre ingénieur, fonda au-dessous du monument une grande et remarquable usine pour la fabrication du papier; enfin, dans le fond de la vallée, au delà de Grenoble, les montagnes de Sassenage.

En ramenant le regard sur la rive droite de l'Isère, une élévation de terrain cache les beaux coteaux de Montfleury et de la Tronche, la ville de Grenoble et les forts de Rabot. Ce n'est plus qu'à partir de Bernin, que la vallée se déploie sous nos yeux. De là, on distingue la tour carrée de la vieille église de la Terrasse, qui s'honore d'avoir eu saint Aupre pour curé; le château des marquis de Marcieux, au Touvet; le château du Fayet et, plus bas, les ruines du château de la Buissière; en face de Bayard, au couchant, le fort Barraux et le grand village du même nom. Plus au nord et au-dessus de Barraux, on voit les ruines d'un vieux manoir, perché comme un nid d'aigle, sur un rocher, au bord d'un précipice, et ce lieu s'appelle Belle-Combe.

Dans la direction de Chambéry, au milieu de la plaine s'élève le château des Marches. Plus loin, une tour surmontée d'une statue colossale en bronze doré, représentant la sainte Vierge, indique le sanctuaire et le couvent de Notre-Dame de Myans, autour desquels est venu s'arrêter l'énorme écroulement de la montagne de Grenier, qui ensevelit la petite ville de Saint-André. Presque en face du sanctuaire s'élèvent les tours de Chignin, restes d'un ancien castel où naquit saint Anthelme, évêque de Belley. En contournant la montagne de la Thuile, vers Montmélian, on aperçoit au loin, au pied de cette montagne, derrière laquelle s'étendent les Bauges, la petite ville de Saint-Pierre-d'Albigny, avec son charmant paysage, défendue autrefois par un château fort dont il existe encore des traces remarquables, sur un rocher presque inaccessible. En portant les yeux à l'est, à huit cents mètres de Pontcharra, sur la paroisse de Villard-Benoît, on distingue l'ancien couvent des chanoines réguliers de Saint-Augustin, la première maison de cet ordre qui se soit établie en France, et plus bas, dans la plaine, au hameau *des Ages*, le domaine et les restes d'un bâtiment qui appartenaient, dit-on, aux Chevaliers du Temple.

Assis sur un tertre, au milieu des décombres et des buissons épineux, je me mis à réfléchir si je planterais ma tente dans ces parages. D'une part, je ne connaissais point l'esprit des habitants, et l'état de leur église ne me donnait pas une haute idée de leurs sentiments religieux. D'autre part, la beauté de cette contrée, ses souvenirs historiques, la richesse du sol, la douceur du climat, me ravissaient. J'y trouvais encore l'avantage d'être moins éloigné de ma famille, qu'en aucune autre paroisse du diocèse. Ces dernières considérations l'emportèrent. A mon retour à Grenoble (5 janvier 1832), je fis part de ma détermination à Mgr l'Evêque. A l'instant, il me fit remettre ma feuille de nomination et daigna m'accorder un délai pour faire mes préparatifs d'installation.

Dans cet intervalle, je voulus avoir quelques notions historiques sur le bourg du Pontcharra, l'église de Grignon et le château de Bayard. M. Ducoin, conservateur de la bibliothèque publique de Grenoble, eut l'obligeance de m'indiquer les ouvrages que je pourrais consulter. Voici le résultat de mes rapides recherches, joint aux renseignements puisés dans des ouvrages qui ont été publiés postérieurement, et aux traditions recueillies sur les lieux, auprès des anciens du pays.

III. — Pontcharra, comme je l'ai dit, est à cheval sur le Bréda. Le torrent de Bréda prend sa source dans les montagnes de la *Ferrière*, aux pieds des glaciers, à vingt-deux kilomètres de la vallée du Graisivaudan. A trois kilomètres au-dessous d'Allevard, ses eaux sont grossies par un autre torrent qui descend de la montagne de Saint-Hugon, en Savoie. En arrivant dans la vallée de la Rochette, le Bréda contourne la montagne de Brame-Farine, au-dessous du village du Moutaret, se jette, au sud-ouest, dans une gorge étroite et profonde, au bout de laquelle il fait un angle au nord-ouest, traverse Pontcharra et va se perdre dans l'Isère.

Avant le XIIe siècle, le bourg de Pontcharra, aujourd'hui un des plus grands et des plus beaux de la vallée, n'existait pas. Il n'y avait, sur les bords du torrent, que quelques prés et deux granges, dépendant du château d'Avallon. Le reste de la plaine était couvert de grands arbres. A la fonte des neiges et après de grandes pluies, l'Isère débordée baignait tantôt une partie, tantôt une autre de cette forêt, où le Dauphin et son vassal, le seigneur de Bayard et de Grignon chassaient le sanglier. Dans l'espace de nombreuses années, le Bréda déposa sur ses rives et à son embouchure une quantité de graviers et repoussa l'Isère au couchant, vers Barraux. Les eaux de l'Isère laissèrent aussi sur leurs bords des terres d'alluvion très-fertiles. Dès lors on commença à cultiver la plaine. Peu à peu, les habitants des coteaux s'y établirent. Telle fut l'origine du bourg de Pontcharra. Dans le moyen âge, cette contrée fut plusieurs fois le théâtre de la guerre entre les Français, d'un côté, et les Savoyards, Italiens et Espagnols de l'autre. Quelques-uns de ces étrangers se fixèrent dans le pays et furent la souche de diverses familles dont les noms indiquent encore aujourd'hui l'origine.

IV. — L'église de Grignon est beaucoup plus ancienne. Elle a été fondée, sous le vocable de la Nativité de la sainte Vierge, par les Carmes, qui s'établirent au pied du mamelon de Bayard, au ixe siècle. On y voyait encore, en 1838, des naissances d'arcades, des pierres en saillie et un bénitier sur lequel étaient grossièrement sculptées des feuilles de vigne. Ce bénitier a été conservé. Dans les réparations faites en 1832, en creusant un placard pour les fonts baptismaux, on a trouvé, dans l'épaisseur d'un mur, des tronçons de colonnettes rouges, imitant le poli du marbre, et le chapiteau mutilé d'une colonne corinthienne en granit.

C'est dans cette église qu'était le tombeau de la noble famille du Terrail, comme le constate le testament du preux Chevalier. Toutefois, en examinant avec attention les murs et les dalles existants, on n'a trouvé ni inscription, ni date, pas même une lettre qui pût indiquer ce lieu de sépulture. En baissant le sol d'un caveau de l'ancienne maison de Bernin, tout près de l'église, au nord, on a découvert des tombes faites avec des pierres plates que, dans le pays, on appelle *palins* : ces tombes renfermaient des ossements d'hommes d'une grande taille. Aucune marque, aucun signe n'indiquait à qui appartenaient ces sépultures. Ces ossements furent transportés dans le cimetière de Grignon qui est autour de l'église.

Le monastère des Carmes ayant été abandonné, leurs biens passèrent aux Bénédictins de Barraux.

L'église dont je viens de parler, n'était pas, primitivement, l'église paroissiale. Celle-ci, sous le vocable de Saint-Hilaire, était située sur le versant nord-ouest du coteau de Bayard, entre le monastère et le hameau actuel des Gayets, sur une éminence que des éboulement successifs ont fait disparaître. Elle était en mauvais état. Les habitants peu aisés, au lieu de la réparer, trouvèrent plus commode d'assister aux offices dans l'ancienne église des Carmes; et un Père Bénédictin fut chargé de remplir les fonctions pastorales.

Au dire des vieillards du pays, l'église de Grignon était autrefois un lieu de pèlerinage. On y avait en grande vénération la Vierge-Mère, dont on possédait une statue noire qui était restée sur son autel jusqu'à la Révolution de 1793. En cette année, un homme de Pontcharra sur Grignon, ayant appris que des révolutionnaires voulaient brûler tous les objets du culte, en l'absence du pasteur qui avait été déporté, trouva le moyen de s'introduire dans l'église durant la nuit et d'enlever la statue de la sainte Vierge; mais craignant que son pieux larcin ne fût découvert, et qu'il ne lui en coûtât la vie, il enterra l'objet béni dans sa cave... Dès que la rage impie fut un peu calmée, il le transporta dans une grange appartenant à un des hommes les plus modérés de ce temps, mais sans oser l'en avertir. Quarante ans plus tard, étant dans une extrême vieillesse, il me pria de faire des recherches pour retrouver la statue. Je la découvris sous un énorme tas de poussière, dans un état de dégradation à ne pouvoir être replacée sur les autels. Je la fis réparer à mes frais, aussi bien que possible, et l'exposai aux yeux des fidèles. Mais ils ne la trouvèrent pas de leur goût. Je la gardai dans mon habitation comme un objet précieux.

J'ignore à quelle époque les Bénédictins cessèrent de desservir la paroisse de Grignon... Ce qui est certain, c'est que, longtemps avant la Révolution de 1789, les bâtiments qu'ils occupaient étaient tombés en ruine. Il n'en restait qu'une petite partie servant d'habitation au curé. Vers 1788, cette partie fut agrandie mais non achevée. Pendant la Révolution, qui éclata l'année suivante, le presbytère fut transformé en écoles communales et subit de nombreuses dégradations. C'est dans cet état que je l'ai trouvé en 1832.

V. — Le château Bayard a été construit au commencement du xv⁰ siècle. Pierre du Terrail, bisaïeul du Chevalier, le fit bâtir avec autorisation du Gouverneur de la province, par lettres patentes du 4 mars 1404, à la charge de le tenir à foi et hommage du Dauphin. Il était achevé en 1413, car Pierre du Terrail l'hommagea le 31 octobre de la même année. Il y avait plus de trois siècles que cette noble famille était fixée dans cette contrée. « Selon l'opinion com- » mune, disent MM. Guyard de Berville et de Terre- » Basse, elle était établie dès la division du royaume

» de Bourgogne, vers 1130, dans la partie du Dau-
» phiné qui confine la Savoie, à l'extrémité de la
» vallée du Graisivaudan, vers l'orient, à six lieues
» de Grenoble, où elle jouissait de temps immémorial,
» de la seigneurie de Grignon. » C'est de là que sont
sortis une foule de guerriers remarquables et de
prélats de grand mérite. Pendant deux siècles, les
chefs de cette maison sont morts glorieusement au
champ d'honneur. Cette longue suite de héros s'est
terminée par le plus illustre de tous : Pierre du Terrail, seigneur de Bayard, surnommé *le Chevalier sans
peur et sans reproche.*

Le Chevalier étant mort d'un coup de mousquet, à l'âge
de quarante-huit ans, le 30 avril 1524, à la bataille de
Rebec (Italie), ses biens passèrent à son frère Georges.
Celui-ci épousa Jeanne d'Arvillard, et ne laissa qu'une
fille, *Françoise* du Terrail, mariée à Charles Copier.
« Cette maison forte » dit M. le baron Raverat, dans
son intéressant et savant ouvrage intitulé : *Savoie*,
« cette maison forte et le domaine qui en dépendait
» restèrent dans la famille du Terrail jusqu'en 1560,
» où Françoise du Terrail, héritière de la branche
» aînée de cette famille et femme de Charles Copier,
» les vendit à Jean de Saint-Marcel, seigneur d'A-
» vançon. Ce dernier en laissa la jouissance à son
» fils Guillaume, archevêque d'Embrun. Puis, en
» 1581, Anne d'Avançon, en épousant Balthazar de
» Simiane, porta ses biens dans la famille de son
» mari. Ils y restèrent jusqu'en 1785. Pauline de Si-
» miane les fit alors passer, par mariage, dans la
» maison Durey de Noinville, qui les posséda jus-
» qu'au jour où la Révolution les fit vendre comme

» biens d'émigré. (1) » La famille de Noinville habite maintenant le château de Bienfaite, en Normandie. (2)

(1) Voyez, ci-après, Chap. xi de la seconde partie, les diverses vicissitudes que le château Bayard a subies depuis 1793 jusqu'à nos jours.

(2) M. le comte Paul de Noinville, fils de l'ancien propriétaire des château et domaine de Bayard, au retour d'un voyage en Allemagne, en 1877, passa par le Dauphiné et vint, avec M. le Vicomte, son fils, visiter les ruines de l'ancien manoir paternel. Je fus très-flatté de faire leur connaissance. En m'entretenant avec eux, je leur exprimai le regret de n'avoir encore pu découvrir d'autre portrait de l'illustre Chevalier que la statue de bronze élevée sur la place Saint-André, à Grenoble, ni le moindre croquis du château dont il ne reste que des débris. Quelques mois après, M. le Comte eut la bonté de me faire hommage de la photographie de Bayard, prise sur un portrait attribué à Léonard de Vinci, contemporain du Chevalier, et une autre du château tel qu'il était avant sa destruction. Ces deux précieux objets me sont doublement chers, et par ce qu'ils représentent et par la noble main qui a daigné me les offrir. La famille de Noinville est une de celles qui ont le mieux conservé les traditions de foi, de patriotisme, d'honneur et de loyauté, apanage de la vieille noblesse. M. le Vicomte, qui, jeune encore, vient après de brillants examens, d'être admis à l'école de Saint-Cyr, suit les traces de ses aïeux dans la carrière des armes; fidèle à leurs principes, héritier de leur valeur, comme eux, il fera revivre la mémoire des anciens chevaliers.

CHAPITRE III.

M. et Mme de Ravel. — M. le Curé de Villard-Benoît et M. le Maire de Grignon. — Première messe à Grignon; état de l'Eglise et réparations. — Etat de la sacristie. — Instructions et catéchismes. — Alarmes des impies. — Opposition du conseil de fabrique. — Quête *de la Passion.*

I. — Avant d'aller prendre possession de mon nouveau poste, il fallait me procurer des meubles ; jusqu'alors je n'avais pas eu à m'en préoccuper, ayant toujours été logé dans des appartements garnis. Il me fallait aussi une domestique. Persuadé que je la trouverais plus facilement à la Mure qu'ailleurs, je repartis pour cette ville et arrivai le soir chez M. le baron de Ravel, que j'avais l'honneur de connaître particulièrement. Mme de Ravel, sa bonne et pieuse mère, me parla d'une fille des environs et dès le lendemain la fit appeler.

Pendant la soirée, nous causions de ce qui s'était passé à la Mure à mon occasion. Je leur disais combien j'avais été touché des témoignages d'affection dont j'avais été l'objet, et combien je regrettais d'ignorer à qui je devais mon logement, ma table et mon entretien pendant deux mois, et de ne pas connaître les personnes qui avaient eu la générosité de m'envoyer deux grandes malles pleines de beau linge. M. le Baron dit à sa mère : Pourquoi le cacher ? Mme de Ravel répondit que deux personnes, qui ne voulaient pas être connues, avaient voulu partager avec elle le plaisir de m'offrir ces objets. Je la remerciai en la priant de faire également agréer ma reconnaissance à mes autres bienfaitrices. Le 28 janvier ma domestique vint me rejoindre à Grenoble et le 31 nous étions à Pontcharra.

II. — En attendant mes meubles, je fis ma visite à M. Grenier, curé de Villard-Benoît, pour le remercier des soins qu'il avait donnés à ma paroisse depuis la mort de mon prédécesseur. Dès le 8 janvier, Monseigneur l'avait prévenu de ma nomination. Il y avait à peine deux ans que M. Grenier gouvernait sa paroisse, et déjà il avait su conquérir la confiance de la bourgeoisie des deux communes de Villard-Benoît et de Grignon, et exerçait sur elles une certaine influence par la facilité de son langage, la vivacité et l'à-propos de ses reparties et ses agréables manières. C'était le meilleur prédicateur qu'on eût entendu dans ces contrées.

Le jour suivant, je vis le Maire de Grignon, M. le colonel Froment, officier de la Légion d'honneur. J'avais gardé un si bon souvenir des militaires, que je me réjouis de voir à la tête de cette commune un vétéran de l'armée. M. le Maire m'apprit que l'église était en réparations, et que le presbytère n'avait que trois pièces de libres, les autres étant encore occupées par les meubles de mon prédécesseur et par le public qui assistait à la vente de ces meubles.

III. — Le 2 février, fête de la Chandeleur, je donnai, pour la première fois, la messe à ma paroisse. Les habitants, empressés de connaître et d'entendre leur nouveau pasteur, y assistèrent en grand nombre, ainsi que plusieurs autres personnes des paroisses voisines.

Pendant la semaine, les ouvriers travaillaient aux réparations de l'église, qui était dans un état déplorable. Il en était temps, car un jour que nous étions, M. le Maire et moi, sur le seuil de la porte, un charpentier, occupé à la toiture, ayant laissé tomber quelques tuiles, le lambris s'écroula tout entier et nous couvrit de poussière. Cependant les travaux étaient suspendus à tout moment par les difficultés qui s'élevaient entre M. le Maire et les entrepreneurs, parce que plusieurs choses n'avaient pas été prévues ou mal stipulées dans les conventions. Durant deux mois, je dus passer la nuit, la veille des dimanches et fêtes, pour faire déblayer les échafauds et nettoyer l'enceinte, afin que les fidèles pussent, sans danger et commodément, assister aux offices divins.

IV. — Tandis que cette œuvre s'achevait lentement, il fallait songer à meubler la sacristie qui manquait de linges et dont les ornements, la plupart en mauvais camelot, avaient été interdits à la dernière visite épiscopale à cause de leur vétusté. La fabrique ne pouvait supporter cette dépense : ses revenus, qui ne s'élevaient pas à 250 fr., avaient été, avant mon arrivée, engagés en partie pour suppléer à l'insuffisance de la somme que la commune avait consacrée aux grosses réparations de l'église. Les dames de la paroisse, chez lesquelles mon ministère trouva un premier appui, nous fournirent des étoffes en damas de soie qu'elles convertirent en chapes, chasubles et étoles. Elles nous firent également don de quelques aubes et surplis. Une personne fit mettre des rideaux aux fenêtres, et donna 300 fr. pour les peintures du chœur. Il manquait encore beaucoup d'autres choses; mais loin de m'en plaindre, j'exprimai publiquement ma satisfaction de ce qui s'était fait; et je m'occupai exclusivement du spirituel, avec l'espoir d'amener un changement avantageux dans les édifices matériels.

V. — Outre le prône, j'essayai de faire, chaque dimanche, entre le catéchisme et les vêpres, une explication familière de la doctrine chrétienne, comme je l'avais vu pratiquer en Italie. Cet usage si propre à instruire et à intéresser les fidèles, n'existait, que je sache, nulle autre part, en France, si ce n'est à Paris, dans l'église de Saint-Sulpice. Durant la semaine il y avait, le matin, catéchisme pour les enfants des deux sexes, de sept à quatorze ans, et le soir, pour les garçons plus âgés, qui n'osaient ou ne pouvaient pas venir le matin, et pour ceux dont l'intelligence laissait à désirer. Ce pénible ministère n'était pas sans consolations. Les enfants que je réunissais le matin, en la mauvaise saison, dans une salle chauffée, mettaient tant d'empressement à se rendre à mon appel que, parfois, trompés par le clair de lune, ils se levaient à deux ou trois heures après minuit et venaient frapper à ma porte. Avec quel plaisir j'interrompais mon repos pour les recevoir, malgré le vacarme qu'ils faisaient en repassant leurs leçons à haute voix.

Quant à mes autres paroissiens, ils ne tardèrent pas à montrer aussi du goût pour la parole de Dieu. Les dimanches et fêtes, l'église n'avaient pas une place inoccupée. On était même souvent obligé de laisser les portes ouvertes afin que les fidèles qui ne pouvaient entrer pussent, du dehors, prendre part aux cérémonies. Ceux qui étaient membres des Congrégations ou Confréries assistaient à leurs réunions particulières avec une exactitude édifiante.

VI. — Cet état de choses, si près de la Révolution, où l'impiété se croyait triomphante, alarma quelques voltairiens. Ils reprochèrent au Maire de me laisser prendre trop d'influence et lui dirent que, s'il n'y mettait ordre, la population se jetterait dans mes bras, et que bientôt le Conseil municipal ne serait plus rien. Dans ces temps troublés, ce magistrat avait des ménagements à garder à l'égard de certains esprits exaltés. Cette situation l'empêcha de me manifester sa bienveillance naturelle.

Les effets de ces perfides conseils se montrèrent en plusieurs occasions ; d'abord, à la mort d'un vieux révolutionnaire qui, né de parents catholiques, avait, toute sa vie, affiché publiquement l'athéisme et qui, à sa dernière heure avait opiniâtrément, en présence de plusieurs personnes, refusé la visite d'un prêtre. Des impies, étrangers à la famille, voulaient que je lui rendisse les honneurs de la sépulture chrétienne. Je m'y refusai. De là, des plaintes au Maire. Celui-ci me fit dire que si je ne faisais cette cérémonie, il assemblerait la garde nationale et ferait transporter ce cadavre à l'église. Je lui répondis que l'église serait fermée, et de bien réfléchir avant de se livrer à un acte de violence qui outragerait la conscience publique et dont il aurait à rendre compte à l'autorité supérieure.

Cette inhumation devait se faire à six heures du matin, et, à huit heures, le cadavre était encore exposé seul, sur la place de Pontcharra. L'Adjoint vint lire je ne sais quel article du Code, en présence de deux ou trois personnes, qui aussitôt se retirèrent. Enfin, le garde-champêtre somma, au nom de la loi, deux hommes de transporter ce corps au cimetière. Ni parents, ni autres ne parurent à cet enterrement.

Le dimanche suivant, je lus en chaire les articles des lois civiles concernant le fait qui venait de se passer, articles qui me laissaient parfaitement libre d'agir selon ma conscience ; ensuite la loi de l'Eglise qui me défendait de prêter mon ministère à la sépulture d'un apostat. Je fis enfin remarquer qu'en réclamant pour cet homme les honneurs de la sépulture chrétienne, on avait, par là même, reconnu que l'apostasie est un crime et une tache pour sa mémoire, puisque, à sa mort, on voulait le faire passer pour tout autre qu'il n'avait été durant sa vie.

VII. — Les journaux révolutionnaires avaient répandu tant de mensonges et de préventions contre le clergé catholique, que l'esprit d'opposition s'était glissé jusque dans notre conseil de fabrique, chargé de l'administration temporelle du culte. Un jour, ce conseil se réunit au presbytère pour régler les comptes de l'année échue et dresser le budget de l'année suivante. Ces Messieurs ne connaissaient, ou feignaient de ne pas connaître les lois qui règlent l'exercice du culte, ni les usages et règlements qui fixent les droits et le casuel du pasteur. Un docteur de village leur avait dit que le Curé, retirant le bénéfice de ses fonctions, devait à ses dépens faire les fournitures nécessaires ; et que les revenus de l'église étaient uniquement destinés à la conservation des bâtiments. Cela leur parut juste, et ils refusèrent de voter les frais ordinaires du culte.

Je leur lus le décret de 1809, qui énumère les dépenses à la charge des fabriques. Un des membres dit que cette loi serait bientôt abrogée, que la Révolution ne s'était pas faite pour rien et qu'il présenterait aux Chambres législatives une nouvelle loi qui supprimerait l'ancienne. Je lui répondis, en souriant, qu'en attendant il fallait se soumettre à la loi existante. M. le Maire, présent au conseil, me prévint à son tour, que du temps de mon prédécesseur, il avait supprimé la quête dite DE LA PASSION, et que si l'on se permettait de vouloir la rétablir, il ferait arrêter et punir les personnes qui s'en seraient chargées. Je lui dis : Monsieur le Maire, je consulterai à cet égard l'autorité supérieure et le vœu des habitants. Vous avez votre mission, j'ai la mienne. L'une et l'autre doivent tendre au bien public, dans les limites de nos attributions déterminées par les lois. Si l'un de nous se permet d'empiéter sur l'autorité de l'autre, notre action en sera paralysée, et nous perdrons infailliblement la confiance dont nous avons besoin. Si cette quête est un abus, je respecterai votre décision, avec l'espoir que vous me prêterez votre concours quand il s'agira de supprimer d'autres abus plus dangereux qui se seraient introduits ou qui pourraient s'introduire dans ma paroisse. Si, au contraire, cette quête est autorisée, ou même simplement tolérée et conforme au désir des habitants, je ne verrai aucun motif légitime de la supprimer, et vous n'en auriez pas le droit. Mais le grade élevé que vous vous êtes acquis dans l'armée à laquelle j'ai également eu l'honneur d'appartenir, et la noble distinction qui orne votre poitrine, me persuadent que je trouverai en vous un juste et bienveillant appui.

Cette réponse au Maire n'empêcha pas l'autre membre de se vanter, dans les cafés et cabarets, de sa courageuse opposition. Mais le public ne sut pas apprécier cet acte de *haut patriotisme*.

VIII. — La quête de la passion existait de temps immémorial, dans tout le Dauphiné et dans une grande partie de la France. Elle avait pris naissance dans un accord verbal entre les fidèles et leurs pasteurs. Ceux-ci s'engagèrent à faire la lecture de la passion de Notre-Seigneur et d'autres prières pour la conservation des fruits de la terre, tous les dimanches avant la messe, depuis la croix de mai, jusqu'à la croix de septembre inclusivement. En retour les fidèles offraient à leurs pasteurs du blé, du vin ou autres denrées à leur choix et selon leur volonté.

Le matin du dimanche où cette quête s'annonçait

ordinairement en chaire, trois bons propriétaires de la paroisse me recommandèrent de ne pas l'oublier. Je leur fis part de la défense du Maire. — « Nous la » connaissons, me dirent-ils, mais nous savons aussi » qu'il n'a pas le droit de l'empêcher. Si vous le per- » mettez, nous la ferons nous-mêmes. Ne vous en in- » quiétez pas, c'est notre affaire. » La semaine suivante ces Messieurs furent bien accueillis partout. Quelques familles, chez lesquelles ils n'avaient pas eu le temps de se présenter, envoyèrent leurs offrandes. Il en fut ainsi, chaque année, pendant tout le temps de mon ministère.

CHAPITRE IV.

M. Brochier, ancien curé de Grignon. — M. Froment, maire. — Réunion des communes de Grignon et de Villard-Benoît. — Mme Pison. — Famille Champel. — M. et Mme Lacourbassière. — Famille Chabord. — M. Dorgeval. — Chantres et chanteuses.

1. — Aucune loi, aucun arrêté de la haute administration n'interdisait la quête dont j'ai parlé. Cette quête était autorisée par un usage librement établi, constant et respecté ; il n'aurait dû cesser que dans le cas où l'une des parties intéressées n'aurait pas tenu ses engagements. Hors ce cas, sa suppression était un acte arbitraire. M. Brochier, mon vénérable prédécesseur, n'osa pas réclamer contre cette illégalité. Il avait déjà eu à souffrir de l'exaltation des esprits : on l'avait accusé, ainsi que les autres prêtres, d'avoir fourni de l'argent pour faire déclarer la guerre à la Révolution, qui venait de renverser l'ancienne dynastie. Dans toutes les commotions politiques que la France a subies depuis un siècle, les ennemis du sacerdoce n'ont jamais manqué de renouveler cette calomnie pour déverser sur le clergé l'odieux des malheurs et de la ruine où ils avaient

entraîné la société. D'autres personnes, non moins injustes, représentaient M. Brochier comme un homme intéressé et lui reprochaient de manquer de zèle pour l'ornement de son église.

Je voulus répondre à ces accusations qui étaient de fraîche date, et faire respecter la mémoire de ce digne pasteur. M. Brochier avait traversé les orages de la Révolution de 1793. Il fut nommé à la cure de Grignon vers 1806 et mourut à la fin de 1831, dans sa soixante-quinzième année. Quoique d'un âge avancé, il avait instruit solidement son troupeau et l'avait conduit avec sagesse. En présence de ses anciennes ouailles, j'établis, pièces en main, le compte des produits de la cure, et prouvai qu'ils pouvaient à peine suffire aux charges du pasteur. Je fis ensuite remarquer que les revenus de l'église, n'atteignant pas la somme de 250 fr., somme insuffisante pour les dépenses ordinaires du culte, et la commune tenue, d'après la loi, de subvenir aux besoins de la fabrique, ne lui ayant jamais accordé aucun secours, il était impossible à M. Brochier d'embellir son église; mais que si, faute de ressources, il n'avait pas orné la maison de Dieu, il avait élevé dans les âmes un édifice spirituel qui faisait ma consolation et ma joie; que, par conséquent, la reconnaissance nous faisait un devoir de bénir sa mémoire et de prier pour lui; et que, pour leur rappeler constamment ce devoir, j'avais inscrit son nom ainsi que celui des autres anciens pasteurs connus, à la tête du nécrologe paroissial, pour y rester à perpétuité.

II. — Les tracasseries dont mon prédécesseur

avait été l'objet, et l'opposition que je rencontrai dans le conseil de fabrique, étaient moins l'effet de la haine contre la religion que le fruit des mensonges que les journaux impies débitaient contre le sacerdoce ; car, plus tard, la plupart de ceux qui s'étaient montrés hostiles à mon ministère revinrent à de meilleurs sentiments.

Quant au maire, M. le colonel Froment, c'était un administrateur ferme et dévoué aux intérêts de la commune. Aussi jouissait-il de la confiance de son conseil et de la considération publique. Avant lui, la commune de Grignon avait été administrée par des hommes probes, mais inhabiles; M. Froment trouva le moyen d'augmenter les revenus sans créer de nouveaux impôts ; de faire des améliorations de toute nature et de répandre l'aisance parmi les habitants. C'est à lui qu'on doit l'entreprise des digues de l'Isère, qui a livré à la culture un grand espace jusqu'alors abandonné aux ravages des eaux, espace que les habitants des hameaux de Grignon ont su rendre fertile. C'est lui qui, malgré une violente opposition, fit défricher plus de cinquante hectares de terre inculte, ce qui procura du travail et du pain à ceux-là même qui, d'abord, s'y étaient opposés. Il parvint ainsi à doubler les revenus de Grignon, de Villard-Benoît et de Saint-Maximin, qui possédaient ces terrains par indivis. En outre, la construction de plusieurs ponts ; la création de nouveaux chemins d'exploitation ; la suppression des égouts et l'enlèvement des immondices qui gênaient la circulation dans les rues du bourg et nuisaient à la salubrité publique; l'achat d'une mairie et maison d'école ; l'établissement de réverbères ; l'institution du corps des pompiers ; la statue équestre, élevée en l'honneur de l'illustre Bayard ; l'ordre et la régularité dans l'administration ; telles sont les œuvres de M. le colonel Froment. Si cet excellent administrateur a parfois, dans nos rapports, passé les bornes de la modération, c'est qu'on lui avait fait craindre que le succès de mon ministère n'affaiblît son autorité et, par là, ne fût un obstacle à ses projets d'utilité publique. Plus tard, il a reconnu son erreur et m'a prêté l'appui de son influence. Du reste, pendant nos discussions et en tout temps, j'ai toujours eu pour lui une véritable estime, et ce sentiment était partagé par tous les honnêtes gens du pays.

III. — En 1830, les municipalités de Grignon et de Villard-Benoît avaient sollicité la réunion des deux communes sous le nom de commune de Pontcharra. Elles avaient, en même temps, manifesté le désir que leurs intérêts fussent confondus. La première partie de leur demande fut accordée en 1832, mais non la seconde. Jamais, en pareille circonstance, aucun Gouvernement n'avait admis une clause qui pouvait froisser les intérêts d'une des deux parties et devenir une source de querelles. Aussi l'ordonnance royale qui décréta la réunion de ces deux communes maintint formellement la division des intérêts. Or, en transcrivant, comme on y était tenu, cette ordonnance sur les registres de la municipalité, on omit l'article qui stipulait cette division, et les intérêts restèrent confondus. Néanmoins les habitants de Grignon, dont les revenus étaient plus considérables, dans un but de concorde et de paix, ne réclamèrent pas contre cette illégalité. Au contraire, ceux de Villard-Benoît qui n'avaient droit qu'au tiers des revenus communaux se plaignirent d'être lésés. Un membre du Conseil général fut délégué par la Préfecture pour examiner le fondement de leurs plaintes. Il fut constaté qu'on avait employé au profit de Villard-Benoît, non-seulement la moitié des revenus, mais six mille francs de plus.

IV. — La paroisse de Grignon renfermait, alors, plusieurs familles recommandables. J'en nommerai quelques-unes, qui, par leur concours et leurs encouragements, m'ont soutenu dans les travaux du saint ministère.

Mme veuve Pison, née Sestier, était issue d'une famille honorable et chrétienne du Touvet. M. Pison, son époux, avait été intendant de M. le comte de Barral, à Allevard; ensuite juge de paix du canton de Goncelin. Ils habitaient Pontcharra depuis plusieurs années. Après l'établissement de ses deux filles et la mort de son mari, Mme Pison consacra le reste de sa vie aux œuvres de bienfaisance et de religion. Son aimable et édifiante piété, l'exemple de ses vertus et la sagesse de ses conseils avaient beaucoup contribué à conserver la foi et les bonnes mœurs au milieu des scandales de la Révolution ; ses filles marchèrent sur ses traces. La plus jeune était mariée à M. Léothaud, successivement adjoint, maire et percepteur. M. et Mme Léothaud, conservèrent fidèlement les traditions chrétiennes de la famille Pison et les transmirent à leurs enfants.

V. — La famille Champel avait d'abord habité le château du Fayet, non loin de Barraux; ensuite le château d'Allevard qu'elle avait acquis de M. le comte de Barral, avec ses carrières de mines de fer, ses immenses forêts. A la Révolution de 1830, elle se retira à Pontcharra. M. Champel, homme distingué, avait des relations avec les premières autorités du département, avec des personnages haut placés, à la cour du Roi Charles X et avec des littérateurs et des artistes de mérite. Mme Champel, femme de haute intelligence, était en même temps douée d'un excellent cœur. Leur maison n'était pas éloignée du presbytère. Je les voyais souvent pendant les longues soirées d'hiver. Il y avait toujours nombreuse et bonne compagnie. Trois dames, la maîtresse de la maison, Mme Priest et Mme Gautier de Chaffardon, faisaient les délices de cette réunion par la vivacité de leur esprit et le charme de leur conversation.

VI. — Dans la belle saison, je passais une partie de mes récréations dans la maison Lacourbassière, où se trouvaient habituellement des membres de la famille, des personnages de Grenoble et de Pontcharra. M. Isidore Lacourbassière était considéré comme le châtelain du pays. Jeune homme, il était recherché dans les sociétés de Grenoble par ses nobles manières et sa voix harmonieuse. Chef de famille, il aimait à s'entourer des personnes sympathiques et jouissait d'une réputation bien acquise de générosité et de loyauté. Mme Lacourbassière appartient à la noble famille de Beaufort. A la distinction que donne la naissance et une brillante éducation, elle joint la grâce et la bonté. Veuve dans un bel âge encore, soumise et résignée dans les épreuves de la vie auxquelles nulle condition, nulle vertu n'échappent, elle trouve dans son cœur religieux et compatissant des paroles et des bienfaits qui adoucissent les peines d'autrui. Ses deux fils, jeunes hommes de mérite, la chérissent comme la plus tendre des mères; et tous ceux qui ont l'avantage de la connaître admirent son esprit et son amabilité.

VII. — M. Chabord, ancien capitaine d'état-major, membre de la Légion d'honneur, avait épousé Mlle Samuel, d'une bonne famille de Pontcharra. L'un d'un caractère ferme et bienveillant, l'autre d'une douceur inaltérable, ils n'eurent pas de peine à faire germer et grandir dans le cœur de leurs enfants les sentiments chrétiens qui les animaient eux-mêmes. M. Augustin, leur fils aîné, devint un brillant colonel d'état-major, commandeur de la Légion d'honneur; fut membre de la commission scientifique qui explora la Grèce, occupa des postes importants à la cour de Louis-Philippe Ier et de Napoléon III. Joseph, leur second fils, avait un emploi honorable dans les finances. Leurs trois filles, dont deux étaient mariées, faisaient l'édification de ma paroisse par leur piété, leur zèle pour l'ornement de l'église, et par leur charité envers les pauvres.

VIII. — M. Dorgeval, ancien avocat, d'un âge avancé, était un de mes meilleurs amis. Les années n'avaient point affaibli la sûreté de son jugement, ni sa mémoire. Aussi était-il souvent consulté dans les affaires litigieuses ; et bien des procès ont été évités par suite de ses sages conseils. C'est un des vieillards qui m'ont renseigné sur quelques traditions du pays. D'un caractère égal et sympathique, il était recherché par les personnages les plus distingués de la contrée. Aimant à raconter et assaisonnant ses récits d'anecdotes intéressantes, on ne se lassait pas de l'entendre. Mais ce qui avait plus de prix à mes yeux, c'est qu'il était profondément attaché à la religion.

IX. — Je pourrais encore citer plusieurs autres familles, non moins dévouées au succès de mon ministère, ou animées d'un zèle édifiant pour les pompes et les cérémonies de la religion, et en particulier les hommes et les jeunes gens qui se distinguaient dans le chant de l'Eglise. La paroisse gardera également le souvenir des jeunes personnes qui, pendant les derniers vingt-cinq ans de ma carrière pastorale, ont dirigé le chœur des chanteuses, et dont les voix pures et mélodieuses ont si souvent ému l'auditoire chrétien.

CHAPITRE V.

Réflexions sur la fausse idée que le monde se forme de la position temporelle et des obligations du pasteur des âmes.

Les personnes dont je viens de parler m'aidèrent constamment dans la mission qui m'était confiée. Il en fut de même de la plupart des autres familles. Toutefois, parmi celles-ci, il y en eut quelques-unes qui, par irréflexion, s'étaient engagées à prendre part à un divertissement qui devait se passer dans la salle de l'école, le dimanche de la Quinquagésime, premier jour des prières expiatoires des Quarante-Heures. Un avis donné en chaire, sur l'inconvenance du jour et du lieu que l'on avait choisi, et sur le funeste exemple qu'auraient donné à la paroisse les personnes invitées à ce divertissement, suffit pour les en détourner. On m'attribua, non sans motifs, la cause de leur absence. De là, des propos contre la position temporelle et les devoirs des pasteurs, propos auxquels je crus devoir répondre le dimanche suivant. Je transcris ici cet entretien familier pour l'instruction de mes jeunes neveux :

— Mes chers Frères, je ne me sens pas, dans ce moment, assez de liberté d'esprit pour développer un des graves sujets que j'ai coutume de traiter dans la chaire chrétienne. Cependant vous voilà tous attentifs et toujours empressés de recueillir des paroles d'édification. Que vous dirai-je donc? Ce sera, si vous le voulez bien, un simple entretien dans lequel nous ferons quelques réflexions utiles. Vous savez que, durant cette semaine, on s'est beaucoup préoccupé de la position temporelle et des obligations des curés. Je n'ai pas l'habitude de relever les propos que le dépit ou la passion fait tenir aux mondains. Mais comme on a parlé de la richesse et de l'intolérance des prêtres, il est bon que vous sachiez ce qu'il en est.

I. — « Le prêtre, dit-on dans le monde, c'est
» l'homme le plus heureux : il est bien logé ; il a un
» bon traitement ; il n'a qu'à dire la messe, à faire
» son prône une fois par semaine. S'il fait un bap-
» tême, un mariage, un enterrement, il est bien
» payé. »

Le prêtre, dites-vous, est l'homme le plus heureux.
— Vous faites consister le bonheur là où il n'est pas. Vous apercevez quelques boutons de roses et vous ne voyez pas les épines. — *Il a un bon logement.* — A Grignon, oui ; mais non, partout ailleurs. Il y a tel logement de curé qu'on n'oserait pas offrir à un garde champêtre. — *Il a un bon traitement.* — En effet, le traitement d'un desservant est assimilé à

celui d'un simple douanier. Il n'y a point d'employé dans les bureaux des douanes, il n'y a point de commis dans les plus petites maisons de commerce, qui ne reçoive un traitement supérieur à celui d'un curé de campagne. Autrefois, les pasteurs des âmes avaient une existence assurée et convenable; il y avait des biens attachés à chaque presbytère. Ces biens se composaient des dons de familles riches et surtout du patrimoine que chaque curé laissait à sa paroisse, en mourant. L'Etat nous en a dépouillés, et, en dédommagement, il nous pèse, chaque jour, notre morceau de pain. Nous ne nous en plaignons pas. Mais il faut avouer que notre position, sous ce rapport, n'a pas de quoi exciter l'envie.

— *Le Curé n'a qu'à dire sa messe et à faire un sermon par semaine.* — Pour dire, chaque jour, la sainte messe, avec les dispositions qu'exige cette grande action, le prêtre a bien des réflexions et des sacrifices à faire. Quant au sermon, ce n'est pas chose facile dans les temps où nous sommes, où les oreilles sont si délicates et les esprits si susceptibles. Outre l'instruction qu'il faut acquérir pour enseigner une doctrine exacte, il faut souvent compasser ses idées, limer ses paroles, remettre dix fois le travail sur le métier; encore ne convient-il pas à tous. C'est une belle fonction que celle de la chaire; mais qu'elle a de dangers pour ceux qui, comme moi, n'en ont pas reçu le don! — *S'il fait un baptême, un mariage, un enterrement, il est bien payé.* — Pas toujours.

Telle est l'idée que certaines gens se forment de la position temporelle d'un curé. Ce n'est pas celle que l'Eglise nous en donne ; ce n'est pas celle que je m'en suis formée en acceptant cette charge. Il faut sans doute que le prêtre vive de l'autel, puisqu'il sert à l'autel. Il faut même qu'il puisse tenir un rang honorable parmi ses paroissiens ; et que, passant les jours et les nuits à l'étude, à la prière, aux soins des malades, à l'instruction des enfants et à tant d'autres fonctions du ministère, on ne le voie pas visiter son troupeau avec les haillons de l'indigence ; ce serait honteux pour ses ouailles ; et les gens simples, habitués à juger sur les apparences, en prendraient occasion de mépriser son auguste ministère. Du reste, dans un siècle où l'on honore toutes les professions libérales, il répugnerait au bon sens public de laisser la profession la plus utile à la société dans l'indigence. Point d'ostentation ni de luxe ; d'une part, la religion nous les interdit ; d'autre part, les révolutions nous ont mis à l'abri de cette tentation. Aussi on n'entend plus faire au clergé le reproche de son luxe et de ses richesses, que par quelques esprits superbes et jaloux, qui voudraient voir le prêtre mendiant à leur porte pour avoir occasion de le traiter avec plus d'orgueil et de dédain. Si le pasteur des âmes avait plus d'aisance, les pauvres s'en trouveraient mieux. Il en a peu ; il n'y a pas grand mal pour lui, il n'est pas obligé de donner ce qu'il n'a pas. Mais ce ne sont pas les pauvres qui trouvent le pasteur trop riche, ils savent que s'il en était ainsi, ils n'y perdraient rien. Dire que les Curés de campagne sont riches, c'est une amère dérision. Dire qu'ils sont dans une honnête aisance, c'est encore faux pour le plus grand nombre. Quant à moi, je ne me plains pas : les familles aisées de la paroisse m'ont donné plus d'une fois des preuves de leur générosité, et les pauvres ont peut-être trop ménagé la mienne. J'aurais moins, que cela me suffirait ; c'est là le dernier de mes soucis. Mais convenez que le monde se fait une fausse idée de la position temporelle des Curés de campagne. S'en fait-il une plus juste de nos devoirs ? C'est ici surtout que le monde se trompe.

II. — « Qu'a donc tant à faire un Curé, dit-il ; caté-
» chiser quelques enfants, confesser les dévotes,
» c'est ce qui prend une partie de son temps, mais
» c'est sa faute ; que ne renvoie-t-il aux soins de leur
» ménage ces femmes et ces filles, au lieu de les
» entretenir dans des pratiques superstitieuses. »

Les catéchismes ? Non, ce n'est pas pour nous une peine. Il faudrait avoir le cœur aride et dur de l'impie pour le considérer ainsi. Le catéchisme des enfants est une des plus consolantes fonctions de notre ministère. Chers enfants, vous êtes notre joie ; et les trop courts moments que je passe avec vous, sont les plus agréables de ma vie. C'est avec une tendresse toute paternelle que nous sollicitons vos parents et vos maîtres de vous laisser venir à nous. Jésus-Christ vous aimait tant! Et n'a-t-il pas versé une portion abondante de sa charité pour vous dans le cœur de votre pasteur ? Puissé-je vous avoir tous les jours avec moi ; votre présence me consolerait de l'absence de quelques brebis égarées, qui n'écoutent pas la voix de leur pasteur et qui sont peut-être devenues des loups ravissants. Mais si l'on regardait la fonction de catéchiste avec les yeux du monde, elle paraîtrait une des plus fatigantes, et je doute fort qu'un mondain voulût s'en charger pendant quelques mois.

La *confession?* Oh! je l'avoue, la confession est un dur labeur; et si Dieu ne nous faisait une obligation de ce pénible ministère, s'il n'y avait pas attaché des grâces et des consolations spirituelles, on ne pourrait l'exercer longtemps. Ramener le pécheur à son Dieu, à la vertu; réconcilier les ennemis, faire régner la charité dans les cœurs dominés par la vengeance et la haine; consoler les âmes affligées que le monde abreuve de chagrins; arrêter l'imprudente jeunesse sur les bords de l'abîme; fixer à leurs devoirs l'époux chancelant, l'épouse inconstante; faire renaître l'espérance là où il n'y a plus que le sombre, l'affreux désespoir; montrer aux âmes justes, la voie d'une piété aimable et les diriger vers la perfection chrétienne; arracher les vices, planter les vertus; telle est la fin de la confession. Et pour y parvenir, pour remplir avec succès cette fonction difficile, qui exige tout à la fois la tendresse et la fermeté du père, les lumières du médecin spirituel, la science et l'intégrité du juge, que de peines, d'études, de travaux, soit pour faire plier avec douceur les caractères les plus rebelles, soit pour connaître les misères du cœur humain et les guérir! Fonction redoutable à cause du compte qu'il en faudra rendre à Dieu, et à cause du secret inviolable qui nous est imposé et qui ne nous permet pas d'ouvrir la bouche même pour nous défendre contre la calomnie au sujet de ce qui s'est dit en confession. L'impie ne voit en cela que la satisfaction d'une curiosité mondaine. Ici encore, si, durant quelques mois, on l'obligeait de siéger dans ce tribunal, enfermé entre quatre planches, on verrait bientôt ce brave déserter son poste. Qu'il nous tienne au moins compte de nos sacrifices; qu'il nous laisse réparer, à force de zèle et de charité, les maux dont il est l'auteur; ramener ses victimes à la vertu et sauver celles qu'il poursuit.

Le monde parle de *pratiques superstitieuses*. Qui sont donc ceux qui se plaignent des vénérables et salutaires pratiques de la Religion, et qui lancent des sarcasmes contre la vie dévote? Sont-ce les fidèles qui s'y soumettent et les observent? Eux seuls pourraient avoir quelque prétexte pour se plaindre de la rigidité de nos saintes règles et de la pesanteur du joug. Mais, non, ils y trouvent leur consolation, leur paix, leur bonheur. C'est vous, qui ne connaissez pas ces pratiques de la piété, ou qui, depuis longtemps, les avez abandonnées; vous qui leur devez la chasteté de votre épouse, l'innocence de votre fille, la docilité de vos enfants, la paix de votre maison. Ingrats, vous blasphémez la Religion en profitant de ses bienfaits. Vous voulez tarir la source qui vous désaltère, abattre les ombrages qui vous rafraîchissent; vous voulez faire autour de vous un désert peuplé de monstres. Ah! que le Ciel vous préserve des suites de votre insensée témérité!

III. — Le monde tolérerait peut-être les pratiques de la piété, si, de notre côté, nous tolérions ses maximes et ses œuvres. Un des griefs dont il nous accuse, c'est d'être *intolérants*. Voyons si nous pourrons nous en justifier. Et, d'abord, entendons-nous sur l'objet de la tolérance. La tolérance peut s'exercer sur les doctrines, sur les actions, sur les personnes.

Veut-on dire que le prêtre dont la mission est de prêcher aux hommes les vérités que Dieu a révélées, doit tolérer les doctrines contraires à l'Evangile, à la foi et aux mœurs? Mais la vérité peut-elle souffrir le mensonge? la lumière peut-elle s'allier avec les ténèbres? Le prêtre croit et enseigne qu'il y a un Dieu vengeur du crime, rémunérateur de la vertu, et il ne combattrait pas les doctrines qui nient Dieu, qui ne laissent aucun frein au vice, qui traitent la vertu de chimère? Il croit et enseigne que l'âme est spirituelle et immortelle; et il ne combattrait pas les doctrines qui font de l'homme un être égal à la bête? Le prêtre croit et enseigne que Jésus-Christ est le sauveur des hommes; qu'il a établi sa doctrine par des miracles; qu'il a expié les iniquités du monde par l'effusion de son sang, et qu'il nous applique les mérites de ce grand sacrifice par les sacrements et la prière, et en particulier par le sacrement de la Pénitence; et le prêtre ne combattrait pas la doctrine impie qui blasphème Jésus-Christ, qui traite la confession d'invention humaine, qui anéantit l'espérance et ne laisse au pécheur que le désespoir? Nous, apôtres de la vérité, nous tolérerions l'erreur, tandis que le monde, qui parle tant de tolérance, est si intolérant pour la vérité? Que de fois l'impie n'a-t-il pas cherché à éteindre la foi dans les âmes! que de fois n'a-t-il pas attaqué et n'attaque-t-il pas tous les jours les mystères que nous vénérons. Quand le monde parle de tolérance, comprenez-le bien, il veut être libre d'enseigner ce qu'il croit et de blasphémer ce que nous croyons. Réfuter ses erreurs, en montrer les horribles conséquences, dévoiler sa folie et son crime, c'est, dit-il, attenter à ses droits, c'est être intolérant. Non, le prêtre ne peut tolérer l'impiété sans trahir sa conscience et son Dieu. Ce serait une lâcheté aux yeux des hommes, aux yeux même de l'impie; car quelle que soit la sympathie de l'impie pour le prêtre tolérant, il ne peut s'empêcher de se dire : *Cet homme ne croit pas ce qu'il enseigne puisqu'il tolère qu'on blasphème sa foi.* Celui qui est convaincu de la vérité doit combattre l'erreur et la poursuivre sans relâche, comme le médecin doit, sous peine de forfaiture, combattre les maladies contagieuses qui dévorent l'humanité.

En second lieu, la tolérance peut s'exercer à l'égard des actions. Il ne s'agit pas des actions honnêtes et vertueuses, nous en recommandons hautement la pratique ; il s'agit de certaines actions mauvaises de leur nature, pernicieuses dans leurs conséquences, mais que le monde regarde comme honnêtes, légitimes ou tout au moins comme indifférentes. Quand le monde veut distinguer ce qui est bien, ce qui est mal, ce qui est vertu ou vice, il se sert, permettez-moi cette comparaison, il se sert d'un crible à larges trous, et laisse passer pêle-mêle toutes sortes d'actions bonnes ou mauvaises, il n'en retient que quelques-unes plus remarquables par leur énormité, telles que le meurtre, le vol, le parjure et autres semblables; le reste, à son avis, n'est que pure faiblesse. En un mot, il ne faut pas, dit-il, faire aux autres ce qu'on ne voudrait pas qu'il nous fût fait. Si on lui demande l'explication de cette excellente maxime, on verra qu'il l'entend à sa manière et qu'il l'applique à bien peu de chose. Mais ne doit-on rien à Dieu? Mais le blasphème de son saint nom? mais la profanation des jours consacrés à son culte? mais le mépris de sa loi? mais l'homicide spirituel ou le scandale? mais l'attentat à la pudeur par séduction? mais la composition, la propagation et la lecture des livres immoraux? mais les assemblées de libertinage ou d'impiété? mais la conspiration contre l'autorité légitime et la révolte, et une infinité d'autres actes criminels? Faut-il aussi les tolérer?

Ici le monde se récrie et nous accuse de lui prêter des intentions et des maximes qu'il n'a pas. — Condamnez toutes ces choses, dit-il, mais parlez-en avec modération, avec tolérance. — C'est-à-dire cacher le mal de manière à ce qu'on n'en puisse voir l'énormité; c'est-à-dire que le vice soit, comme dans les romans, montré sous les dehors de la vertu, de sorte que personne ne puisse s'y reconnaître, n'y en concevoir de l'horreur; c'est-à-dire enseigner des principes vagues, dont l'application ne puisse être faite par ceux qui nous entendent; c'est-à-dire, monde astucieux et pervers, que tu nous permets de lever un coin du voile qui couvre ta malice, tes séductions et tes piéges, pas assez pour en découvrir la noirceur et les dangers, mais suffisamment pour exciter la curiosité des âmes imprudentes et téméraires, et rendre ainsi tes triomphes plus faciles. Oh! alors tu vanterais notre tolérance, nous aurions, en apparence, tes sympathies. Mais si nous levons le voile en entier, si nous indiquons le poison que tu caches au fond de ta coupe aux bords emmiellés, si nous dévoilons tes perfides desseins, tu t'irrites, tu menaces, tu nous accuses de tyrannie, d'intolérance.

Le monde se trompe grossièrement, quand il s'imagine d'ébranler, par de vaines terreurs, la conscience du prêtre convaincu de sa divine mission et pénétré de ses devoirs! Le monde, il est vrai, peut le priver des avantages temporels; mais les épreuves les plus dures, les persécutions les plus injustes ne font qu'élever et fortifier son âme, parce que s'il souffre, c'est pour la cause de Dieu, pour le salut de ses frères. Quand le monde entier l'abandonnerait, quand la terre qu'il a arrosée de ses sueurs et de ses larmes lui manquerait sous les pieds, il lui resterait une autre terre, *la terre des vivants*, où le monde ne peut le poursuivre, où Dieu lui tiendra compte de ce qu'il a fait, de ce qu'il a voulu faire pour sa gloire, pour le salut de ce monde ingrat.

Le prêtre peut-il ignorer qu'en faisant le bien, quelles que soient ses précautions et sa prudence, il éprouvera mille contradictions? Jésus-Christ a été en butte à la calomnie. Après lui, les Apôtres et les saints Pasteurs, héritiers de leur zèle, ont eu le même sort. Combien saint Paul n'a-t-il pas eu à souffrir des juifs, des païens et des faux frères? Quelles persécutions n'ont pas enduré saint Athanase, saint Chrysostôme, saint Charles, saint François de Sales, saint Vincent de Paul? Les méchants s'irritent quand on trouble leur fausse sécurité. Ce qu'il y a de plus pénible pour un prêtre, c'est de voir parfois des personnes qui font profession de piété s'opposer aux vues qu'il a pour le bien. Doit-il, pour cela, l'abandonner? Non sans doute, mais se confier en la divine Providence. *Si Dieu est pour nous, qui sera contre nous?* Concluons que le prêtre doit être le défenseur intrépide de la vertu et intolérant pour le vice, pour toute action contraire à la loi de Dieu. Etant la sentinelle avancée du camp d'Israël, il y aurait autant d'injustice à l'accuser d'intolérance quand il empêche les âmes de se jeter dans l'erreur ou le vice, qu'il y en aurait à accuser d'intolérance le soldat qui garde la consigne ou le magistrat qui fait respecter la loi. Je passe à la tolérance des personnes et je finis.

Cette question exigerait quelque développement; pour ne pas abuser de votre attention, je me borne à deux observations : 1° le prédicateur de la morale, n'est nullement responsable de l'application que les auditeurs peuvent faire de ses paroles, lorsque sans faire aucune allusion personnelle, il établit la règle des mœurs et en tire la conséquence ; 2° lorsqu'il s'élève contre un désordre, sans désigner personne, ce n'est pas lui qui affiche les personnes coupables de ce désordre, ce sont les personnes elles-mêmes qui s'affichent en s'y livrant. Par exemple : s'il y avait dix ivrognes dans une paroisse, pourrait-on dire que le prédicateur a affiché dix personnes en prêchant contre l'ivrognerie ? Si un libertin employait tous les moyens pour établir des écoles d'immoralité, pourrait-on dire qu'en prêchant contre l'immoralité, il a désigné ce libertin ? S'il en était ainsi, où en serait la liberté de la chaire ? Il ne serait plus permis que de proscrire les vices cachés, et les vices scandaleux et publics lèveraient hautement la tête et marcheraient en triomphe à l'abri d'une loi qui défendrait d'en parler pour ne pas en compromettre les fauteurs. Et, alors, que deviendraient les mœurs. Nous savons que nous devons d'abord pratiquer nous-mêmes ce que nous enseignons aux autres. Nous n'ignorons pas que la Religion nous défend sévèrement de faire en public aucune allusion directe, aucune personnalité; mais elle ne nous fait pas moins une obligation d'instruire les âmes de leurs devoirs.

Peut-être que le monde entend par *tolérance*, que nous ne parlions pas des défauts et des vices de certaines conditions élevées, qui, plus instruites que le commun des fidèles, ont d'autres moyens de connaître leurs devoirs. C'était la maxime d'un philosophe le plus impie et le plus immoral, qui prétendait que la Religion n'était bonne que pour les ignorants. Mais la loi de Dieu n'excepte personne. Ce qui est mal, l'est pour toutes les conditions et tous les âges. Ce qui est dangereux en soi, l'est pour tous. Si la tolérance était permise, ce serait plutôt en faveur des gens simples, qui ne connaissent pas tout le mal qu'ils font, l'imminence des dangers auxquels ils s'exposent, ni l'esprit de la loi qu'ils transgressent. Mais cette tolérance, en fait de doctrines impies ou de mauvaises actions, serait un plus grand crime si on la pratiquait en faveur de ceux qui font le mal avec parfaite connaissance, parce qu'ils n'en sont que plus coupables. Il est vrai que, dans les conditions élevées, une bonne éducation est quelquefois un préservatif des séductions du monde. Mais aussi, dans ces conditions, il y a ordinairement plus de sensibilité, plus de vivacité dans l'imagination; par conséquent, les attraits et les plaisirs du monde sont encore plus dangereux pour elles. Donc la vérité à toutes les conditions; intolérance pour les mauvaises doctrines, pour les vices et les désordres, en quels lieux qu'ils se trouvent, quels qu'en soient les partisans. Mais aussi, je le proclame hautement et dans le sens que je viens d'exposer, tolérance pour les personnes, charité bien entendue pour tous.

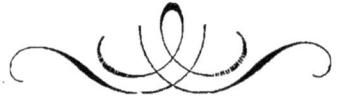

CHAPITRE VI.

Le vicaire de Grignon — Voyage à Chaumont. — M. Ronsil. — Nouveau conseil de fabrique. — M. Giraud, maire. — Reconstruction de l'église. — Cure de Goncelin.

I. — Le climat de Pontcharra est beaucoup moins froid que celui de la Mure, et cependant je n'avais pas complétement repris ma santé. Je priai mon Evêque de me donner un aide. En 1834, M. l'abbé Paget, excellent prêtre, me fut adressé comme vicaire. Son concours me fut très-utile et fort agréable. Nous étions à peu près du même âge et nos caractères sympathisaient parfaitement. Mais au bout de deux ans on lui confia la direction d'une maison religieuse. Cette séparation nous fut sensible à l'un et à l'autre. Plus tard il fut nommé curé d'une charmante petite paroisse, où il se fit de nombreux amis parmi ses confrères et y passa le reste de sa vie entouré de l'estime et de l'affection de ses paroissiens.

II. — Pendant que j'avais auprès de moi ce pieux collaborateur, j'appris qu'à la mort de mon père, mes frères et mes sœurs avaient négligé de procéder au partage des biens paternels. Ils ne s'y décidèrent que lorsqu'il y avait un plus grand nombre d'intéressés à l'héritage ; et il arriva que chacun émettant ses prétentions, on ne put s'arranger amiablement et qu'on en vint à un partage judiciaire, qui, selon les lois et la jurisprudence alors en vigueur dans ce pays, aurait absorbé la fortune des plaideurs.

Profondément affligé de ces divisions de famille, je confiai la direction de ma paroisse à mon vicaire, et je partis dans la rigueur de l'hiver. Arrivé à Chaumont, je réunis mes parents, leur représentai les suites fâcheuses de ce procès, et engageai mes frères et les représentants de mes sœurs à faire entre eux l'estimation des biens, à prélever le quart dû à mes frères et à diviser le reste en lots égaux qui seraient tirés au sort. Mes propositions furent acceptées. Au moment de rédiger l'acte de partage par-devant notaire, le représentant d'une de mes sœurs, mécontent du lot qui lui était échu, nous proposa de le céder au prix qu'il avait été estimé, sinon il se refusait à donner sa signature. Mes frères hésitaient à se prononcer. Cependant les autres parents et alliés réclamaient au dehors, à grands cris, leur participation au règlement de nos affaires, ce qui aurait rendu l'arrangement impossible, sauf par voie judiciaire. Je me déterminai à faire l'acquisition dudit lot; l'acte en fut passé en même temps que l'acte de partage. Mais comme je ne voulais pas me charger d'une dette, je remis ce lot en vente dès le lendemain. J'en retirai un bénéfice que j'employai de suite à payer les frais du procès. Lorsque les prétendants directs ou indirects furent instruits des stipulations du partage, ils m'en remercièrent. Ainsi la paix fut rétablie entre mes parents et leur fortune sauvée.

III. — L'année suivante, le 30 mai 1836, j'eus la consolation de revoir M. Ronsil, à l'occasion d'un voyage qu'il fit à Chaumont. Il voulut bien s'arrêter quelques jours chez moi. Son état m'affecta douloureusement : il était atteint d'une maladie organique dont la Faculté de Paris n'avait pu le délivrer. Cependant il eut le courage de présider la procession du saint Sacrement le dimanche après la Fête-Dieu, et d'assister matin et soir aux prières de l'Octave. L'empressement des fidèles à venir entendre les instructions et leur recueillement dans le lieu saint, lui faisaient éprouver une grande joie. « Hélas! me di- » sait-il, nous n'avons pas cette consolation à Paris. » Dans l'intervalle des cérémonies, nous faisions quelques promenades dans les hameaux. M. Ronsil admirait la beauté et la richesse de nos coteaux, ainsi que la politesse respectueuse des habitants. Plusieurs fois il manifesta le désir de venir finir ses jours à Grignon. Combien j'aurais été heureux d'avoir près de moi un si bon ami, un modèle de la vie sacerdotale!

Il y avait plus de deux ans que M. Ronsil se sentait malade. Il portait le germe de son mal depuis la Révolution de 1830. Il avait vu couler le sang dans les rues de Paris, les églises profanées, les prêtres persécutés, le palais archiépiscopal pillé et démoli, les vases sacrés et les ornements pontificaux jetés à la Seine. Dès ce moment, il fut accablé d'une tristesse profonde. Son cœur de prêtre en souffrit cruellement. Sa santé s'altéra, aucun remède ne put la rétablir. Le séjour de Chaumont sembla ramener ses forces, mais, de retour à Paris, il s'affaiblit de plus en plus. Enfin Dieu mit un terme à ses douleurs en l'appelant au Ciel. La Faculté de médecine ne lui connaissant pas d'autre parent que moi, m'écrivit pour être autorisée à faire l'autopsie de son corps. On lui trouva à chaque côté des reins un calcul, espèce de tuf gros comme un œuf de colombe.

IV. — Le trouble que la dernière Révolution avait laissé dans les esprits commençait à se calmer. Toutefois, les membres de mon conseil de fabrique avaient de la peine à se désister de leurs prétentions arbitraires. L'époque de leur assemblée annuelle approchait. J'examinai s'ils avaient précédemment observé les prescriptions de la loi, relativement au renouvellement triennal de deux ou trois fabriciens. Je remarquai qu'ils n'y avaient nullement pensé. Dès lors, ils étaient déchus de leurs attributions, et le conseil cessait d'exister. A la prochaine réunion, j'avertis ces Messieurs de cette situation illégale, qui entachait leurs opérations de nullité, et priai le Maire de la régulariser, conformément à la loi, en présentant deux membres à la nomination du Préfet. De mon côté, je présentai trois candidats à la nomination de Mgr l'Evêque. Le nouveau conseil fut composé de deux anciens juges de paix, d'un ancien avocat et de deux bons propriétaires. Dès ce moment, la loi fut parfaitement exécutée, et les besoins du culte satisfaits selon nos faibles ressources.

V. — En 1838, la mairie de Pontcharra avait passé

des mains de M. Froment en celles de M. Giraud, notaire. Homme d'une parfaite intégrité et savant légiste, M. Giraud gouverna la commune avec intelligence, sagesse et impartialité. Cela n'empêcha pas quelques membres de son conseil de se laisser prévenir contre lui. Avec le temps, ces préventions tombèrent devant sa prudence et sa fermeté. Il lui était aussi arrivé à lui-même de se laisser surprendre par un faux rapport. C'était au temps de l'*Avent*. J'avais, pendant les trois premiers dimanches, parlé en chaire des devoirs des états. Après avoir exposé, en premier lieu, mes propres obligations comme prêtre et comme pasteur, j'avais ensuite expliqué celles des habitants de la paroisse. On s'étonna que j'eusse passé sous silence les autres professions. En terminant mes instructions sur ce sujet, je dis que, n'étant pas chargé des personnes étrangères à ma paroisse, je n'avais pas à m'occuper des juges, ni des avocats, ni des avoués, ni des notaires. Au moment où je prononçais ce dernier mot, le clerc de M. Giraud entra dans l'église. A son retour à Villard-Benoît, la dame du notaire, pour s'assurer si le jeune clerc avait assisté à la messe, lui demanda sur quoi j'avais prêché. Le pauvre jeune homme, qui n'avait entendu que le dernier mot de mon instruction, ne savait que répondre. Pressé de questions, il finit par dire que j'avais recommandé aux notaires *de faire de bons actes*. M. Giraud crut que j'avais voulu faire une allusion inconvenante à un acte pour lequel on avait cherché à tromper sa bonne foi, et en fut fort irrité. Mais ensuite, mieux informé, il reconnut la fausseté de ce rapport, me rendit sa confiance, et, comme maire, me prêta son appui dans les œuvres extérieures de mon ministère. En sorte que je n'eus qu'à me louer de son administration et de nos bonnes relations.

VI. — Sous le nouveau conseil de fabrique, les habitants de Grignon, qui, depuis six ans, réclamaient l'agrandissement de leur église, purent faire entendre leurs vœux. Les fabriciens en reconnurent la légitimité et la constatèrent par une délibération dont le double fut envoyé au conseil municipal, afin d'obtenir son assentiment et plus tard son concours. Ne pouvant, pour le moment, compter sur une allocation de la commune, encore grevée d'une lourde dette pour les digues de l'Isère, on fut d'avis d'ouvrir une souscription.

Nous savions d'avance que, malgré leur bonne volonté, les habitants ne pouvaient faire de grands sacrifices : les saisons étaient mauvaises ; le blé n'avait pas été abondant ; un des tubercules les plus nécessaires aux gens de la campagne était atteint de maladie et ne pouvait se conserver ; on craignait qu'il en fût bientôt de même des autres récoltes, ce qui malheureusement arriva pour le raisin. Par surcroît, la fabrique ne présentait, en excédant de recettes, qu'une modique somme. Cependant un bon nombre de fidèles ne pouvaient trouver place dans l'église et souffraient au dehors de l'intempérie. Il fallait absolument faire cesser ces inconvénients, et nous n'avions pas d'autre moyen que la souscription.

A nos yeux, cette souscription avait deux buts : le premier, de nous procurer quelques ressources ;

le second, de nous assurer de la volonté formelle des habitants, afin que, si plus tard nous avions besoin d'une subvention du Gouvernement, du département ou de la commune, nous puissions prouver que tous les habitants reconnaissaient et attestaient la nécessité de notre entreprise. Cinq membres du conseil de fabrique se chargèrent de présenter cette souscription aux paroissiens. Tous ceux-ci donnèrent leur signature.

Ce résultat obtenu, nous consultâmes un homme de l'art. L'architecte examina les lieux et nous fit observer que l'agrandissement projeté ne serait pas suffisant. Nous le priâmes alors de faire le plan d'une nouvelle église, assez grande pour la population, mais qui pût être construite, en partie maintenant, de manière à ne pas nous empêcher d'occuper l'emplacement actuel, avec le dessein de l'achever dans un temps plus ou moins rapproché. Ce nouveau projet fut étudié sur les lieux. Je travaillai toute la journée avec l'architecte. Après diverses combinaisons, on convint de faire le plan d'une église à trois nefs, avec colonnes du style toscan, en conservant la tour ou clocher.

Les plans et devis étant acceptés par le conseil de fabrique, nous obtînmes de M. le Préfet l'autorisation de faire exécuter les travaux en régie, vu que nous avions des matériaux sur place, et que les habitants se chargeaient de nous en fournir d'autres et de faire gratuitement tous les transports. On mit de suite la main à l'œuvre pour la construction d'une nef latérale.

A peine les murs étaient-ils achevés, que l'emplacement fut occupé par les fidèles. Pour satisfaire la population, nous dûmes, l'année suivante, faire construire une seconde nef latérale. Je sollicitai un secours du Gouvernement; je m'adressai à plusieurs personnes riches du département, que j'avais l'honneur de connaître. Monseigneur nous fit don d'un bel autel en marbre pour une chapelle. Quelques paroissiens firent des offrandes en sus de leur souscription. Ces sommes réunies n'atteignaient pas le chiffre de nos dépenses. Néanmoins, le conseil de fabrique fit commencer cette seconde nef, avec l'espoir que la commune nous fournirait tout au moins des bois pour la toiture.

A mesure que les murs s'élevaient, les fidèles s'emparaient de la nouvelle enceinte. Nous avions prié la municipalité de nous permettre de faire couper des bois sur les terres communales de Grignon, en lui faisant observer que, sans cette concession, nous serions forcés de démolir le plafond de l'ancienne église, pour en employer les matériaux à couvrir la nef en construction, ne pouvant laisser les voûtes exposées à l'injure du temps; et que, dans ce cas, il faudrait remplacer ledit plafond par une voûte dont les frais seraient à la charge de la commune. Notre demande, par je ne sais quel motif, resta sans réponse. La toiture de la grande nef fut donc construite avec les bois du plafond.

Cependant la saison s'avançait et l'ancienne église, c'est-à-dire la grande nef de la nouvelle église était simplement couverte de son toit. En outre, il restait à construire les sacristies et le chœur. L'ancien chœur était une espèce de niche que remplissait un petit autel vermoulu, adossé à la route départementale. La place nous manquait pour donner au nouveau chœur le développement nécessaire et pour faire à ses côtés les deux sacristies projetées. Nous adressâmes une pétition à M. le Préfet, dans le but d'obtenir de l'administration des ponts et chaussées l'autorisation de prendre sur la route la largeur du fossé et trente centimètres en sus, ce qui nous fut accordé.

Tandis que ces travaux s'exécutaient, nous avons réclamé au conseil municipal les frais de la voûte de la grande nef, en lui rappelant notre lettre au sujet des pièces de bois. Les membres de ce conseil, étrangers à la paroisse, déclarèrent n'avoir aucune connaissance de cette lettre et tâchèrent de persuader à leurs collègues de Grignon que cette lettre n'existait pas. Ils disaient même dans le public que nous nous étions engagés à ne jamais rien demander à la commune. En conséquence, notre réclamation resta sans réponse comme la précédente. Trois mois après ce conseil se réunit; je m'y présentai et lui rappelai la date et la teneur de notre première lettre. On me répondit qu'on n'en trouvait pas trace. Les conseillers de la paroisse de Villard-Benoît assuraient de n'en avoir jamais entendu parler; ceux de Grignon gardaient le silence, cherchant à rappeler leurs souvenirs; M. le Maire lui-même était dans le doute. Je leur fis observer que probablement cette lettre, ayant été soumise au conseil dans un moment où il avait à traiter d'affaires plus importantes, la demande de notre fabrique avait été négligée, et ensuite oubliée. Je priai le secrétaire de faire de nouvelles recherches. On trouva la lettre. M. le Maire alors se souvint d'en avoir donné connaissance au conseil. Notre dernière demande fut prise en considération. Plus tard la commune nous accorda des pièces de bois pour la toiture du chœur et des sacristies.

Notre œuvre s'avançait rapidement, mais la caisse de la fabrique se vidait plus promptement encore. Nous adressâmes une nouvelle supplique au Gouvernement. Avec la protection de M. Pellenc, préfet du département, nous obtînmes un secours qui allégea notre dette. Nous restions encore débiteurs d'une somme importante. Le bienfaiteur qui avait déjà souscrit pour une somme de cinq cents francs et payé de ses deniers quelques travaux imprévus se chargea d'une partie de la dette. Pour le reste, la fabrique, dont les revenus étaient engagés pour plusieurs années, fut obligée de réclamer une nouvelle allocation de la commune. La paroisse de Villard-Benoît nous en fournit l'occasion. Deux ans avant notre construction, elle avait entrepris d'agrandir son église, et s'était engagée à faire ce travail à ses dépens ; mais la fortune des habitants ne répondait pas à leur bonne volonté. Leur fabrique se trouvait grevée d'un déficit de six mille francs, et l'entrepreneur voulait être payé. M. le Maire, informé de cette situation, engagea son conseil à se charger de la dette de la fabrique de Villard-Benoît. Les membres de Grignon y consentirent, espérant que leurs collègues de Villard-Benoît se montreraient bienveillants quand il s'agirait de venir en aide à la fabrique de Grignon. Nous profitâmes de cette circonstance pour demander quatre mille francs à la commune. Cette somme fut votée par le Maire et la majorité du conseil.

VII. — Pendant que je m'occupais de l'achèvement

de mon église, la cure de Goncelin, notre chef-lieu de canton, vint à vaquer. Mgr l'Evêque me l'offrit. Je ne crus pas devoir accepter un poste que chacun de mes confrères et amis du canton méritait mieux que moi, ni agréer un titre auquel sont attachées certaines obligations délicates qu'il m'eût été difficile de remplir. Tout en remerciant mon Evêque de l'honneur qu'il voulait me faire, je lui représentai que n'ayant que depuis peu d'années l'avantage d'appartenir à son diocèse, les membres si distingués de son clergé pourraient s'étonner de me voir élevé à un archiprêtré. Je priai donc Sa Grandeur de me laisser à Grignon tant qu'Elle me croirait capable d'y faire quelque bien. Monseigneur me répondit qu'il n'insistait pas; mais que j'aurais réussi à Goncelin aussi bien qu'à Grignon.

CHAPITRE VII.

Une mission et ses fruits.— Société de jeunes gens.

Nos gros travaux de l'église étaient achevés; nous avions enfin une enceinte suffisante pour la population. Mais ces travaux avaient parfois interrompu les exercices religieux et causé un peu de relâchement dans les pratiques de la Religion. Il faut du temps et de la persévérance pour habituer les populations à ces pratiques ; et bien peu de chose les en détourne. Afin de renouer les précieux liens de la piété chrétienne, je résolus de procurer à ma paroisse le bienfait d'une mission.

Cette œuvre me parut d'autant plus nécessaire, que les mauvais journaux ne cessaient de déverser l'injure sur les prêtres et sur tous ceux qui respectaient la Religion, en les traitant de *Jésuites*, qualification honorable, mais à laquelle l'impiété attachait un sens odieux. Je me proposai de mettre mes paroissiens en contact avec quelques-uns de ces hommes apostoliques que la presse antichrétienne poursuivait de sa rage, et avec lesquels elle confondait toutes les âmes honnêtes. Afin qu'on les vît de près et qu'on apprît à les connaître, je fis appel au zèle et à la charité de deux prédicateurs de la Compagnie de Jésus, le Père Jourdan et le Père Franchet, de la résidence de Grenoble, l'un et l'autre pleins de bienveillance, même pour les ennemis de leur Institut. Quelques voltairiens se mirent en campagne pour contrecarrer notre œuvre, mais inutilement.

La mission dura près d'un mois. Deux excellents prêtres de mes amis, M. Rossin, curé de Saint-Maximin, et M. Bourget, curé de Theys, nous prêtèrent le concours de leur zèle pour les confessions. Le Père Jourdan nous donna des sermons savants et bien raisonnés. Rien de plus pratique ni de plus touchant que les instructions du Père Franchet. Tous deux inspiraient une haute idée de la Religion et la faisaient aimer par leur science et leur bonté. Nous étions en hiver, et l'hiver de cette année était fort rigoureux. Néanmoins les personnes du sexe bravèrent le froid et s'empressèrent d'assister aux exercices dès le premier jour. Les hommes, plus exposés aux mauvaises doctrines des journaux répandus dans les cabarets et les cafés, montrèrent d'abord quelque hésitation, et finirent par suivre les exercices en grand nombre. Durant les dernières semaines, on fut obligé de réserver spécialement pour eux le sermon de l'après-midi. Les tribunaux de la pénitence étaient occupés depuis l'aurore jusqu'à neuf heures du soir. La mission se termina par deux solennités les plus édifiantes, la communion des femmes au nombre de cinq cent soixante-quinze et celle de quatre cent cinquante hommes qui s'approchèrent de la table sainte dans un ordre et avec un recueillement admirables. Cette dernière cérémonie fit couler des larmes de joie à plus d'une épouse et d'une mère. Aux Vêpres de ce beau jour, tous renouvelèrent leurs promesses de baptême et se consacrèrent à la sainte Vierge. Cette journée se termina par un très-beau discours sur la persévérance.

II. — Jamais, au dire des habitants, on n'avait vu des cérémonies aussi solennelles et aussi touchantes. La foule qui se pressait dans l'église aux heures des exercices; l'empressement à s'emparer des confessionnaux : l'enthousiasme dans les chants des cantiques; le recueillement absolu pendant les instructions; le joie et le bonheur peints sur tous les visages, formaient, chaque jour, un spectacle consolant et faisaient naître les plus saintes émotions. Plus tard, d'autres hommes apostoliques, tels que le Père Sambin, également de la Compagnie de Jésus; M. Taxis, chanoine de la cathédrale ; M. Callet, curé de la Terrasse ; M. Périer, curé de Saint-Hilaire ; M. Faure, autre Père Jésuite et plusieurs autres, ont prêché des jubilés et des retraites à Grignon; tous y ont trouvé les mêmes dispositions chez les habitants ; tous y ont reconnu les fruits de la mission. Ces fruits se sont conservés en grande partie pendant mon long ministère dans cette paroisse, soit chez les femmes, par les bons exemples des anciennes confréries dont les membres furent plus nombreux ; soit chez les hommes, par l'heureuse influence d'une société, instituée à l'époque de la mission, composée de jeunes hommes de vingt à vingt-cinq ans, qui, sous ma direction, étudiaient les principes fondamentaux et l'histoire de la Religion, afin d'être en état de répondre aux objections des incrédules.

III. — Cette société se réunissait dans une salle du presbytère le quatrième dimanche du mois. Dans nos entretiens, je leur exposais, en abrégé, l'histoire de l'Ancien Testament dans ce qui se rapporte à la chute originelle et à la promesse du Libérateur. Ensuite, je leur expliquais successivement les prophéties concernant le Messie et leur accomplissement; les miracles opérés par Jésus-Christ et les Apôtres; la prodigieuse propagation de l'Evangile au milieu de la corruption générale du monde; la divine constitution de l'Eglise sous un chef infaillible; ses caractères d'unité, de sainteté, d'apostolicité et d'universalité; ses combats et ses triomphes sur les tyrans, sur l'impiété des philosophes et des hérésiarques. Je leur faisais remarquer que les objections des modernes incrédules contre la Religion ne sont que des réminiscences des erreurs des anciens philosophes, plus savants que ceux de nos jours, et que ces erreurs avaient été mille fois victorieusement réfutées par les docteurs des premiers siècles; qu'enfin les hérésies qui ont infesté le monde sont le fait de quelques hommes orgueilleux et isolés, qui, en interprétant la sainte Ecriture à leur guise, en ont altéré et corrompu le vrai sens, et ne sont parvenus à se faire des partisans, qu'en lâchant la bride aux passions; tandis que la vraie Eglise, l'Eglise catholique, assistée de l'Esprit-Saint, selon la promesse qui lui en a été faite par son fondateur, a toujours conservé dans son intégrité et sa pureté la doctrine du divin Maître et l'a toujours enseignée par le ministère de ses pasteurs. Je prêtais à ceux qui les demandaient les ouvrages qui traitent de ces matières.

Nos séances duraient parfois deux heures. Pour soulager leur attention, une demi-heure était consacrée à l'éclaircissement des doutes qui pouvaient se présenter à leur esprit. Il leur était alors permis de me rapporter les objections et les propos qu'ils avaient entendus contre le dogme, la morale ou les pratiques religieuses. J'y répondais de suite, si le temps le permettait; sinon j'en prenais note pour la séance suivante. S'ils y avaient répondu eux-mêmes, ils devaient m'en faire part pour s'assurer de l'exactitude de leur réponse. Mais il leur était absolument défendu de faire connaître les personnes, ni même d'indiquer les dates et les lieux. Il leur était également recommandé de ne jamais provoquer des discussions religieuses; et si d'autres les provoquaient, d'éviter les personnalités, de donner de bonnes raisons, ou s'ils ne le pouvaient, de garder le silence et de demander l'explication des difficultés, à la prochaine réunion.

Un article du règlement leur prescrivait de se diviser, les dimanches et fêtes après les offices divins, de s'associer avec d'autres hommes ou jeunes gens, de s'amuser honnêtement avec eux, de s'en faire des amis, afin de les éloigner des mauvaises compagnies, les édifier et les porter au bien. Lorsqu'ils se trouvaient embarrassés au milieu de mauvais railleurs, ils devaient élever leur âme à Dieu, se tenir tranquilles, excuser l'ignorance et l'erreur, se garantir des jugements téméraires, penser que souvent les blasphèmes les plus odieux sont l'effet d'une conscience qui veut étouffer ses remords, et que là où le remords se fait sentir, il y a encore motif d'espoir; qu'enfin, s'il n'y avait pas lieu de faire changer la conversation ou de se séparer d'eux, tout au moins de montrer, par un air grave et sévère qu'on désapprouve leurs discours; mais de ne pas s'emporter et de ne pas oublier que la patience et la charité font souvent plus d'impression que les raisonnements.

Le règlement ne leur imposait aucun autre exercice de piété, si ce n'est ceux prescrits à tout chrétien. Et néanmoins parmi ces jeunes hommes il y en eut que Dieu favorisa de lumières spéciales. Ces généreux chrétiens firent un grand bien dans ma paroisse. Leurs exemples et leurs sages entretiens firent tomber, chez plusieurs, les chaînes du respect humain. Leur salutaire influence ramena à la Religion des hommes égarés ou indifférents. Ils devinrent eux-mêmes d'excellents pères de famille, entourés de la confiance et de l'estime publiques.

CHAPITRE VIII.

Maladie. — Séjour à Coublevie. — Rechute, guérison et retour à Grignon. — Chambéry. — Aix-les-Bains. — Haute-Combe. — Le presbytère de Grignon. — M. Giraud, maire et ses successeurs.

Les préoccupations et les soucis que m'avaient donnés les diverses œuvres dont je viens de parler, la direction spirituelle des âmes et les travaux des conférences ecclésiastiques, dont mes confrères m'avaient fait l'honneur de me nommer secrétaire-rédacteur, m'avaient presque fait perdre l'habitude du sommeil et altérèrent promptement ma santé. Je tombai gravement malade. Deux médecins me visitèrent tous les jours. Je recevais aussi très-souvent la visite de mes bons confrères des environs. Dès que M. Sibillat, alors curé de Coublevie, apprit mon état, il s'empressa de venir me voir et m'engagea à aller passer quelques jours chez lui, aussitôt que je pourrais supporter la voiture. Les médecins eux-mêmes, ayant inutilement épuisé les ressources de l'art, me conseillèrent de changer d'air.

Je remplis tous mes devoirs religieux, et me fis

porter à la diligence, qui passait devant mon presbytère. Mais j'étais si faible, que je priai le conducteur de ramener mon corps à Pontcharra, à son retour, si je venais à mourir en route. Le voyage me fit du bien. Arrivé à Grenoble, je me trouvai mieux. Soutenu par le bras d'un homme, je pus traverser la ville à pied pour aller prendre la voiture de Voiron. En cette dernière ville, je me sentis le courage de faire, en une demi-heure, l'ascension de Coublevie. Cette paroisse limitrophe de Voiron est située sur le versant d'une montagne peu élevée, d'une fertilité remarquable, parsemée de riches maisons de campagne et de hameaux, au milieu desquels se trouve une fort belle église, à croix latine, construite par les soins de M. Sibillat, et un joli presbytère d'où la vue s'étend sur un panorama magnifique. L'air y est très-pur. Les habitants sont laborieux, intelligents et, sous le rapport religieux, répondent au zèle de leur bien-aimé pasteur.

II. — Je passai près de deux mois à Coublevie. Il me serait impossible d'exprimer les soins affectueux dont je fus l'objet de la part de mon ami. Le père le plus aimant, la mère la plus tendre, n'auraient pu imaginer tout ce que l'excellent cœur de M. Sibillat savait trouver pour me soulager, me fortifier, me distraire et m'encourager. Oh! combien l'amitié inspirée par la Religion est attentive, généreuse et dévouée! A peine arrivé, M. Sibillat me fit visiter par deux habiles médecins, M. Rome, de Voreppe, et M. Margot, de Voiron. Ces Messieurs, instruits de la manière dont j'avais été traité à Grignon, ne me prescrivirent aucun remède. Nous étions en automne; ils se bornèrent à me conseiller un exercice modéré, la tranquillité d'esprit et l'usage du raisin. La table de mon ami était soigneusement préparée pour l'état de ma santé. Je mangeais de bon appétit, je sortais souvent. En huit ou dix jours, j'avais repris une partie de mes forces.

III. — Un dimanche, je voulus célébrer la sainte messe; il y avait un mois et demi que je n'avais eu cette consolation. — La matinée était fraîche. Le soir, j'eus un violent accès de fièvre qui dura trente-deux heures. Le lundi, à minuit, les médecins jugèrent que je n'avais plus qu'une heure de vie. Le docteur Rome, homme éminemment religieux, eut la charité de me préparer à la mort. Lorsqu'il m'eut quitté, M. Sibillat vint s'asseoir à côté de mon lit, et avec une émotion qu'il avait de la peine à cacher, m'adressa des paroles consolantes et me dit qu'il avait fait vœu d'aller, le samedi suivant, dire la messe pour moi à l'autel de la Vierge miraculeuse de l'Osier, et m'engagea à l'accompagner si la sainte Vierge m'en obtenait la force. Je le remerciai et fis en même temps le même vœu. Depuis ce moment la fièvre se calma. Le samedi, M. Marchand, curé-archiprêtre de Voreppe, eut la bonté de nous conduire, dans sa calèche, jusqu'à l'Osier où nous accomplîmes nos vœux. A notre retour, les médecins furent très-surpris du changement subit qui s'était opéré dans l'état de ma santé. M. le docteur Rome ne douta pas que ce ne fût un effet de la protection de la sainte Vierge. Cependant, mes paroissiens étaient dans l'inquiétude. Après avoir embrassé mon ami avec les sentiments de la plus vive reconnaissance, je m'empressai de revenir rassurer mes ouailles.

Rentré dans ma paroisse, j'appris que, pendant mon absence, on n'avait pas cessé de prier pour mon rétablissement. Le lendemain, dimanche, lorsque je parus à l'église, ce fut une explosion de joie. Après la messe, mes paroissiens vinrent en grand nombre au presbytère me féliciter. Je leur dis combien j'étais sensible à la part qu'ils avaient prise à mes peines, et les priai de se joindre à moi pour remercier Dieu et sa sainte Mère qui avaient exaucé mes vœux.

Mon médecin, M. le docteur Laurent, ne me trouva point assez fort pour reprendre les fonctions du saint ministère; et comme il eût été difficile de m'en abstenir en restant sur les lieux, il m'engagea à aller faire une station de huit jours aux bains d'Aix en Savoie. Le tumulte d'une ville où, à la fin de la saison thermale, il y a encore beaucoup d'étrangers, ne me convenait guère. Je partis un lundi matin. Je m'arrêtai un jour à Chambéry, un jour à Aix et continuai mon chemin jusqu'au village de Saint-Innocent. De là, je traversai en bateau le lac du Bourget pour me rendre à l'abbaye de Haute-Combe, où je passai le reste de la semaine.

IV. — Chambéry, capitale de la Savoie, existait au xe siècle. Cette ville est située dans une vallée délicieuse, entre la montagne *Nivolet* et le mont du *Chat*. Elle est le siége d'un Sénat et d'un archevêché. Dans ces derniers temps, l'archevêché fut successivement occupé par deux célèbres prélats, Mgr Martinet, écrivain distingué et savant canoniste, et Son Eminence le cardinal Billet, homme d'une science universelle, et président du congrès scientifique d'Europe. Les anciennes rues de Chambéry sont étroites, mais propres; les nouvelles rues sont larges et bien bâties. Celle qui va du Château au boulevard est, en grande partie, ornée de portiques et de riches magasins. On y remarque la place *Saint-Léger*, qui est la plus vaste et la plus fréquentée; la charmante promenade du boulevard; le *Verney* ou jardin public, garni de frais ombrages d'arbustes et de fleurs. Parmi les monuments, on distingue le château, ancienne demeure des ducs de Savoie, sur une hauteur qui domine la ville; la Métropole, dédiée à saint François d'Assise; l'église de Notre-Dame, le palais de justice, le théâtre, l'Hôtel-Dieu, la maison de Sainte-Hélène, grand hospice pour les vieillards; le musée, la bibliothèque composée de dix-sept mille à dix-huit mille volumes; la fontaine du boulevard, œuvre d'un artiste grenoblois, où quatre éléphants, de grosseur naturelle, supportent une colonne ayant la forme d'un palmier, surmontée de la statue du général de Boigne, qui enrichit la ville de magnifiques édifices et d'établissements de charité. Enfin, sur la place du Palais-de-Justice, la statue du président Fabre, savant jurisconsulte et le plus illustre des présidents du Sénat. La ville est entourée de jardins et de pépinières où l'on trouve toutes sortes de fleurs, d'arbres et d'arbustes indigènes et exotiques. La population est de quinze à seize mille âmes. Les coteaux et les collines qui l'avoisinent, couverts de vignobles, de vergers et de pâturages offrent des points de vue aussi multipliés qu'agréables par leur variété.

V. — Aix est à vingt kilomètres de Chambéry, à deux kilomètres du lac du Bourget. Sa situation, sur la pente douce d'une colline, couverte de vignes et d'arbres à fruits, d'où la vue s'étend sur les vastes prairies que baignent les eaux limpides du lac, et sur des coteaux et des montagnes boisées, en fait un séjour des plus agréables. Cette ville est très-ancienne. A son origine, elle n'avait de remarquable que ses sources abondantes d'eau sulfureuse et alumineuse. Les Romains y avaient formé un établissement thermal, qui, dans le IVe siècle, fut réparé par l'empereur Gratien, d'où la ville prit le nom latin d'*Aqua Gratiana*. On y voit encore un arc de triomphe qui date de cette époque.

Sous les ducs de Savoie, cet établissement a pris de l'extension ; la ville s'est agrandie, de beaux hôtels se sont élevés. On a ouvert de vastes allées, de charmantes promenades jusque sur les bords du lac, où de nombreuses barques attendent les amateurs qui veulent voguer sur les eaux ou désirent visiter le palais royal et l'abbaye de Haute-Combe. Depuis peu d'années, le Gouvernement sarde a fait reconstruire en entier l'édifice des bains sur un plan grandiose. Tout près des bains, la ville a fait établir un parc qui s'embellit de jour en jour. Les habitants, de leur côté, ont réparé et meublé avec luxe leurs maisons. Des chemins bien tenus conduisent aux villas et aux chalets des environs. Chaque année, attirés par la salubrité des eaux et du climat, une foule d'étrangers de distinction : des diplomates, des ministres d'Etat, parfois des princes et de grandes dames viennent y passer la saison thermale. Aix est aujourd'hui une des villes d'eaux les plus fréquentées. La population ordinaire est de deux mille cinq cents âmes.

VI. — L'abbaye royale de Haute-Combe repose au pied d'une montagne, au sud-est, sur un rocher qui s'avance, comme un petit promontoire, dans le lac du Bourget. Son antique église renfermait les tombeaux des ducs de Savoie. Lorsque les ducs, devenus princes de Piémont, rois de Sardaigne, de Chypre et de Jérusalem, fixèrent leur résidence à Turin; ils choisirent l'église de la *Superga* pour leur nécropole, sur une colline, à deux lieues de la capitale. L'antique monastère de Haute-Combe et ses monuments funèbres furent quelque peu délaissés et subirent des dégradations.

Charles-Félix, dernier roi de la branche aînée de Savoie, y fit construire une nouvelle et splendide basilique. Il recueillit les cendres de ses aïeux et les fit placer dans de superbes tombeaux. Les peintres et les sculpteurs les plus habiles d'Italie ornèrent l'édifice de tableaux et de statues qui font l'admiration des connaisseurs. La piété et la munificence des princes et des princesses, issus de la maison de Savoie, enrichirent cette église de vases sacrés en vermeil, incrustés de pierreries, et d'ornements d'une grande beauté. Une nouvelle et magnifique abbaye s'éleva à côté de la basilique et fut occupée par un chapitre royal, composé d'un abbé portant les insignes épiscopaux et de douze Pères de l'ordre de Saint-Bernard. L'entretien des édifices et du chapitre fut assuré par les produits d'un vaste domaine limitrophe et par une dotation royale. Charles-Félix s'y fit, en outre, construire un palais dont les appartements communiquent avec la basilique par une tribune au-dessus du sanctuaire, et une chapelle particulière. La mort l'a surpris avant l'achèvement de ces travaux. Ce religieux monarque avait prescrit, dans son testament, que son corps fût transporté à Haute-Combe et enseveli dans le vestibule de l'église. Après son décès, ce vestibule fut transformé en chapelle. On y voit aujourd'hui un tableau de la sainte Vierge, d'une beauté incomparable, et on y admire les merveilleux ornements qui entourent les mausolées du Roi et de la Reine, son épouse. Au-dessus de l'abbaye, vers le couchant, on remarque une source intermittente qui sort par bouillons de la fente du rocher. Non loin du palais, un phare élégant répand, durant la nuit, sa lumière sur le lac, et, durant le jour, forme un belvédère d'où l'on découvre tout le bassin du lac et les barques qui le sillonnent; plus loin, la vue s'étend, à droite, sur la ville d'Aix et ses gracieux coteaux, et, à gauche, sur le cours du Rhône et les montagnes du département de l'Ain.

Arrivé à Haute-Combe, je me présentai au Révérendissime Abbé. Ce bon Père, d'origine italienne, parlait assez bien le français. A ses traits, à sa voix, il ne me semblait pas inconnu. Je cherchais dans mes souvenirs où je l'avais rencontré. De son côté, il me regardait fixement. Enfin, après un instant de conversation, il me demanda si j'avais voyagé en Italie. Je lui répondis que oui et que j'étais de la province de Suse. « — Ah ! j'y suis, s'écria-t-il; c'est » vous qui étiez préfet de chapelle au séminaire et » qui m'accompagniez en chaire, lorsque je prêchais » le Carême dans la cathédrale de Suse. » Dès ce moment, il eut pour moi mille bontés. Je fis également connaissance avec quelques autres Pères, originaires de la Savoie, fort aimables et très-instruits. Tous les jours, après dîner, ces bons religieux me faisaient faire une course en bateau sur le lac, ou bien une promenade dans les bois. Ces exercices me firent beaucoup de bien. Le dimanche approchait. Le Père Abbé voulait me retenir encore ; mais le samedi, à sept heures du soir, je rentrai dans ma paroisse.

VII. — Plusieurs personnes pensaient que le mauvais état de mon habitation n'avait pas été étranger à ma maladie. En effet, les murs étaient envahis par le salpêtre jusqu'au premier étage. Les chambres étaient simplement crépies ; toutes les cheminées fumaient. Avant mon installation, on avait fait tapisser deux pièces; mais elles n'en étaient guère plus habitables, car l'air et la poussière y pénétraient par les planchers supérieurs. Le conseil de fabrique reconnut l'urgence des réparations. D'après l'estimation des hommes de l'art, les travaux les plus indispensables s'élevaient à la somme de 4,000 fr. Pour ne pas aggraver la situation de la fabrique, je proposai de se borner à réparer les deux pièces que j'occupais. On me répondit qu'en différant les autres réparations, on serait plus tard obligé de faire une dépense plus considérable. Le conseil était d'avis d'adresser une nouvelle demande de fonds à la commune et à l'Etat. Je fis observer que, en ayant reçu tout récemment des secours pour l'église, notre demande ne serait peut-être pas accueillie, et qu'il était plus sûr de recourir au Conseil général du département. Avec l'appui de M. le Préfet, le Conseil général nous alloua 500 fr.

VIII. — Peu de temps auparavant, M. le notaire Giraud s'était démis de ses fonctions de maire, et avait été remplacé par un autre paroissien de Villard-Benoît. Celui-ci, ayant reçu de la Préfecture le mandat de ladite somme de 500 francs, et n'ayant pas remarqué, paraît-il, que ce mandat était en faveur de la fabrique de Grignon, proposa au Conseil municipal d'en attribuer la moitié à la fabrique de Villard-Benoît. Le Conseil, croyant que ce secours était destiné aux deux églises de la commune y consentit. M. le Préfet, informé de ce détournement, promit de réparer l'erreur du Maire. L'année suivante, le département nous alloua 1,200 francs que le receveur municipal eut ordre de verser entre mes mains. On fit les réparations du presbytère les plus urgentes. Les dépenses s'élevèrent à la somme de 3,500 francs. Le déficit de 2,050 francs fut comblé peu à peu, par le principal bienfaiteur de la fabrique, qui voulut bien encore consacrer 1,000 francs aux boiseries du chœur de l'église et 300 francs aux sculptures et autres travaux de la chaire.

Le nouveau Maire ne remplit ses fonctions que durant peu d'années, M. Giraud, notaire, fut de nouveau investi de la magistrature, et, comme précédemment, à la satisfaction de ses administrés. Après lui, la Mairie, passa en d'autres mains; mais ne tarda pas à être confiée à M. Albin Giraud, qui venait de succéder à son père dans le notariat, et qui dota le bourg de Pontcharra de nombreuses fontaines. Un mouvement conservateur s'étant manifesté dans la politique intérieure du Gouvernement, M. Piaget, homme prudent, actif et intelligent, fut élevé à la présidence du Conseil municipal. Pendant son administration, Villard-Benoît, son ancienne paroisse, fut dotée d'une très-belle cloche, et l'emplacement du nouveau cimetière de Grignon fut acquis. — Jusqu'alors, la nomination des maires des communes rurales appartenait au Préfet du département; mais de récentes élections des députés ayant donné la majorité au parti radical, une nouvelle loi attribua la nomination des maires desdites communes aux conseillers municipaux. M. Albin Giraud fut élu par l'influence de ses amis politiques. C'est lui qui fit clore le nouveau cimetière de Grignon et fit construire un vaste et magnifique édifice destiné aux écoles communales. Peu de temps après, il fut élu membre et président du Conseil d'arrondissement.

CHAPITRE IX.

Une trame. — Ma nomination à Saint-Jean-de-Moirans. — Réclamation des habitants de Grignon ; M. le capitaine Royer-Deloche et M. le docteur Laurens. — Manifestation de mes paroissiens. — Révolution de 1848. — Droit d'électeur. — M{{gr}} de Bruillard et M{{gr}} Ginoulhiac.

1. — La divine Providence, qui soutenait ma faiblesse dans les fonctions de la charge pastorale, daigna encore me protéger dans les épreuves qui en sont inséparables. Parmi ces épreuves, il en est une qui me fut d'autant plus sensible, que mon ministère et la religion pouvaient en souffrir.

Une pauvre tête, à imagination ardente, que la prudence m'obligeait de tenir à l'écart, fort irritée de ma réserve, se permit de suspecter les relations que le devoir et les convenances m'imposaient avec des familles honorables et chrétiennes. Ne trouvant pas d'écho dans la paroisse, où tout le monde la blâmait hautement, elle s'adressa à un homme du dehors, qui se chargea de me faire déplacer. Celui-ci, pendant deux ans, fit les recherches les plus actives en secret et en public, y employa toutes les ressources de son esprit processif, et enfin aboutit à une humiliante défaite. Je ne dirai pas les moyens qu'il mit en œuvre, je les lui ai pardonnés à raison de l'astucieuse influence sous laquelle il avait agi. Mais ce que je puis dire, c'est que ces démarches imprudentes me valurent, de la part de mon Evêque, de mes confrères et de mes paroissiens, un surcroît de confiance et d'estime.

Cette petite persécution dura depuis 1846, jusqu'au 17 novembre 1848. A son principe, je la considérais parfois comme un événement qui tournerait à mon bien spirituel, puisque Dieu l'avait permis. D'autrefois, connaissant depuis longtemps le caractère de mes agresseurs, je craignais, comme je l'ai dit, que la religion n'eût à souffrir de leurs excès. Cette dernière pensée me détermina à m'éloigner d'eux. J'en fis part à un de mes amis des environs de Voiron, et, quelque temps après, le 7 février 1847, je reçus de mon Evêque la lettre suivante, datée de la veille :

« Le vénérable curé de Saint-Jean-de-Moirans est
» mort et inhumé. Vos honorables amis, M. le Curé
» de Coublevie et M. Boullu, vous désirent auprès
» d'eux. Si, comme tout me porte à le croire, vous
» entrez dans leurs vues, je vous nomme à ce poste,
» où vous jouirez d'une paix que l'injustice des hom-
» mes a essayé de vous ravir. Je vous prie, cher
» Pasteur, de me répondre courrier par courrier.
  » † Philibert,
  » *Evêque de Grenoble.* »

Saint-Jean-de-Moirans est situé dans le ravissant berceau de Voiron, à trois quarts d'heure de Grenoble par la voie ferrée. J'y trouvais l'avantage de me rapprocher de plusieurs excellents confrères de ma connaissance et d'être, comme à Grignon, au milieu d'une religieuse population. Malgré le regret de me séparer de mes bons paroissiens et des confrères et amis des cantons de Goncelin et du Touvet, j'acceptai ce poste. Nous étions alors en plein jubilé. M'étant précédemment engagé à donner les exercices spirituels à quelques paroisses de la vallée, je priai mon Evêque de me faire remplacer pour ce ministère. Sa Grandeur me répondit que la paroisse de Saint-Jean, ayant un bénéficier qui remplissait les fonctions de vicaire, pouvait attendre ; de tenir mes engagements envers mes confrères, et de me ménager, afin de pouvoir rendre ensuite le même service à mes nouveaux paroissiens.

Cinq semaines s'écoulèrent. Les habitants de Saint-Jean ne cessaient de réclamer un pasteur. Pour les rassurer, Monseigneur fit part de ma nomination à leur maire. Ce magistrat s'empressa d'en informer sa femme qui, dans ce moment, se trouvait chez son père à Barraux, à trois kilomètres de Grignon.

III. — Je faisais emballer mes meubles pour les faire partir secrètement durant la nuit, lorsqu'une personne de Barraux répandit dans ma paroisse la nouvelle de mon déplacement. Je m'empressai de faire charger les voitures. On s'en aperçut, et, sous prétexte d'une personne malade, on me fit appeler à Pontcharra. Pendant mon absence, des hommes du bourg déchargèrent les voitures et défendirent d'emporter mes effets. Sur la route, près d'un grand hameau, d'autres hommes attendaient le voiturier pour le faire rétrograder. Toute la population était en émoi. On rédigea une pétition qui fut signée par les principaux habitants et présentée le lendemain à Mgr l'Evêque par M. le capitaine Royer-Deloche et M. le docteur Laurens. J'ouvre ici une parenthèse pour dire un mot de ces deux Messieurs.

M. le capitaine Royer-Deloche était proche parent de deux personnages haut placés dans les charges de l'Etat et dans la magistrature : M. de Royer, ministre de la justice, vice-président du Sénat et président de la Cour des comptes; et M. Royer, président de la Cour impériale de Grenoble. Homme de beaucoup d'esprit, M. Royer-Deloche réunissait toutes les qualités qui font l'homme aimable et l'excellent officier. Il avait épousé Mlle Froment, fille du colonel, notre ancien maire. Mlle Froment, distinguée par la supériorité de son intelligence, avait été élevée dans la maison royale de Saint-Denis où se formèrent tant de jeunes personnes qui brillèrent ensuite dans la haute société. J'eus l'honneur de bénir leur mariage à Sinard, paroisse de laquelle dépend le château d'Avignonet, héritage paternel de la famille Royer-Deloche.

M. le docteur Laurens passait pour un des meilleurs médecins de nos contrées. Dans l'exercice de son art, il aimait à voir les prêtres auprès des malades, persuadé que leur présence et les consolations de la religion contribuent beaucoup à rassurer les esprits découragés. Il avait toujours soin de m'avertir quand les malades étaient en danger. Il était toujours prêt à porter secours aux pauvres comme aux riches.

Dès que Monseigneur eut pris connaissance de la

pétition que ces deux Messieurs lui présentèrent et qu'il eut appris de leur bouche l'état où se trouvait ma paroisse, il leur dit : « Je sais tout le bien que » M. Bertrand fait à Grignon. La pensée de le dé- » placer ne vient pas de moi; ce sont ses amis qui » m'ont demandé pour lui un autre poste. Dites-lui » de venir me parler. S'il consent à rester à Grignon, » vos vœux seront accomplis. »

Arrivé à l'Evêché, mon Evêque m'ouvrit ses bras en me disant : « Mon cher curé, la voix du peuple, » cette fois, est bien la voix de Dieu. Malgré le désir » de vous rapprocher de vos amis, vous ne pouvez » vous refuser à l'attachement de vos paroissiens, ni » moi résister à leurs instances. » Monseigneur, lui répondis-je, Votre Grandeur sait les motifs qui me font accepter le poste qu'elle a daigné m'offrir. « Oui, » ajouta Monseigneur, mais ne vous découragez pas ; » Dieu, vous donnera la force de continuer un minis- » tère qu'il a béni jusqu'à ce jour, retournez promp- » tement rassurer vos chères ouailles. »

IV. — Je ne fus de retour à Grignon que dans la nuit du samedi. Le lendemain avant la messe paroissiale, déjà les fidèles, depuis une demi-heure, remplissaient l'enceinte de l'église. Dès que j'y parus, les hommes à la tribune entonnèrent le *Te Deum*. Des larmes de joie coulèrent des yeux. Très-ému moi-même, je ne pus que leur dire de ne plus s'inquiéter, que, si cela dépendait de moi, je serais à eux pour le reste de ma vie. Vers midi, des Messieurs, s'étant fait précéder de provisions de bouche, vinrent fêter avec moi l'accomplissement de leurs vœux. Le soir, des feux de joie parurent sur les coteaux près de chaque hameau. Toute la partie du bourg sur Grignon était illuminée. On y remarquait des inscriptions et des emblèmes touchants, la foule ne cessa pas de circuler jusqu'à dix heures. Trois jours après, en témoignage de gratitude, on m'offrit un beau calice en vermeil.

Au printemps de l'année suivante, Mgr l'Evêque vint administrer le sacrement de la Confirmation. Les habitants reçurent leur premier Pasteur avec les témoignages de la plus vive reconnaissance. Ils élevèrent des arcs de triomphe sur son passage, suspendirent des guirlandes et ornèrent la façade de leurs maisons. Le Maire et son Conseil vinrent lui présenter leurs respects. La société orphéonique lui donna des sérénades. Au sommet du coteau de Bayard, brillait un grand feu, et des fusées lançaient des étincelles brillantes qui venaient tomber sous les fenêtres de l'appartement que Sa Grandeur occupait au presbytère. La partie du bourg sur Grignon était illuminée, Monseigneur ne pouvant sortir à cause d'une névralgie, invita M. Revol, son secrétaire intime et M. le chanoine de Taxis, qui avait prêché la retraite des confirmants à aller voir l'illumination. A leur retour ces Messieurs rendirent compte à Sa Grandeur de ce qu'ils avaient vu, et du respect avec lequel ils avaient été accueillis par la foule joyeuse qui parcourait les rues. Monseigneur, vivement touché, me félicita du bon esprit des habitants et me chargea de leur en témoigner sa satisfaction.

V. — La Charte octroyée par le roi Louis XVIII,

élargie dans un sens plus libéral sous Louis-Philippe, avait institué une République sous le nom de Gouvernement représentatif. La royauté n'était plus qu'une vaine apparence, une pure fiction; car elle ne pouvait exercer aucun acte important sans l'intervention légale des ministres, et ceux-ci n'avaient d'autre puissance que celle qu'ils empruntaient à la Chambre élective. Cette Chambre était dominée par un parti puissant, qui, à la tribune et dans ses journaux, réclamait les lois dont la Charte renfermait les principes, lois qui effaçaient peu à peu les derniers vestiges de l'autorité royale. Les Pairs, institués par le pacte fondamental, ne pouvaient logiquement s'y opposer. Deux ministres fameux, M. Thiers et M. Guizot s'efforcèrent vainement de sauvegarder le prestige de la couronne. Le premier finit par l'abandonner; le second y succomba. Au mois de février 1848, la Révolution éclata à l'occasion d'un banquet de la garde nationale que le ministère voulut empêcher. Le trône fut de nouveau renversé et la République proclamée.

VI. — On établit un Gouvernement provisoire. Bientôt le peuple fut convoqué pour élire des députés à l'Assemblée constituante. Or, un homme, étranger à ma paroisse, essaya de me priver des droits de citoyen en faisant dire dans le pays que n'étant pas Français, je ne devais pas paraître aux élections. Mes paroissiens s'émurent de ces propos. Ils vinrent me demander mes états de service militaire et les firent parvenir au Garde des Sceaux en lui expliquant ma situation civile. Les élections devaient avoir lieu huit jours après. Sans examiner si mon admission dans l'armée m'avait conféré les droits de citoyen français, le ministère se borna à m'envoyer immédiatement des lettres de naturalité et à enjoindre à la municipalité de me maintenir sur la liste des électeurs.

VII. — L'Assemblée nationale décréta une nouvelle Constitution dont la proclamation se fit un dimanche dans toutes les communes. M. Raffin (Augustin), négociant, récemment nommé maire de Pontcharra, voulut donner à cette fête un caractère religieux. Il invita toutes les autorités et la garde nationale à assister en corps à la messe paroissiale, dans mon église. Je leur expliquai le vrai sens, le sens chrétien de la devise républicaine : *Liberté, Egalité, Fraternité*. Après la cérémonie, les autorités vinrent au presbytère me remercier et m'inviter au banquet patriotique préparé à Pontcharra. Je m'excusai, ayant à dire les vêpres à deux heures après midi.

Lorsque les autorités arrivèrent au lieu de la réunion, on s'étonna de mon absence. Alors le Maire me fit renouveler son invitation à laquelle je me rendis. Pendant le festin on prononça quelques discours sur les avantages du Gouvernement républicain. Je remarquai particulièrement celui de M. Aimé Giraud, qui fut lu par son père. Cet excellent jeune homme, quoique privé de la parole et de l'ouïe, était fort instruit et profondément religieux ; il exposa en termes élégants que la République consiste dans l'amour de la patrie, dans la concorde et la paix. J'allais me retirer quand M. le Maire me pria avec instances de dire aussi quelques mots. Voici ma petite allocution :

« Messieurs, comme citoyen et comme prêtre, je m'unis aux vœux que vous formez pour la prospérité de la patrie. Permettez-moi de vous proposer un toast, qui, j'en suis sûr, trouvera de nombreuses sympathies dans une Assemblée de citoyens catholiques. — Messieurs, la liberté civile est un des principes du christianisme ; elle est donc une œuvre divine. Mais les œuvres de Dieu ne se développent pas toujours avec la même rapidité que les œuvres de l'homme, parce que Dieu est éternel et sage, et que l'homme, qui ne vit qu'un jour, est précipité dans ses desseins et trop souvent insensé dans ses entreprises. Aussi la liberté, dont l'abus avait engendré l'esclavage, a-t-elle mis des siècles pour briser ses chaînes. Pour atteindre ce but, il fallait, d'une part, affaiblir peu à peu par des lois libérales, la puissance des oppresseurs de l'humanité, éviter ces secousses terribles qui font reculer les peuples vers la barbarie, la plus honteuse des servitudes ; d'autre part, il fallait former l'éducation des peuples et les disposer par degrés à jouir avec sagesse d'un droit inhérent à la nature humaine. Deux choses difficiles qui ne pouvaient s'opérer que lentement et uniquement sous la salutaire influence de la religion chrétienne. Eh bien! Messieurs, cette liberté sage, ennemie de la tyrannie et de la licence, a été, l'histoire l'atteste, l'objet constant de la sollicitude des chefs de l'Eglise. N'avons-nous pas entendu naguère le Père actuel des chrétiens, du sein de la Ville éternelle, proclamer la vraie liberté des peuples ? C'est en son honneur que je vous propose un toast : *A l'immortel Pie IX !* »

Ces dernières paroles furent répétées avec enthousiasme plusieurs fois par toute l'assemblée. Il était deux heures ; la cloche m'appelait, je me retirai au moment où un orateur, monté sur la table du festin, étendait les bras pour attirer l'attention de l'auditoire. Le soir, la garde nationale vint en corps devant mon presbytère et fit entendre à plusieurs reprises, des vivats.

VIII. — Je ne veux pas terminer ce chapitre sans rendre hommage au zèle apostolique et aux vertus du saint et vénérable Pontife à qui je dois l'avantage d'avoir passé la plus grande partie de ma vie, jusqu'à l'extrême vieillesse au milieu d'une population chrétienne et toujours dévouée à son ancien pasteur.

Mgr Philibert de Bruillard, docteur de Sorbonne, était curé de Saint-Etienne-du-Mont, à Paris, lorsqu'il fut nommé Evêque de Grenoble. J'avais eu l'honneur de lui être présenté avant son départ de la capitale, et de le voir plusieurs fois chez mon parent, M. Ronsil, curé de Saint-Sauveur-des-Ménages. Sacré le 6 août 1826, Mgr de Bruillard prit possession de son siége le 18 du même mois, et gouverna son diocèse avec un zèle et une prudence admirables. Il cherchait à se faire aimer plutôt qu'à se faire craindre. Si, dans de rares occasions, il était forcé d'employer la sévérité, il la tempérait toujours par sa douceur. Ses prêtres qu'il chérissait tendrement trouvaient en lui un protecteur, un père. Dans ses mandements et lettres pastorales, il avait un langage simple et digne.

Tous ses écrits respiraient la foi la plus vive et la plus tendre piété. Il ne négligeait rien pour maintenir une exacte discipline dans son nombreux et excellent clergé et pour instruire ses diocésains ; ses instructions et ordonnances synodales, son petit et son grand catéchismes, en sont la preuve. Les jeunes élèves du sanctuaire étaient l'objet de toute sa sollicitude. Il leur consacra une partie de sa fortune ; l'autre partie fut employée au soulagement des pauvres et des vieillards, à la fondation de plusieurs monastères; à la construction et à l'ameublement des églises de la ville et de la campagne ; à la création d'asiles pour les orphelins et pour les jeunes filles exposées aux dangers du monde. A son entrée dans le diocèse sa fortune s'élevait à 800,000 francs ; après vingt-quatre ans d'apostolat, il ne lui en restait pas un centime. Sa confiance et sa piété filiale en la sainte Mère de Dieu lui mérita une faveur qui fut la consolation de ses vieux jours : c'est sous son épiscopat que la sainte Vierge apparut sur une des montagnes de son diocèse, *La Salette*. Il fit toutes les informations canoniques pour constater ce fait miraculeux, qui est la gloire du Dauphiné et la joie de l'Eglise.

En 1850, Mgr de Bruillard, ayant encore sa vigueur d'esprit et sa prodigieuse mémoire, me confia qu'à raison d'une faiblesse d'ouïe et de la névralgie qui le fatiguait depuis longtemps, il voulait se démettre de son siége. Je lui dis qu'il affligerait profondément son clergé, et que ses diocésains en seraient désolés. « Je » ne me séparerai pas entièrement d'eux, répondit » le bon Prélat, mon dessein est de me retirer près » d'un des monastères que j'ai fondés ou soutenus;

» et j'y garderai le souvenir de tous les bons prêtres
» qui m'ont aidé à faire le bien. » Il ne tarda pas de
donner sa démission au Souverain Pontife et au Gouvernement, et se retira à Mont-Fleury, près du monastère des dames du Sacré-Cœur de Jésus, à trois
kilomètres de sa ville épiscopale. Avant de quitter
son siége, il avait obtenu d'avoir pour successeur
un des prêtres les plus savants de France, M. Ginoulhiac, ancien et célèbre professeur de théologie à
Montpellier, vicaire général de l'archevêché d'Aix, en
Provence, auteur de l'*Histoire du dogme catholique*
et de plusieurs autres ouvrages profonds.

Aux derniers jours de sa vie, qui se prolongea
jusqu'à l'âge de quatre-vingt-quinze ans, Mgr de Bruillard daigna me donner encore une marque de son affection en me mettant au nombre des prêtres qu'il recommanda à son successeur. Mgr Ginoulhiac eut la bonté de
venir lui-même m'apporter ce précieux et touchant souvenir ; et, depuis lors, il m'honora plusieurs fois de
ses visites, pendant lesquelles j'eus occasion d'admirer son immense érudition et l'excellence de son
cœur.

CHAPITRE X.

L'industrie à Pontcharra : MM. Alfred Fredet, Orioli et Neyret. — MM. Aury et Tolozan. — Agrandissement de l'église de Grignon. — M. Durand, de Chaffardon. — Renouvellement du mobilier de l'église. — M. Rossin, curé de Saint-Maximin. — Projet de retraite.

I. — Tandis que les traités du *libre-échange* avaient fait surgir, dans toutes les contrées du second Empire, issu de la Révolution de 1848, de nouvelles et nombreuses industries, la commune de Pontcharra semblait déshéritée sous ce rapport, bien qu'elle offrît à l'industrie de nombreux éléments, tels que des eaux abondantes et intarissables, de vastes forêts, des bras forts et robustes et tous les moyens d'alimentation. On pouvait assigner deux causes à ce délaissement, la proximité des limites de l'Empire, la Savoie n'étant point encore annexée à la France, et le manque de voies de communication avec les centres industriels. Mais dès que les frontières furent reculées et que la vapeur nous eût rapprochés des grandes villes, Pontcharra vit poindre une ère nouvelle.

En 1866, M. Neyret, riche négociant de Saint-Etienne-en-Forez ; M. Orioli, savant chimiste, et M. Alfred Fredet, ingénieur distingué, fondèrent sur les bords du Bréda, à Pontcharra, paroisse de Grignon, un établissement pour la fabrication de la pâte de papier. J'en fis la bénédiction le 5 avril de cette même année en présence de la municipalité et d'un grand nombre d'habitants.

Le génie organisateur de M. Fredet, la fermeté de son caractère et l'aménité de ses rapports, furent appréciés par les habitants de notre commune, qui le nommèrent membre de la municipalité. En l'entendant raisonner avec sagesse et une admirable lucidité sur les affaires de la commune, les membres du Conseil se félicitèrent d'avoir un collaborateur aussi impartial et aussi éclairé. Mme Fredet n'était pas moins estimée ; sa douceur, sa piété et sa charité pour les pauvres ont laissé, dans la paroisse de Grignon, de précieux souvenirs.

Plus tard, M. Alfred Fredet alla fonder à Brignoux, à vingt-trois kilomètres de Pontcharra, une vaste papeterie. Il y créa une chute d'eau, la plus belle qui existe dans le Dauphiné, et d'une force extraordinaire. Etablie dans la plaine, non loin d'une station du chemin de fer, sur les bords d'un torrent intarissable, l'usine s'élève en amphithéâtre sur le flanc de la montagne, au-dessous de l'antique château du Mas. Il faudrait être de l'art et faire tout un livre pour décrire les merveilles de ce monument industriel. Je me borne à dire que, par le moyen d'un puissant moteur, des masses de chiffons, de paille, de bois blanc, sont transportées, de la base au sommet de l'usine, où elles sont broyées, pulvérisées ; puis descendent, dans des cuves en ciment, où elles se purifient, se blanchissent, se collent, et vont ensuite par des canaux, former une nappe, qui, en passant par les toiles métalliques et les cylindres chauffés par la vapeur, sort, au bout de la machine, en papier fin, pur et blanc comme la neige. Une seule de ces machines produit de dix mille à douze mille kilos de papier par jour.

M. Orioli se fixa définitivement à Pontcharra, et fit marcher l'établissement primitif. Mais il ne tarda pas d'acquérir un vaste emplacement, où il créa une papeterie de premier ordre, située dans la plaine, sur le bord de la route départementale, entre le bourg et l'église de Grignon, à quinze cents mètres de la principale gare de le vallée; cette usine, alimentée d'abondantes eaux, entourée de jardins et de vergers, ressemble à une réunion de villas. On y fabrique des papiers de tous choix, de toutes couleurs.

Homme profondément religieux, modeste et savant, M. Orioli est pour ses employés un modèle, un père, comme Mme Orioli et ses filles sont les bienfaitrices des indigents.

En même temps que ces édifices industriels s'élevaient, M. Aury en créait un autre pour la pâte de papier, sur les bords d'un canal, à un kilomètre de Pontcharra; MM. Bourdi et Tholozan construisaient un grand bâtiment pour l'exploitation de leur fabrique de vinaigre, près du bourg, sur la route de la gare.

II. — Ces établissements amenèrent à Pontcharra des artisans de divers métiers, une quantité de manœuvres et de nouveaux marchands, qui, avec les employés de la gare, augmentèrent la population religieuse de la paroisse. En sorte que notre église n'était plus assez vaste. On ne pouvait l'agrandir sans frais considérables, qu'en construisant une tribune dans l'intérieur de la tour ou clocher. Il était également urgent de s'occuper de l'embellissement que les frais de construction avaient fait différer jusqu'à ce jour. Il s'agissait d'une dépense de 6 à 7,000 francs et l'administration fabricienne venait à peine de s'acquitter de ses anciennes dettes. Néanmoins, la fabrique, sous la présidence de M. Joseph Durand, de Chaffardon, n'hésita pas à entreprendre ces nouveaux travaux.

M. Durand était, depuis trente ans, membre de la municipalité, où il remplissait les fonctions de premier adjoint, ayant plusieurs fois refusé d'être maire. Son esprit conciliant, son intelligence des affaires et son dévouement au bien public, ont rendu de nombreux services aux deux administrations dont il faisait partie.

Pour subvenir aux frais de la tribune et autres, on ouvrit une seconde souscription. La première avait été présentée par les membres de la fabrique; celle-ci fut confiée aux dames de la paroisse, qui s'en acquittèrent avec un zèle digne d'éloge. Cette dernière souscription couvrit une partie des frais. Comme la nouvelle église était beaucoup plus grande que l'ancienne et que chaque fidèle payait exactement, soit la taxe annuelle de sa place, soit les droits sur les mariages, sépultures et autres, les revenus de la fabrique, qui n'étaient que de 250 fr., s'étaient élevés, sans augmenter le tarif en usage, à plus de 1000 fr. En peu d'années, les dépenses de la tribune et des embellissements furent en grande partie payées.

III. — L'église étant achevée, on commença à renouveler son mobilier. Déjà M. le commandant Gayet, officier de la Légion d'honneur, avait fait don d'une chasuble blanche avec croix fleurie et brochée or. M. Jacques Poulet, du Papet, membre du conseil de fabrique, fit don d'une table de communion en fer, artistement travaillée et ornée de patères dorées; M. et Mme Aubin Raffin, négociants, offrirent deux beaux lustres, l'un pour la grande nef, l'autre pour la chapelle de Saint-Joseph, et une riche garniture de fleurs artificielles pour les trois autels; Mme Chabord, de Paris, fleuriste de la reine Amélie, femme de M. Augustin Chabord, de Pontcharra, embellit nos autels d'une garniture de fleurs en soie et velours. Plus tard, Mme Isaure Mège, née Raffin, orna la chapelle de la Sainte-Vierge d'une belle statue, représentant la Vierge-Mère, et d'un lustre pour ladite chapelle.

Grâce au zèle des membres du conseil de fabrique, soutenu par le concours des religieux habitants, et avec l'appui du Conseil municipal et de M. Pellenc, préfet du département, la paroisse de Grignon possède une belle église à trois nefs, suffisamment meublée, ainsi qu'un beau presbytère avec ses dépendances.

IV. — Il y avait plus de trente ans que j'exerçais à Grignon un ministère laborieux et difficile à raison des nombreux hameaux qui, avec la plus grande partie du bourg, composent cette paroisse populeuse. Je n'aurais pu le continuer aussi longtemps, si je n'avais eu pour voisin un excellent confrère, M. l'abbé Rossin, curé de Saint-Maximin, qui suppléait à ma faiblesse. M. Rossin avait beaucoup d'esprit naturel, l'amour de l'étude, un bon jugement et une exquise bienveillance. C'était un de mes meilleurs amis. Nous nous aidions mutuellement dans les fonctions du saint ministère. Cela nous était d'autant plus agréable et facile, que l'égalité de caractère et de mœurs, la communauté de sentiments religieux et de nombreuses alliances établissaient des relations amicales entre nos paroissiens. Ce bon pasteur a laissé, dans le cœur de ses ouailles, le souvenir impérissable de sa générosité, de sa modestie, de son zèle et de ses vertus.

V. — Un surcroît de travail et de sollicitude pastorale, joint aux infirmités de l'âge, affaiblirent mes forces. Je craignis de ne pouvoir soutenir les œuvres de piété que j'avais établies, et je priai mon évêque, Mgr Ginoulhiac, de me faire remplacer ou de me confier une paroisse de trois à quatre cents âmes. Sa Grandeur s'y refusa, et m'engagea d'accepter un vicaire. Je me permis de lui répondre qu'avec un vicaire, j'aurais presque autant de peine et autant de

responsabilité. « Eh bien, dit Monseigneur, ménagez
» vos forces, ne faites que ce que vous pouvez; et,
» si votre santé ne s'améliore pas, vous me présen-
» terez votre successeur, et je le nommerai. » A
cette bienveillante réponse, je fus à moitié soulagé
du poids qui m'oppressait, car je souffrais morale-
ment par la crainte de ne pouvoir répondre aux besoins spirituels de ma paroisse.

CHAPITRE XI.

M. Raffin, de la Perrière. — Le château Bayard. — Nouvelle maison; chapelle; bénédiction d'un mariage. — Réponse à des critiques touchant la nouvelle maison. — M. l'abbé Anselme. — Ma retraite. — Un rêve. — M. et Mme Milan.

I. — Avant de m'occuper du choix de mon successeur, il fallait savoir où j'irais m'établir en quittant mon poste. Mes parents me pressaient de me retirer à Chaumont, et je ne désirais pas moins d'aller finir mes jours auprès de ma famille. Mais, d'une part, en habitant l'Italie, j'aurais été obligé, pour recevoir ma petite pension viagère, de faire, tous les trois mois, un voyage à la frontière française, muni d'un certificat de vie légalisé par l'agent français résidant à Turin, ou bien de subir les exigences d'un homme d'affaires, banquier ou autre; d'autre part, il m'était douloureux de me séparer de mes paroissiens, qui me priaient de ne pas m'éloigner d'eux. Je ne pus d'autant moins résister à leurs instances, qu'ils m'offraient un logement, les uns à Pontcharra, les autres au centre des hameaux : les aimant tous également, je ne voulais pas faire de préférence. Je leur promis donc de rester au milieu d'eux, si je pouvais me fixer au centre de la paroisse. Or, le plateau de Bayard, appartenant à M. Jacques Raffin, de la Perrière, présentait seul cet avantage.

M. Raffin est issu d'une famille ancienne et des plus honorables de la contrée. Un bon sens peu commun, une rare droiture d'esprit et de cœur, lui ont acquis une grande et juste considération, qui n'a fait que s'accroître par les qualités de sa vertueuse épouse, née Sachet, dont les parents occupent un rang distingué dans la haute bourgeoisie de la vallée. Je demandai à M. Raffin s'il voudrait me donner un asile près des ruines de l'ancien château. Sur l'avis de sa famille, il se rendit à mes vœux, en y mettant deux conditions qui étaient un témoignage de confiance et une preuve de sa générosité : il me laissa le soin de faire le plan de ma nouvelle habitation, et n'exigea qu'une modeste somme pour m'en céder l'usufruit ainsi que la jouissance d'une partie de la terrasse et du vieux bâtiment où est, dit-on, la chambre dans laquelle est né le Chevalier *sans peur et sans reproche*.

II. — A l'entrée d'une vaste cour, établie en partie sur le roc et en partie sur un terrassement soutenu par d'épaisses murailles, on trouve deux tours basses, aux murs massifs, percées de meurtrières et dégradées. Entre ces tours s'ouvre une grande porte entièrement dégarnie de ses colonnes et autres ornements. Le fronton, où des voyageurs prétendent avoir vu, il y a plusieurs années, l'écusson de la famille de Terrail, avait disparu. Les pierres de l'arc qui le supportait, brisées, mutilées, disjointes, étaient sur le point de tomber, ce qui avait nécessité la construction d'éperons grossièrement bâtis. La tour, au couchant, était transformée en étable pour les bestiaux. Celle du levant, noircie par la fumée, était encombrée d'un escalier difforme, qui, par une ouverture de 80 centimètres pratiquée dans la voûte, aboutissait à deux cabinets triangulaires. Les voûtes et les murs, traversés par la pluie et dégarnis de ciment, menaçaient de s'écrouler.

A quatre mètres de la tour, au sud-est, des pierres se détachaient, à tout instant, d'une haute muraille formant équerre, percée de quatre fenêtres carrées sans croisillons, à la hauteur de six mètres. C'est tout ce qui reste de la première maison seigneuriale. Au delà sont les masures d'un bâtiment rural. Dès que le château et ses tours eurent été construits au sud de ladite maison, celle-ci fut transformée en grenier à foin, écurie et remise. En fouillant les matériaux amoncelés derrière la haute muraille, on a découvert l'ancienne crèche. On voit, par les murs qui sont encore en partie debout, que la maison primitive et le château avaient deux étages au-dessus du rez-de-chaussée. Il ne reste plus aujourd'hui du château qu'un bâtiment carré, les pans de deux tours et la trace de deux autres tours et de quelques murs.

III. — Afin de respecter les restes de l'antique manoir, on s'est borné à réparer les deux tours d'entrée, à les élever de deux étages et à les relier par une petite construction. Dans une de ces tours existait autrefois une chapelle où les Evêques de Grenoble, Alleman I, oncle maternel du Chevalier,

Alleman II, son cousin germain, et, plus tard, Guillaume d'Avançon, archevêque d'Embrun, avaient souvent célébré le saint Sacrifice, les premiers, en venant visiter leurs parents *de Terrail;* le dernier, en venant se reposer dans le domaine, dont son père, qui en était alors possesseur, lui avait laissé la jouissance.

Mon Evêque, Mgr Ginoulhiac, me permit de rétablir cette chapelle et d'y célébrer la sainte messe. Je la mis sous le vocable de Saint-Pierre-aux-Liens, soit parce que le chevalier Bayard s'appelait *Pierre,* soit en mémoire d'une chapelle où, dans mon jeune âge, j'allais souvent prier, et qui, étant sous ce vocable, avait donné son nom à une riche montagne où mon père avait une propriété. En vertu d'une délégation spéciale, M. le chanoine Rey, archiprêtre du Touvet, en fit la bénédiction le 1er août 1867, en présence de plusieurs autres prêtres et de nombreux fidèles. La chapelle fut en partie meublée avec goût par les dons de Mme Raffin, de Mme Durand, de Chaffardon, et de Mlle Agasta Durand.

Peu de jours après, dans ce petit sanctuaire, eut lieu une autre cérémonie également solennelle et touchante. Avec l'autorisation épiscopale, j'y bénissais le mariage de deux jeunes époux, M. Armand Raffin, fils du propriétaire du château, et Mlle Agasta Durand, fille de M. Durand, adjoint et président de notre conseil de fabrique.

IV. — Je ne dois pas passer sous silence que les modifications des deux tours d'entrée pour en faire une habitation, ont déplu à quelques visiteurs et spécialement à M. le baron Raverat, écrivain distingué, et à M. Joanne, connu par ses *Guides du voyageur*. Ces deux auteurs nous ont blâmé d'avoir fait disparaître, en partie, le cachet d'antiquité que les siècles avaient imprimé à ces tours. Ces critiques ne s'adressent qu'à moi, qui ai choisi cet emplacement pour y abriter ma vieillesse. En un sens, ces Messieurs avaient raison. Ces tours ne présentent plus aujourd'hui l'aspect pittoresque qui plaît tant aux amateurs de ruines féodales. Toutefois, leurs regrets n'ont pas été partagés par beaucoup d'autres visiteurs, non moins jaloux qu'eux de la conservation des édifices du moyen âge. Ceux-ci, frappés du triste spectacle qu'offraient ces murs dégradés, ces voûtes crevassées et les immondices qui souillaient l'ancienne chapelle, ont applaudi à leur restauration. Le Gouvernement lui-même, qui veille avec soin sur les monuments historiques, loin de s'opposer à notre œuvre, l'a implicitement approuvée, en déclarant que le propriétaire pouvait disposer à son gré du château et de ses accessoires. On jugera ce qu'il y a de fondé dans ces diverses opinions, par le récit succinct des vicissitudes que le château a subies depuis 1793.

Le domaine de Bayard avait été vendu comme bien d'émigré le 22 nivôse an II. A dater de cette époque, jusqu'en 1857, il passa successivement à divers acquéreurs, qui loin de réparer les dégradations faites au château par le vandalisme révolutionnaire, en accélérèrent la ruine, en vendant ou en laissant enlever une grande partie des matériaux. Dans l'espace de soixante-trois ans, pas un publiciste, pas un écrivain n'éleva la voix contre cette dévastation. Ni l'Etat, ni le département ne songèrent à relever les murs ou du moins à conserver les restes d'un édifice auquel se rattachent de si glorieux souvenirs.

En 1857, le château ou plutôt ses débris furent mis à l'enchère et adjugés à M. Rosset, ancien huissier, qui les remit en vente l'année suivante. Le 23 septembre 1858, M. Jacques Raffin, déjà propriétaire de pièces limitrophes, devint possesseur des bâtiments, d'un pré et des vignes, qui étaient en mauvais état. Il entreprit à grands frais d'améliorer ces terres et fit construire une maison d'exploitation sur l'emplacement des anciennes écuries.

Alors seulement le *Courrier de l'Isère* publia une série d'articles sur la triste situation de cette noble demeure. Pour l'arracher à l'oubli, il proposa une souscription, qui fut ouverte dans le département de l'Isère. Les départements voisins, qui faisaient partie de l'ancienne province du Dauphiné, et même la Savoie, furent invités à y prendre part. Cette souscription s'éleva, dit-on, à la somme de 8,000 fr., en y comprenant 1,000 fr. promis par l'empereur Napoléon III et les 1,000 fr. qu'avait votés la commune de Pontcharra. Il s'agissait d'élever une colonne surmontée du buste de Bayard et de construire une maison pour y placer un ancien militaire comme gardien du monument et des ruines.

Le produit de la souscription était insuffisant; on pria M. le Préfet d'engager le département à s'intéresser, par un vote de fonds, à cette œuvre patriotique. Avant d'en faire la proposition au Conseil général, M. le Préfet se transporta sur les lieux, et demanda à M. Raffin de lui céder la propriété au prix qu'elle lui avait coûté. M. Raffin refusa, attendu que les récentes améliorations en avaient augmenté la valeur. Alors le magistrat lui offrit 4,000 francs du plateau et des bâtiments. M. Raffin fit observer que cette somme égalait à peine les frais de la maison d'exploitation qu'il venait de faire construire. Mais, pour montrer qu'il était loin de s'opposer à l'œuvre projetée, il offrit gratuitement l'emplacement nécessaire au monument et un chemin public pour y arriver. L'affaire en resta là. Plus tard, on sollicita le Gouvernement de faire l'acquisition du château. Le ministère fit prendre la photographie des lieux et répondit qu'il y restait trop peu de chose, que le possesseur actuel pouvait en faire ce que bon lui semblerait.

Après la réponse du ministère, il ne fut plus question ni du monument ni de la conservation des ruines. Cependant le propriétaire exécuta seul une partie de ce projet : il construisit une habitation et confia la garde des restes du château, non à un vieux soldat, mais à un vétéran de l'armée et du sacerdoce; il couvrit les vieux murs, releva une des tours au levant, déblaya le plateau des ronces et des décombres qui le rendaient inaccessible. De mon côté je fis défoncer, niveler et agrandir la terrasse dont une partie fut convertie en jardin avec arbres à fruits, l'autre partie fut couverte de gazon, entourée de grands arbres et d'arbustes. Voulant mettre ma retraite sous la protection de la sainte Vierge, je lui fis élever une statue de grandeur naturelle, représentant l'Immaculée Conception.

Depuis que ces travaux sont achevés, le berceau du

Chevalier, si longtemps délaissé, est, chaque année, visité par trois à quatre cents personnes de tout rang, de toute condition, qui se réjouissent de voir la noble demeure à l'abri d'une entière destruction. C'est qu'en effet, si on considère avec quelle rapidité le château a été renversé sous le marteau des démolisseurs et les ravages du temps, on peut présumer que, sans les œuvres conservatrices dont je viens de parler, en peu d'années, il n'en serait pas resté trace.

V. — Notre construction, sous la forme d'un petit castel, était en état d'être habitée vers la fin de 1867. Désirant m'y retirer l'année suivante, je m'occupai de mon successeur, conformément à la gracieuse invitation de mon Evêque. Je m'adressai à un de mes amis, M. Anselme, curé de l'Isle-d'Abeau; prêtre plein de zèle et de talents. Pour se rapprocher des confrères du canton où il avait été vicaire et où il avait laissé de nombreux amis, M. l'abbé Anselme voulut bien consentir à quitter un poste agréable et à se séparer d'une fort belle église qu'il avait embellie et ornée avec beaucoup de goût. Je le présentai à Monseigneur qui me félicita de mon choix. Mais, hélas ! ma paroisse n'eut pas cet avantage, ni moi cette consolation. Les habitants de l'Isle-d'Abeau et les curés du canton firent des démarches pour conserver, les uns un bon pasteur, les autres un ami ; et Monseigneur céda à leurs instances, et m'engagea à porter encore la houlette pastorale pendant deux ans.

VI. — En 1870, Mgr Ginoulhiac venait d'être proposé pour l'archevêché de Lyon, premier siége ecclésiastique de France, et assistait au Concile du Vatican où il s'acquit la réputation d'un autre *Thomas d'Aquin*. Je sollicitai des vicaires généraux la liberté définitive de me retirer. Après plusieurs délais, ils finirent par me l'accorder. Le 14 du mois d'août de cette même année, je m'installai dans mon ermitage. L'air pur qu'on y respire, le calme et la solitude contribuèrent à améliorer ma santé et me permirent de revoir mes manuscrits dont un volume fut publié à Paris, sous le titre *d'Etude philosophique sur l'homme*, etc.

VII. — La première nuit que je passai à Bayard, l'image du preux Chevalier se présenta à mon esprit pendant le sommeil, et une foule d'idées se succédèrent les unes aux autres plus rapidement que si j'avais été éveillé. Ce rêve me fit une impression si vive que le lendemain, je ne pus m'empêcher de le retracer en prose rimée, comme il suit :

> Par une nuit d'été, douce, calme et sereine,
> Le beau ciel étoilé brillait de toutes parts ;
> Une ombre paraissait, sous une forme humaine,
> S'avancer lentement du sommet des remparts.

> Et je vis, sur le pan d'une tour écroulée,
> Un noble Chevalier, au port majestueux ;
> Il tenait, d'une main, la garde d'une épée ;
> De l'autre, en gémissant, il se couvrait les yeux.

> Puis, jetant ses regards sur un amas de pierres,
> Débris de son manoir renversé par le temps,
> Il dit avec douleur : « O berceau de mes pères,
> » Tu n'as donc pu survivre à leurs preux descendants !

» Reconnaîtrai-je ici l'enceinte fortunée
» Du lieu de ma naissance, où je fus tour à tour,
» De mon illustre père et d'une mère aimée,
» L'espérance et l'objet d'un si touchant amour?

« Et la sainte chapelle où mon heureuse enfance,
» A côté de ma mère apprenait à prier?
» Et l'autel où le Dieu, qui chérit l'innocence,
» Daignait venir en moi pour me sanctifier?

» Je cherche en vain la salle où mon ardeur guerrière
» Aimait à s'exercer dans de petits tournois.
» Quoique tout jeune encor, mon âme déjà fière
» Brûlait de se montrer par de nobles exploits.

» Sur ces murs ne sont plus les vivantes images
» De tant de chevaliers, ces athlètes fameux.
» Je ne retrouve plus les écrits dont les pages
» Attestaient leur bravoure et leurs faits glorieux.

» Et le salon orné de l'élégant trophée
» Conquis au champ d'honneur par mes braves aïeux?
» D'ignobles ravisseurs la rage forcenée
» N'en a pas laissé trace à nos derniers neveux.

» Que reste-t-il, hélas! des donjons séculaires
» Par de vaillants héros si longtemps habités?
» De leur gloire jaloux, de barbares sicaires
» Par le fer et le feu les ont tous dévastés.

» Mais sur ce tertre vert, un signe d'espérance
» Me console et me dit de ne plus m'alarmer :
» C'est la Reine du Ciel qui prend sous sa défense
» Cet antique héritage où j'appris à l'aimer.

» Je vois même déjà sortir de la poussière
» La pieuse chapelle, et un castel nouveau
» S'élever promptement sur cette noble terre,
» Et consacrer ainsi le lieu de mon berceau.

» Malgré le triste effet des doctrines sauvages,
» Qui troublent mon pays en ces jours malheureux,
» Du moins il est encor des esprits droits et sages,
» Des citoyens d'élite et des cœurs généreux. »

Et, dirigeant ses pas vers l'image bénie,
Il fléchit les genoux et pria bien longtemps.
Je distinguai ces mots : « De ma chère patrie
» Daignez, Reine du Ciel, protéger les enfants. »

Le voile de la nuit, aux rayons de l'aurore,
Fuyait rapidement de la voûte des cieux.
J'admirais attentif et j'écoutais encore
Quand le bon Chevalier disparut à mes yeux.

VIII. — Il y avait six mois que j'habitais mon ermitage, lorsque M. et Mme Milan, fuyant l'affreuse tyrannie et les horreurs de la *Commune*, se retirèrent à Pontcharra, où M. Milan père possédait une propriété et plusieurs usines. J'eus l'avantage de faire leur connaissance. M. Alexandre Milan, homme fort aimable et sculpteur habile, tient un rang distingué parmi les artistes de la capitale. Mme Milan unit à une solide instruction l'élévation des sentiments et la tendresse éclairée d'une bonne mère. Elle voulut bien me confier l'instruction religieuse de Mlle Fanny, la plus jeune de ses filles. L'intelligence précoce de cette belle et intéressante enfant, son goût naturel pour la vertu et la piété rendirent ma tâche facile. En quelques mois, elle acquit une connaissance suffisante de la religion, et fit sa première communion dans la chapelle du château Bayard.

Je ne puis exprimer toutes les attentions dont je

fus l'objet de la part de cette honorable famille. Mais je ne dois pas omettre la délicatesse avec laquelle M. Milan a bien voulu me faire hommage de mon portrait en buste de grandeur naturelle. Les connaisseurs qui ont vu ce portrait l'ont trouvé d'une ressemblance frappante. Aussi plusieurs notabilités de nos contrées ont voulu se faire représenter par l'éminent artiste et avouent que, dans ce genre, le génie ne peut s'élever à une plus haute perfection. Un goût exquis pour les beaux-arts et une affection mutuelle et inaltérable fait le bonheur de cette excellente famille et la joie de ses amis.

CHAPITRE XII.

Voyage à Chaumont. — M. le chevalier Gorlier, curé de Chaumont. — M. le docteur Théodore Sollier. — M. Jannon, vicaire général, et dom Fornier. — M. Ponsero, curé de Saint-Evase. — Anniversaire de ma consécration sacerdotale.

I. — Il serait temps de clore la série déjà trop longue de mes récits. Mais, je ne puis omettre la relation d'un voyage aux lieux de ma naissance, ni les circonstances d'une cérémonie que je regarde comme le couronnement de ma vie sacerdotale, et dont l'initiative appartient à mon ami, M. le chevalier Gorlier, curé de Chaumont.

Pendant que j'exerçais les fonctions pastorales, l'étendue de ma paroisse et ses habitudes religieuses ne me permettaient pas de m'absenter plus de deux ou trois jours de suite. Et, lorsque je me retirai dans la solitude, afin de ne pas rester inactif, j'entrepris un travail de longue haleine que je ne pouvais interrompre sans inconvénient. En sorte qu'il y avait quarante-trois ans que je n'avais revu mon pays natal, malgré les sollicitations de ma famille et de mes amis. Enfin, déchargé du ministère et du travail que je m'étais imposé, je résolus de faire ce voyage au printemps de 1877, mais sans en déterminer le mois, ni le jour.

M. le chevalier Gorlier, informé de mon projet, eut la bonne pensée de m'engager à différer mon départ jusqu'au mois de mai, afin de célébrer, le 20 dudit mois, saint jour de la Pentecôte, le cinquantième anniversaire de mon sacerdoce. Déjà, l'année précédente, j'avais rempli, mais sans solennité, ce devoir de piété dans ma chapelle. Toutefois, cela ne m'empêcha pas d'accepter l'aimable invitation du vénéré pasteur avec d'autant plus d'empressement, qu'elle me procurait l'occasion de renouveler mes promesses cléricales dans la même église, au pied du même autel où j'eus, pour la première fois, le bonheur d'offrir l'adorable Sacrifice.

Le 15 mai, je traversai en wagon le tunnel du mont Cenis. M. le chevalier Gorlier avait eu la bonté de me prévenir qu'il viendrait à ma rencontre jusqu'à Oulx. Malgré ma prière de ne pas se déranger, il s'y trouva avec quelques autres confrères. Au moment où le convoi arrivait à la gare d'Oulx, une conversation fort intéressante avec un riche Romain, mon compagnon de voyage, m'empêcha de remarquer le lieu où nous étions et ce qui se passait au dehors. M. Gorlier me crut encore à Pontcharra. Arrivés l'un et l'autre à Chaumont, par le même train, je fus très-heureux de le voir au milieu de mes parents et de mes connaissances. Ils m'accompagnèrent jusqu'à la maison paternelle.

Après m'être entretenu plusieurs heures avec eux, je me retirai seul dans ma chambre, encore toute empreinte des souvenirs de ma jeunesse. Toutefois, la joie de revoir ma famille et les lieux si chers à mon enfance, fut bientôt troublée par les vides que la mort avait faits depuis mon absence et tout récemment. Je ne trouvai d'adoucissement à mes regrets que dans les bons parents et les amis qui me restaient encore. Parmi ceux-ci, je dois particulièrement nommer M. le chevalier Gorlier et M. le docteur Théodore Sollier.

II. — Quel noble cœur que le chevalier Gorlier ! Prêtre zélé autant qu'aimable et érudit, il consacra les plus belles années de sa vie à l'instruction chrétienne des défenseurs de la patrie. Dans les villes et dans les camps, il fut, pour les officiers et soldats du régiment dont il était aumônier, un ami, un père, un modèle d'abnégation et de vertu. Aussi, dans les lettres que je recevais d'Italie, me parlait-on souvent de la considération, de l'estime et de la confiance dont M. l'abbé Gorlier jouissait auprès de ses supérieurs ecclésiastiques et des chefs militaires : on en vit une preuve éclatante, lorsqu'il fut nommé aumônier en chef de cette brave armée italienne qui combattit si vaillamment sous les murs de Sébastopol et partagea la gloire de l'armée française. Quand sonna l'heure du repos, le chevalier Gorlier se retira honoré de titres et de nombreuses distinctions décernées à son dévouement au milieu des combats et laissa, dans le corps où il avait servi, le souvenir de son patriotisme et de son apostolat. Rentré dans ses foyers, les habitants de Chaumont ne tardèrent pas à lui confier leurs intérêts en le choisissant pour un des membres les plus éclairés de la municipalité. Plus tard, quand la cure de Chaumont fut vacante. Mgr de Suse, qui estimait M. Gorlier comme un des prêtres les plus distingués de son diocèse, insista pour lui faire accepter l'administration de cette importante paroisse.

III. — M. Théodore Sollier, digne fils du célèbre chirurgien Louis Sollier, embrassa la profession de son père et en soutint la haute réputation par ses talents et les soins affectueux qu'il avait pour ses malades. Reçu docteur en médecine à la faculté de Turin, il fut bientôt appelé à exercer son art dans un vaste établissement thermal. Habile médecin, il sait tout à la fois consoler, soulager et guérir. Mais s'il emploie les ressources de la science et d'une sage philosophie au soulagement de l'humanité, il ne fait pas moins les charmes de la société par son amabilité et ses connaissances littéraires, et le bonheur de sa famille et de ses amis par la bonté de son cœur.

Pendant mon séjour à Chaumont, ces deux Messieurs me donnèrent des marques sensibles de leur amitié. Je reçus également, de la part de la population, des témoignages d'intérêt dont je fus profondément ému, témoignages que je dois principalement au bien-aimé pasteur qui sut faire rejaillir sur moi la considération due à ses mérites.

M. le chevalier Gorlier voulut bien m'accompagner chez Mgr Mascaretti, évêque de Suse, à qui je désirais présenter mes respectueux hommages. Sa Grandeur était absente. Nous fûmes reçus par son provicaire général qui, à la demande du cher chevalier, m'accorda tous les pouvoirs pour l'exercice du saint ministère.

IV. — En sortant de l'Evêché, nous nous arrêtâmes chez M. Jannon, vicaire général. Ce cher parent et dom Fornier, religieux bénédictin, de Chaumont, avaient eu l'amabilité de me faire une visite à Grignon, et j'en avais gardé un reconnaissant souvenir. L'esprit cultivé de dom Fornier, sa franchise et sa gaîté nous avaient fait passer d'agréables moments. Pendant nos entretiens, je remarquai chez M. Jannon une érudition peu commune et en particulier une profonde connaissance de la théologie et du droit canon. Il était alors curé de la Novalèse, dans la force de l'âge et plein de santé. Combien je fus affligé de le revoir sous les étreintes d'une maladie qui, sans affaiblir son intelligence, le privait de la parole et de l'usage de ses membres. Il fut sensible à notre visite et nous en exprima sa joie par la douceur de son regard et par son émotion. Nous le quittâmes avec regret, vers les onze heures du matin, pour nous rendre, à quelques pas de la ville, chez dom Ponsero, curé de Saint-Evase, qui nous attendait.

V. — Dom Ponsero avait été mon condisciple et un des plus aimables élèves du Séminaire de Suse. Ayant appris mon arrivée en Piémont, il m'avait fait dire de ne pas en repartir sans le voir. Nous passâmes la journée ensemble. Avec quel plaisir nous nous rappelions les divers épisodes de notre jeunesse cléricale; nos luttes dans nos études, nos triomphes et nos défaites dans les discussions théologiques. Depuis cet heureux temps, que de soucis et d'inquiétudes dans le ministère pastoral! L'un et l'autre sous les glaces de la vieillesse, nous nous quittâmes avec l'espoir de nous revoir encore avant notre dernière heure.

VI. — Le jour anniversaire de ma consécration sacerdotale était arrivé. L'église de Chaumont, tapissée de draperies de soie aux franges d'or, ne put contenir tous les fidèles qui voulaient prendre part à la cérémonie. M. le curé et M. l'abbé Sibille, son vicaire, remplirent les fonctions de diacre et de sous-diacre. Nous étions revêtus de riches ornements. La messe fut chantée en musique par quinze voix pures et sonores. Ces voix, accompagnées de l'orgue, formaient une brillante harmonie. C'était le même chant qui avait embelli ma première messe, en 1826. Après l'Evangile, le vénéré pasteur prononça un discours sur la fête commémorative de mon sacerdoce. Je ne saurais dire combien je fus touché, et en même temps confus de m'entendre adresser des paroles élogieuses que j'étais, hélas! loin de mériter. Néanmoins, malgré ma confusion, ces paroles dictées par l'indulgente amitié, ne firent que rendre ma reconnaissance plus vive. Ceux qui ont entendu ou lu ce beau discours ont pu y admirer l'élégance du langage, l'élévation des pensées et la sagesse des conseils.

Le cœur rempli des touchants souvenirs que me rappelait cette cérémonie, et des sentiments qu'elle m'inspirait, j'aurais voulu répondre à l'éloquente allocution que je venais d'entendre, mais l'émotion ne m'en laissa pas la force, et mes larmes furent les seuls interprètes de mon cœur.

CHAPITRE XIII.

Le syndic de Chaumont. — Turin. — M. le chevalier docteur Sibille. — M. Sollier, capitaine d'artillerie. — M. Alberti. — M. et Mme Garnier. — M. le chevalier Gorlier et M. l'archiprêtre Pellerin. — Conseils à mes neveux. — Conclusion.

I. — Le soir de la fête, M. Ronsil, syndic de Chaumont, qui s'était joint aux membres de ma famille à mon arrivée à la gare, me fit l'honneur de m'inviter à dîner pour le lendemain ; mais déjà je m'étais engagé à me rendre, ce jour-là même, à Turin, avec M. le docteur Théodore Sollier et M. l'abbé Sibille. Cependant, regrettant de ne pas répondre à la politesse du neveu de M. l'abbé Ronsil, je le priai d'agréer mon acceptation pour dix heures du matin, et j'eus le plaisir de déjeuner avec ce cher parent et quelques-uns de ses amis.

II. — Partis à midi, nous arrivâmes à Turin, vers les trois heures du soir. M. le chevalier docteur Sibille, sa dame et M. Sollier, capitaine d'artillerie, fils de M. Théodore, nous attendaient à la gare. M. le chevalier Sibille eut l'obligeance de m'offrir l'hospitalité, et nous invita tous pour cinq heures. Après un excellent dîner, nous passâmes la soirée avec une fort aimable société dont Mme Sibille fit les honneurs avec une exquise politesse.

Le jour suivant ces Messieurs me firent visiter la ville en tramway, en nous arrêtant sur les places, devant les monuments et dans les jardins. Il y avait quarante-trois ans que je n'avais vu Turin, je ne m'y reconnaissais plus, tant on l'avait agrandi et embelli. Les maisons récemment construites sont autant de palais. Les nouvelles rues ne doivent rien aux anciennes : toutes sont remarquables par leur alignement, leur propreté et la beauté de leurs édifices. On a multiplié les promenades et les jardins, et on les a ornés de statues représentant la plupart des personnages italiens qui ont joué un rôle dans les événements politiques de ces derniers temps. De larges quais, de splendides magasins embellissent les bords du fleuve, autrefois encombrés d'immondices et de débris. Sur les collines, qui, à des distances inégales, environnent la ville, s'élèvent des monuments et des villas au milieu d'une végétation luxuriante d'arbustes et de fleurs. Au delà des collines, s'ouvrent de belles vallées que dominent les diverses branches des Alpes, et qui fournissent à la capitale leurs riches productions. Turin est un séjour délicieux. Outre les autres avantages que présente cette ville, la plus régulière du monde, les habitants trouvent, dans le nombre et la beauté de ses portiques, la faculté de s'y promener en toute saison à l'abri de l'intempérie de l'air et des ardeurs du soleil.

III. — M. le chevalier Sibille avait exercé longtemps la médecine dans la vallée d'Aoste, et y était recherché par les grandes familles de la province. Une de ces familles lui avait donné pour épouse une jeune personne riche, gracieuse et bonne. Depuis plusieurs années, M. Sibille se reposait sur les fruits de ses travaux et habitait la capitale du Piémont où il était en relation avec des personnages haut placés dans les charges de l'Etat. Quelques mois après mon voyage d'Italie, j'eus la douleur d'apprendre que la mort l'avait enlevé à une épouse qui le chérissait, à ses parents et à ses nombreux amis.

IV. — Le voyage de Turin m'a procuré l'avantage de faire la connaissance de M. Sollier, capitaine d'artillerie. Ce jeune et brillant officier continue, aussi bien que son frère, capitaine du génie, les traditions d'honneur et de loyauté transmises par son père et ses aïeux. Il a en outre les traits et les aimables qualités de sa mère. Malgré les exigences du service, il a trouvé le temps de passer quelques heures avec nous et nous fit l'honneur de nous inviter chez son maître-d'hôtel.

V. — Ces Messieurs m'apprirent qu'un de mes anciens condisciples, M. l'ingénieur Alberti, s'était retiré à Turin, avec sa famille, et avait demandé de mes nouvelles; ils eurent l'obligeance de me conduire chez lui. Je le trouvai atteint d'une maladie qui, malgré les efforts de l'art et les soins d'une épouse affectueuse, le retenait au lit depuis près d'un mois. Il y avait plus de quarante ans que nous ne nous étions rencontrés. Il me reconnut de suite et me serra dans ses bras. Je lui promis de le revoir dans mon prochain voyage et de passer quelques jours à Turin pour nous dédommager de notre longue séparation. Nous avions fait ensemble une partie de nos études classiques. J'aimais sa vivacité et son bon cœur. Je le quittai avec regret en faisant des vœux pour sa prompte guérison.

VI. — Jeudi matin, 24 mai, nous remontions en wagon, M. Théodore Sollier et moi, pour nous rendre à Condove, dans la vallée de Suse. M. l'avocat Garnier, préteur (1), et Mme Modeste Sollier, son épouse, nous y attendaient à la gare. Ils reçurent M. Théodore, leur père, avec les témoignages les plus expansifs de la piété filiale. Leur jeune fils, Aristide, enfant d'une intelligence précoce, lui exprima sa joie d'une manière touchante. J'eus également l'honneur d'être accueilli comme un ami de la famille.

Quelques années avant son mariage, j'avais reçu à Grignon la visite de Mme Garnier, à l'occasion d'un voyage qu'elle fit dans l'Ardèche avec sa cousine, Mme Antoinette Allard, ma nièce. C'était la première fois que j'avais le plaisir de la voir; mais il ne me fut pas difficile de reconnaître en elle les traits de son

---

(1) En Italie, on appelle *préteur*, le magistrat qui, en France, remplit les fonctions de *juge de paix*.

aimable père. Son excellente éducation, la douceur de son caractère, la vertu dont elle porte le nom, m'ont dès lors fait augurer qu'elle ferait un jour le bonheur d'un époux. M. l'avocat Garnier est un magistrat distingué, dont je me félicite d'avoir fait la connaissance. Condove fut une des trois agréables stations de mon voyage.

Le soir, nous étions à Chaumont ; et, le lendemain, la vapeur me ramenait à mon ermitage de Bayard, où mon petit-neveu Robert voulut bien m'accompagner.

VII. — En revenant d'Italie, j'emportais le regret de n'avoir pu m'arrêter à Bussolin, pour donner un pieux souvenir à mon ami, en m'agenouillant sur sa tombe et saluer son digne frère, M. Pellerin, ancien archiprêtre d'Oulx. Trois mois après mon retour à Bayard, M. l'archiprêtre d'Oulx et M. le chevalier Gorlier, dans un voyage qu'ils firent en Savoie, m'honorèrent de leur visite. Le patriarche, père des croyants, en voyant entrer sous sa tente les messagers célestes, ne fut pas plus heureux que moi, à la présence de ces deux amis. Leur gracieuse visite me rappela les deux époques les plus intéressantes de ma vie, mon séjour au Séminaire avec l'abbé Pellerin de sainte mémoire, et les deux fêtes de mon sacerdoce à l'intervalle d'un demi-siècle l'une de l'autre. Oh ! qu'il y a de charmes dans l'amitié ! Ce doux penchant que Dieu a mis dans nos cœurs comme une secrète excitation à tendre de concert vers le bien, est une cause de jouissances pures pour tous les âges et une source de consolations pour la vieillesse trop souvent exposée à l'indifférence et à l'oubli.

VIII. — Ce que je viens de dire de l'amitié, me donne la pensée d'adresser ici, à mes jeunes neveux, quelques conseils sur le choix de leurs liaisons. Peu de gens sont appelés à vivre dans la solitude. En général, les hommes sont nés pour la société. Or, de toutes les sociétés, la plus rapprochée de nous, est celle où Dieu nous a placés par notre naissance, par notre condition ou par une vocation spéciale. Ce qui nous environne immédiatement, n'est-ce pas ce qui mérite surtout notre attention? Et, quand notre naissance et notre condition nous fixent au sein de notre famille, c'est la société qui doit nous être la plus chère. Le bon ou le mauvais entretien de notre vie domestique décide si nous coulerons des jours misérables ou heureux. C'est là, naturellement, le premier objet de nos soins. Quiconque fait dépendre son bonheur d'étrangers avec lesquels il ne passe qu'une petite partie de sa vie est bien à plaindre. Mais la félicité domestique doit être notre propre ouvrage. Si nous n'y trouvons pas la paix, c'est presque toujours notre faute ; c'est qu'il y a, de notre part, défaut d'affection, de soumission envers les auteurs de nos jours, ou manque de prudence et de vertu. Combattons notre orgueil, corrigeons nos habitudes, réprimons nos caprices, notre humeur; soyons sages, et nous serons heureux.

Cependant, le bonheur que nous goûtons au sein de la famille ne doit pas être pour nous un motif de fuir la société. Sans doute, les charmes de la vie domestique méritent toutes nos préférences; mais les personnes placées en dehors de notre cercle intime ont aussi des droits à notre commerce. Or, le choix des sociétés qui doivent ajouter aux agréments de la vie ne saurait être indifférent pour un jeune homme honnête et chrétien. Il est très-important, pour son cœur, pour sa foi, pour sa paix domestique, qu'il procède avec prudence et réflexion. Nous sommes instruits par notre propre expérience que nous prenons insensiblement certaines qualités, certaines habitudes, des personnes que nous fréquentons et qui nous plaisent. Comme dans le voisinage des autres, nous respirons le même air, de même, nous humons, en quelque sorte, leurs principes et leurs qualités.

Donc, mes amis, ne faites pas choix d'une société suspecte et dangereuse pour les mœurs, pour l'intégrité et la pureté de votre foi. Les mauvaises compagnies corrompent les mœurs, et les mœurs corrompues engendrent l'impiété. Les incrédules, les contempteurs de la religion et de ses pratiques, ne deviennent ordinairement tels que par le libertinage. Ne vous fiez pas à vos forces, à votre vertu; la contagion du mauvais exemple vous entraînerait infailliblement; en perdant la foi et la vertu, vous perdrez en même temps la protection divine et l'estime des honnêtes gens. Que ce soit là une règle de votre conduite et de toute votre vie. Liez-vous avec ceux dont la sagesse et les habitudes chrétiennes vous sont connues; et vous inspirerez aux gens de bien le désir de faire votre connaissance et d'être au nombre de vos amis.

Eloignez-vous des personnes qui donnent la préférence aux plaisirs grossiers, quelque agréable que vous paraisse leur société. Quand vous cherchez des compagnies hors de votre maison, vous ne songez guère à votre instruction, au perfectionnement de votre âme. Votre but principal est de vous distraire, de vous récréer. Mais convenez que vous payez souvent trop cher une récréation aux dépens de la meilleure partie de vous-même. Convenez aussi que vous vous dégradez si vous prenez goût à des divertissements grossiers, à des plaisanteries ou amusements indécents.

Ne fréquentez pas les jeunes gens dont la conversation, au lieu d'élever l'esprit, l'entraîne dans la fange de la corruption; où des paroles immorales, d'impures équivoques, accompagnées de gros rires d'hommes sans éducation, passent pour de l'esprit; ou la langue venimeuse de la calomnie attaque incessamment l'honneur des gens honnêtes; où la bassesse de l'esprit et la perversité du cœur prennent plaisir aux critiques sans égards et sans charité.

Evitez les sociétés dont la fréquentation vous jette dans des dépenses au-dessus de votre fortune. Vous ne trouveriez pas ailleurs, dites-vous, des relations aussi agréables; mais cela ne vous autorise pas à vous livrer à ce genre de divertissements qui ferait tôt ou tard votre ruine, et qui porte atteinte à la paix et au bien-être domestique. Quand vous vous y laissez entraîner, ce n'est pas faute de trouver une société plus convenable, c'est plutôt par orgueil, par une fausse ambition, ou pour tout autre motif non moins odieux. Or, l'esclave d'une passion ressemble à un insensé qui, pour se réchauffer, met le feu à sa maison. N'est-ce pas ce que fait celui qui, pour quelques soirées de plaisir, ruine son aisance et se prépare de longues années de besoins et de soucis.

Gardons-nous de porter dans la société des défauts qui l'offensent. La première condition des agréments de la vie, c'est l'art du *savoir-vivre*. Or le *savoir-vivre* consiste dans la politesse, l'affection, la bienveillance. Il exige qu'on évite les paroles choquantes, les plaisanteries de mauvais aloi, les apostrophes impertinentes et les vanteries puériles. Il exige des procédés aimables qui inspirent à chacun le courage de se rapprocher de nous. De même que Dieu aime ses enfants, nous devons également aimer nos frères; mais nous ne les aimons véritablement qu'autant que nous désirons obtenir leur estime.

Enfin, mes biens chers neveux, pour échapper à ces écueils et former des liaisons honnêtes et agréables, soyez fidèles observateurs des préceptes de la religion; recourez souvent au Père des lumières. Baignez-vous souvent dans les eaux salutaires de la pénitence. Unissez-vous au Dieu de l'Eucharistie. C'est là où vous trouverez la force de pratiquer les vertus qui font le bonheur des familles et le charme de la société. En un mot soyez chrétiens, et vous serez aimés de Dieu et des hommes durant la vie présente, avec l'espoir fondé d'être infiniment heureux dans la vie future.

IX. — En terminant ces *Mémoires*, je ne puis oublier que j'arrive aussi au terme de mon pèlerinage. Fasse le Ciel que cette dernière étape me conduise à la patrie, objet constant de mes vœux. Je rends grâce au Dieu Sauveur et à sa divine Mère de la protection dont ils m'ont couvert dans les épreuves et les dangers, et de la bonté avec laquelle ils m'ont soutenu, malgré mon indignité, dans les redoutables fonctions du saint ministère. Je remercie également mes amis et frères dans le sacerdoce, ainsi que mes chers paroissiens, qui ont partagé mes peines et mes joies, et je les prie de me garder encore un souvenir dans leurs prières, comme je garde dans mon cœur la mémoire ineffaçable de leur religieux attachement.

FIN

TABLE DES MATIÈRES

A MES NEVEUX..................................... 3

PREMIÈRE PARTIE
1803-1830

CHAPITRE PREMIER. — Origine de la famille Bertrand, de Chaumont. — Mon enfance. — Mes études classiques. — Mgr Prin, évêque de Suse. — Mon premier sermon..................................... 5— 13

CHAPITRE II. — Départ de Chaumont; M. Ronsil et ses connaissances. — Paris. — Versailles. — Sermon à l'église des Missions-Etrangères. — Les soirées... 14— 21

CHAPITRE III. — Consécration de l'église de Bercy. — Proposition de M. Ronsil. — L'Archevêque de Paris et l'Ambassadeur sarde. — La Sorbonne et M. l'abbé Gerbet. — Suspension du cours supérieur de théologie. — M. l'abbé d'Audiffret et M. le vicaire général de la Grande-Aumônerie de France...... 22— 30

CHAPITRE IV. — S. Em. le Grand-Aumônier et le Ministre de la guerre. — Le camp de Saint-Omer, ma présentation au 30e régiment de ligne. — Ville de Saint-Omer. — Les îles flottantes. — La citadelle de Lille. — Le Roi et le Duc d'Angoulême.. 31— 37

CHAPITRE V. — Lille. — Messe militaire. — Le Manége; le comte de Rottembourg. — Un accident. — Les bourgeois de Lille. — La ville de Tournay. — Départ pour Paris. — Un voyageur fâcheux. — M⁰ʳ l'Evêque de Suse et son grand vicaire. — Le général autrichien.................................. 38— 47

CHAPITRE VI. — Grenoble. — M⁰ʳ l'Evêque. — Nouvelles connaissances. — Cercle de M. Rousselot. — Les aumôniers suisses. — Jugement militaire suisse. — Discipline militaire française. — Défense de prêcher à la messe militaire. — Instructions à la caserne. — Mon frère. — Prêtres de la haute vallée de Suse....................................... 48— 56

CHAPITRE VII. — Château de Vizille. — Château et Cuves de Sassenage............................... 57— 66

CHAPITRE VIII. — La Grande-Chartreuse. — Le frère Jean-Marie et dom Bruno. — Office de la nuit. — La messe des frères; la salle capitulaire; la bibliothèque; dom Jean-Baptiste, général de l'ordre. — La galerie. — Le grand cloître. — Logement du Chartreux. — Messe capitulaire. — Le désert. — La chapelle de la Vierge. — Chapelle de Saint-Bruno... 67— 77

CHAPITRE XI. — Rencontre d'un philosophe à la Grande-Chartreuse. — Retour à Grenoble......... 78— 85

CHAPITRE X. — Déclaration de guerre. — Lettre au Grand-Aumônier. — Lettre à M. Ronsil. — Départ de Grenoble. — Gap. — Aix....................... 86— 96

CHAPITRE XI. — Environs de Marseille. — La mer. — Une famille italienne. — Marseille. — Notre-Dame de la Garde. — Le mont Sainte-Victoire........... 97—105

CHAPITRE XII. — Causes de la guerre d'Afrique. — L'armée expéditionnaire. — Revue du Prince. — Toulon. — L'embarquement. — Le navire : *Les Bons Amis*.. 106—114

CHAPITRE XIII. — Départ de la flotte. — Violent orage. — Lever du soleil. — Messe de vœu à l'église des Dominicains de Palma. — Ville de Palma. — Fausse nouvelle et ordre du jour. — Côtes d'Afrique 115—123

CHAPITRE XIV. — Débarquement. — Sidi-Ferruch et le camp retranché. — Bain de mer. — Combat de Staouéli. — Messe d'actions de grâces. — Nouvelle attaque et mort de M. Amédée de Bourmont. — Méprise.. 124—133

CHAPITRE XV. — Bataille de Sidi-Kalef. — Mort du commandant Borne. — Combat de Boudjareah. — Maisons de campagne. — Bombardement du fort l'*Empereur*. — Prise d'Alger....................... 134—142

CHAPITRE XVI. — Alger. — Les bains publics. — La Mosquée. — La Casbah. — Le sérail. — Le Dey. — La population................................. 143—150

CHAPITRE XVII. — Mœurs des Arabes. — Les Janissaires. — Nouvelle administration et tableau de l'avancement et des récompenses. — Réponse du Gouvernement aux propositions du Général en chef. — Expédition de Blidah..................... 151—157

CHAPITRE XVIII. — Révolution de Paris; drapeau tricolore à Alger. — Départ d'Afrique. — Le Lazaret. — Marseille. — Avignon. — La fontaine de Vaucluse. — Valence. — La chambre de Pie VI. — Le Général inspecteur et départ de Valence. — M. Signaire.................................... 158—166

CHAPITRE XIX. — Mgr l'Evêque de Grenoble. — Les gendarmes de Briançon. — Chaumont. — M. Pellerin, archiprêtre de Bussolin, et Mgr Cirio, évêque de Suse. — Suppression de la Grande-Aumônerie de France................................ 167—173

SECONDE PARTIE

1830-1877

CHAPITRE PREMIER. — Proposition de Mgr de Grenoble. — La Mure. — Le Pont-Haut. — Prêtres du canton de la Mure. — Démission................ 174—183

CHAPITRE II. — Nouveau poste. — Pontcharra et Bayard. — Origine du bourg de Pontcharra. — Eglise de Grignon.— Origine du château de Bayard, ses divers possesseurs jusqu'en 1793............... 184—195

CHAPITRE III. — M. et Mme de Ravel. — M. le Curé de Villard-Benoît et M. le Maire de Grignon. — Première messe à Grignon ; état de l'Eglise et réparations. — Etat de la sacristie. — Instructions et catéchismes. — Alarmes des impies. — Opposition du conseil de fabrique. — Quête de la *Passion*........ 196—204

CHAPITRE IV. — M. Brochier, ancien curé de Grignon. — M. Froment, maire. — Réunion des communes de Grignon et de Villard-Benoît. — Mme Pison. — Famille Champel. — M. et Mme Lacourbassière. — Famille Chabord. — M. Dorgeval. — Chantres et chanteuses............................ 205—212

CHAPITRE V. — Réflexions sur la fausse idée que le monde se forme de la position temporelle et des obligations du pasteur des âmes.................. 213—226

CHAPITRE VI. — Le vicaire de Grignon. — Voyage à Chaumont. — M. Ronsil. — Nouveau conseil de fabrique. — M. Giraud, maire. — Reconstruction de l'église. — Cure de Goncelin..................... 227—237

CHAPITRE VII. — Une mission et ses fruits.— Société de jeunes gens...................................... 238—243

CHAPITRE VIII. — Maladie. — Séjour à Coublevie. — Rechute, guérison et retour à Grignon. — Chambéry. — Aix-les-Bains. — Haute-Combe. — Le presbytère de Grignon. — M. Giraud, maire, et ses successeurs .... 244—254

CHAPITRE IX. — Une trame. — Ma nomination à Saint-Jean-de-Moirans. — Réclamation des habitants de Grignon ; M. le capitaine Royer-Deloche et M. le docteur Laurens. — Manifestation de mes paroissiens. — Révolution de 1848. — Droit d'électeur. — Mgr de Bruillard et Mgr Ginoulhiac......... 255—266

CHAPITRE X. — L'industrie à Pontcharra : MM. Alfred Fredet, Orioli et Neyret. — MM. Aury et Tolozan. — Agrandissement de l'église de Grignon.—

DES MATIÈRES.

M. Durand, de Chaffardon. — Renouvellement du mobilier de l'église. — M. Rossin, curé de Saint-Maximin. — Projet de retraite...................... 267—273

CHAPITRE XI. — M. Raffin, de la Perrière. — Le château Bayard. — Nouvelle maison; chapelle; bénédiction d'un mariage. — Réponse à des critiques touchant la nouvelle maison. — M. l'abbé Anselme. — Ma retraite. — Un rêve. — M. et Mme Milan...... 274—285

CHAPITRE XII. — Voyage à Chaumont. — M. le chevalier Gorlier, curé de Chaumont. — M. le docteur Théodore Sollier. — M. Jannon, vicaire général, et dom Fornier. — M. Ponsero, curé de Saint-Evase. — Anniversaire de ma consécration sacerdotale... 286—292

CHAPITRE XIII. — Le syndic de Chaumont. — Turin. — M. le chevalier docteur Sibille. — M. Sollier, capitaine d'artillerie. — M. Alberti. — M. et Mme Garnier. — M. le chevalier Gorlier et M. l'archiprêtre Pellerin. — Conseils à mes neveux. — Conclusion .... 293—302

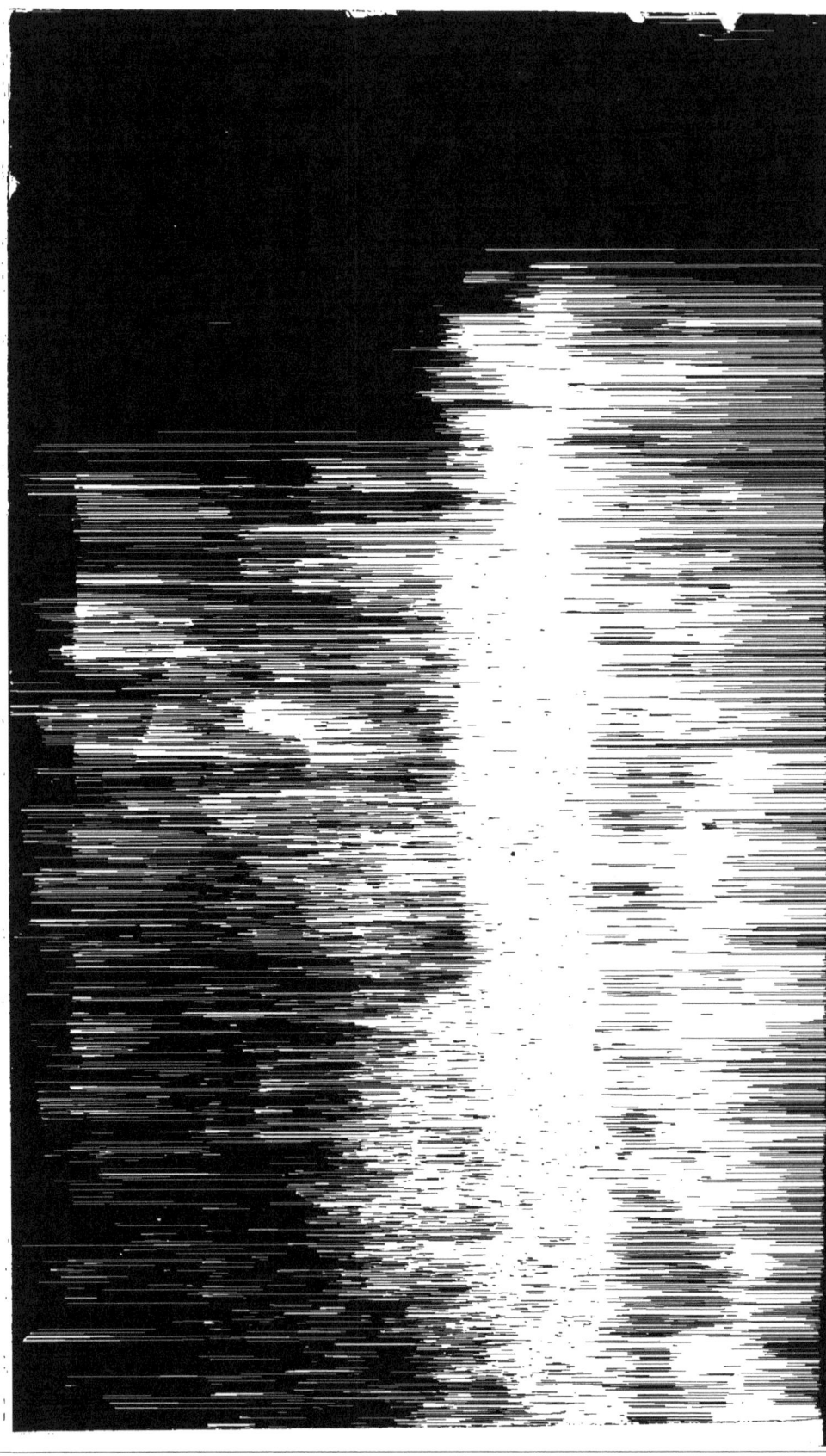

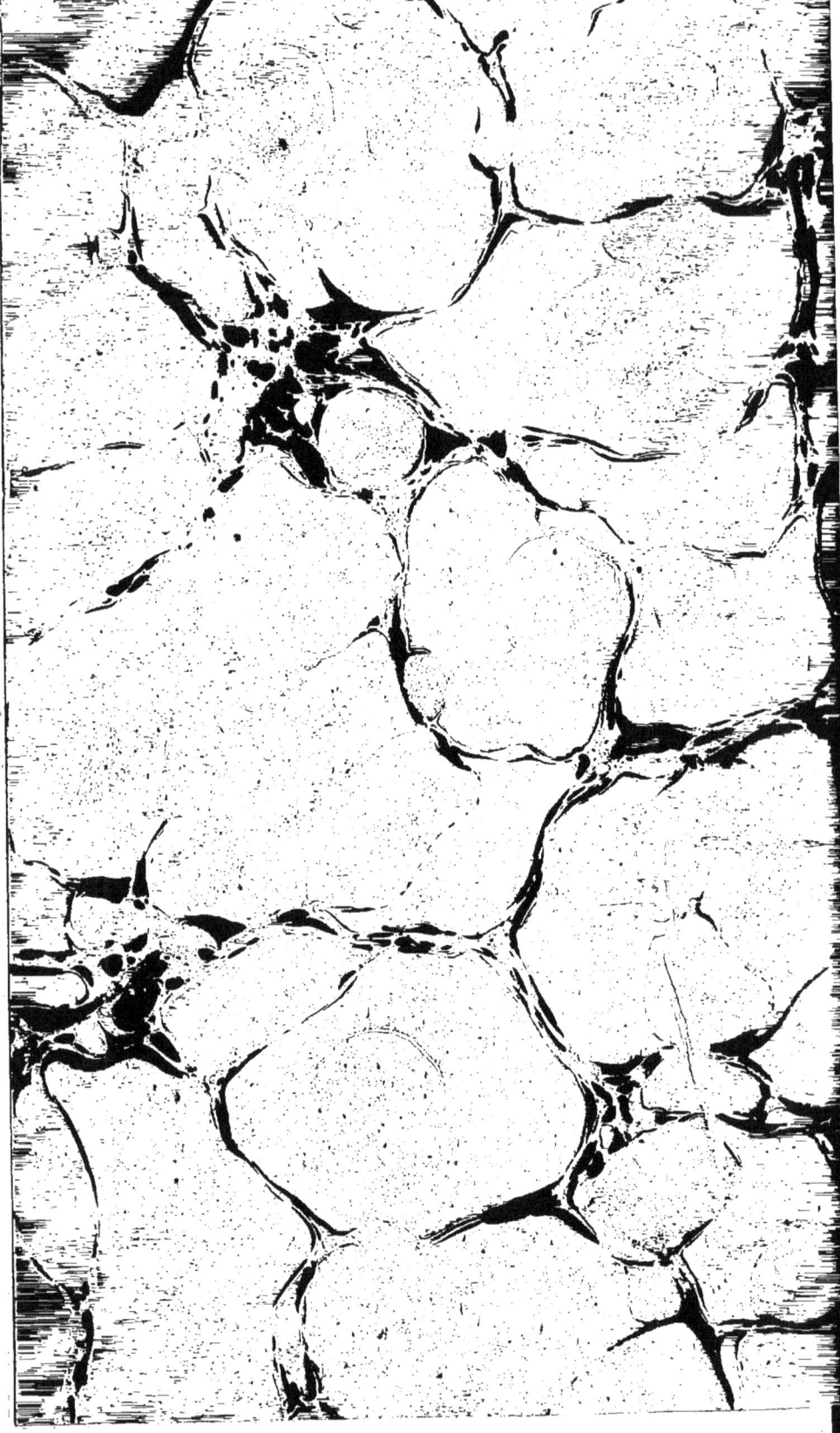

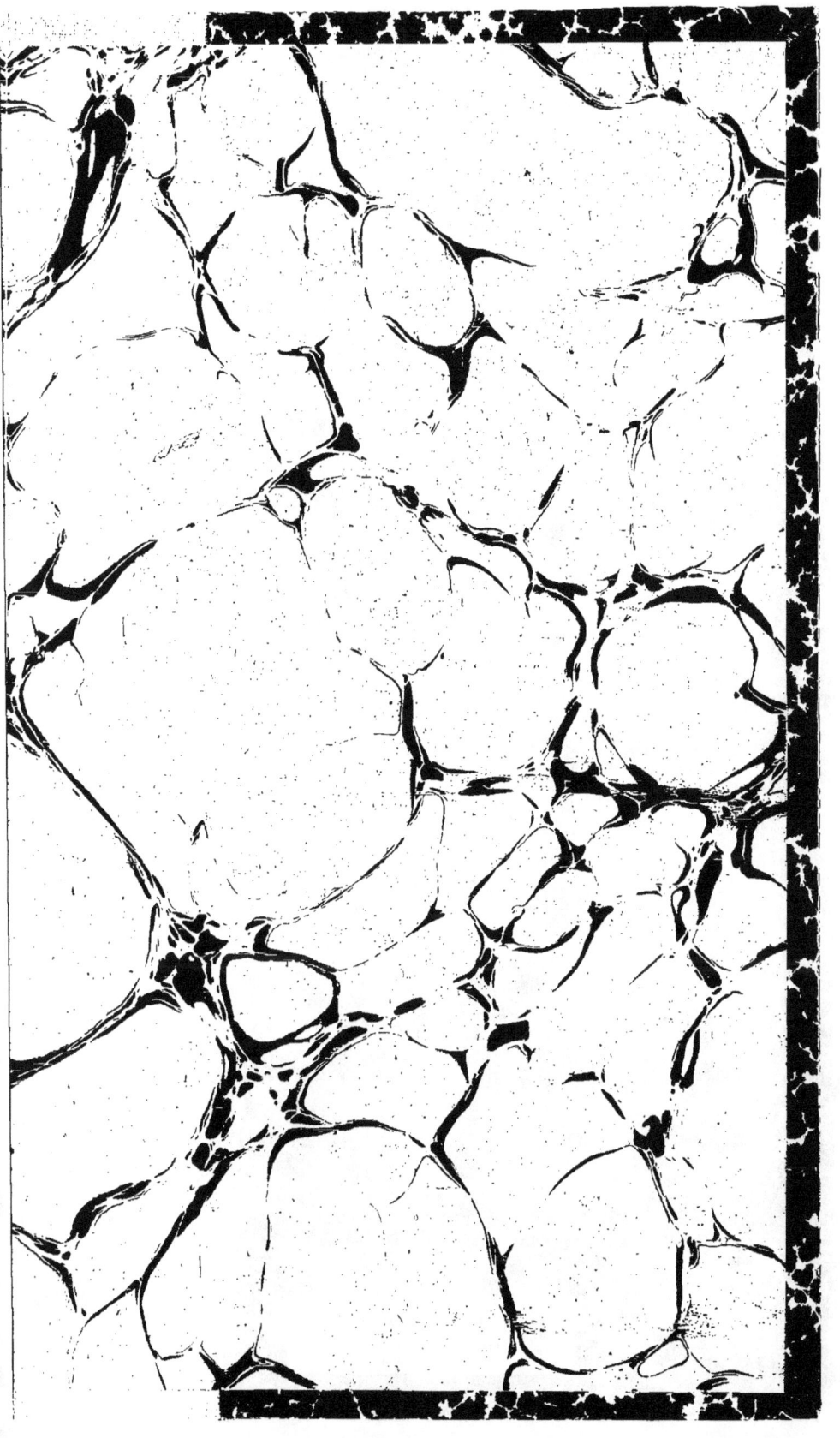

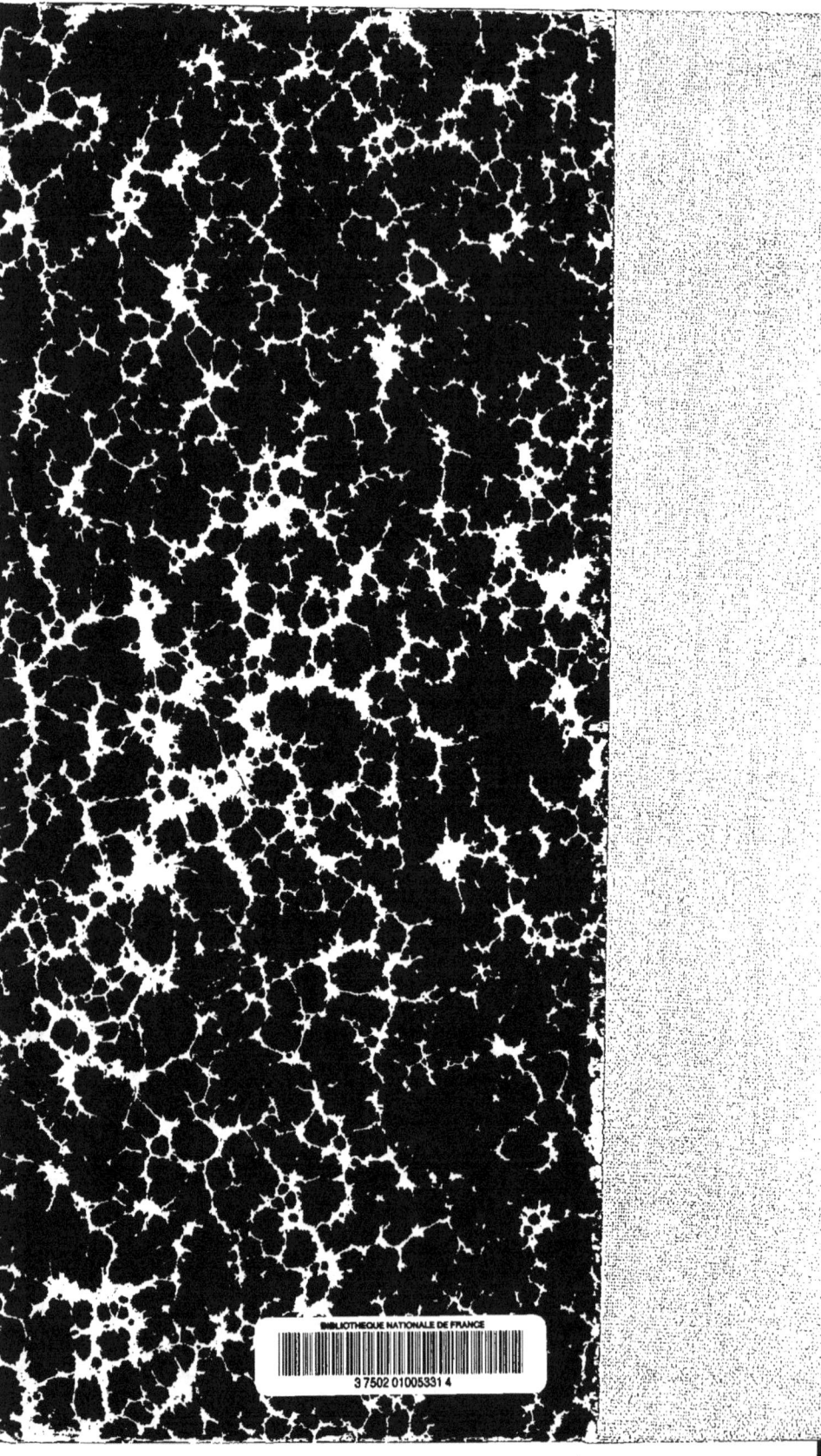

www.ingramcontent.com/pod-product-compliance
Lightning Source LLC
Chambersburg PA
CBHW071240160426
43196CB00009B/1135